2024年度版

パブロフ流で
みんな合格

簿記
教科書

EXAM PRESS
簿記教科書

# 日商簿記3級

## 総仕上げ問題集

著・画 公認会計士 よせだ あつこ

SE
SHOEISHA

# 日商簿記検定について

　日商簿記検定には問題用紙と答案用紙が紙で配られる試験（以下、統一試験と呼ぶ）とネット試験（CBT方式）があります。ネット試験は専用のパソコンが用意されたテストセンターで受験し、テストセンターの席が空いていればいつでも試験を受けられます。

　統一試験は各商工会議所のホームページから申し込みをしますが、ネット試験は全国統一申込サイトがあります。

　統一試験とネット試験の出題範囲は同じで、受験料も同額です。

|  | 統一試験（紙の試験） | ネット試験 |
|---|---|---|
| 試験日 | 6月、11月、2月 | 随時 |
| 会場 | 指定された学校、会議室など | テストセンター |
| 申込 | 受験希望地の各商工会議所<br>(https://links.kentei.ne.jp/examrefer) | 全国統一申込サイト<br>(https://cbt-s.com/examinee/<br>examination/jcci.html) |
| 試験時間 | 3級は**60**分 | |
| 出題範囲 | 出題区分表による | |
| 受験料 | 3級 3,300円（2024年3月までは2,850円）<br>※別途手数料が必要な場合があります | |
| 受験方法 メリット | メモを書き込んで消す解き方ができる　←電卓　答案用紙　計算用紙　問題用紙　マルしたりメモしたりできる | キーボード　問題→　答案→　計算用紙　電卓　その場で合否がわかる　いつでも何回でも受けられる |
| 合格率 | 34%前後 | 42%前後 |

　本書では、統一試験とネット試験、どちらにも対応した問題を掲載しています。まずは本書の問題を解き、解けるようになったらパブロフ簿記ホームページでネット試験の練習をしてみましょう。

## ネット試験対策に！
## Webから予想模試2回分が体験できる

　本書の購入特典として「パブロフ簿記」ホームページでネット試験（CBT方式）を体験できます。ソフトをダウンロードする必要がなく、ネット環境さえあればパソコンでもスマホでも問題を解くことができます。ネット試験の予想模試として気軽にご利用ください。

> **予想摸試のサイトのURLおよびパスワードは
> P.294に記載しています。**

## 試験範囲等の変更

　2024年4月における日商簿記3級の試験範囲の変更はありません。なお、2021年3月まで日商簿記3級の試験時間は120分でしたが、現在は統一試験とネット試験、どちらも試験時間は60分となっています。また、出題形式は大問3つです。

| 問題 | 配点 | 目標時間 | 出題内容 |
|------|------|----------|----------|
| 第1問 | 45点 | 18分 | 仕訳15問 |
| 第2問 | 20点 | 14分 | 勘定記入、補助簿、適語補充 |
| 第3問 | 35点 | 28分 | 精算表、損益計算書と貸借対照表 |

**■付属データのご案内**
解き直し用の答案用紙は、以下のサイトからダウンロードできます。
https://www.shoeisha.co.jp/book/download/9784798183787
※付属データに関する権利は著者および株式会社翔泳社が所有しています。許可なく配布したり、Webサイトに転載したりすることはできません。付属データの提供は予告なく終了することがあります。あらかじめご了承ください。

# 本書の特徴

## 特徴1 講師や合格者の解き方がわかる！

　本書の最大の特徴は、問題を解くとき「自分でどのように手を動かせばいいか」を明確にしている点です。本書ではそれを「下書き」と呼んでいます。

　簿記の問題は複雑なので、問題を読んだだけですぐに解答を導くことはできません。この「下書き」は、問題を見ながら解答を導く橋渡しの役割を果たしています。問題をミスなく効率的に解いている人がどのような「下書き」を書いているかを知り、自分も同じ「下書き」を書くことができるようになれば、合格への道がグッと近づきます。

## 特徴2 最短合格用のブラッシュアップ問題で効率学習！

　掲載している問題は、過去20年分（60回分）の本試験問題を分析し、出題される可能性の高いパターンをすべて網羅しました。さらに、論点が明確になるように余計な部分をそぎ落とし、必要な部分を付け加えたことにより、効率的な学習が可能となっています。

　基本テキストを読み終わり本試験レベルの問題を解きたい人、苦手な論点だけ集中的に学習したい人にピッタリです。

## 特徴3 ネット試験・統一試験に対応している

　ネット試験や、60分問題の統一試験に対応しているので、安心して学習を進めることができます。

### 基本テキストと本書の違い

|  | 簿記の基本 | 本試験問題<br>基礎レベル | 本試験問題<br>応用レベル | いろいろな<br>出題形式 |
|---|---|---|---|---|
| 基本テキスト | ◎ | ○ | ― | ― |
| 本　書 | ― | ◎ | ◎ | ◎ |

※本書の内容は、2024年1月現在の法令・基準等にもとづいて執筆しています。

# 本書の使い方①

　本書は日商簿記検定の試験レベルの問題を収載しているため、初めて簿記の問題を解く方には少し難しく感じるかもしれません。そこで、着実に試験レベルの実力をつけるためのオススメの使い方を紹介します。

### 1周目

　白い紙と別冊の答案用紙を用意して、まずは問題を解いてみましょう。白い紙には「下書き」と呼ばれる、解く過程を書きます。別冊の答案用紙はこれから何度か使用するので、コピーしておくと便利です。P.003に記載したURLからダウンロードすることもできます。

　問題が難しく感じる場合は、まず解答・解説・テキストを見ながら解いても構いません。本書を使ってゆっくりと「簿記の問題の解き方」に慣れていきましょう。解説の ステップ の順番で考えると解きやすいです。また、解説にある手書き部分は、筆者が実際に問題を解くときに書く「下書き」です。問題文を読みながら白い紙に「下書き」を書き写すと、問題を解く手順が身につきやすいです。

　間違った問題や解答・解説・テキストを見ながら解いた問題には、付箋を貼っておきます。

### 2周目

　付箋が付いている問題を、解答・解説・テキストを見ずに解いていきます。正解できたら付箋をはがします。Chapter9「模擬問題」は時間を計って解くことが重要です。もし時間が足りず全部解けなかった場合は、速く解く練習が必要になります。

### 3周目以降

　3周目以降は付箋が付いている問題だけを解き、正解できたら付箋をはがします。正解できなかったら、付箋はそのまま残し、少し時間を置いてもう1回解きます。付箋が全部なくなったら、合格レベルの実力が付いたといえるでしょう。

# 本書の使い方②

①まずは問題を解いてみましょう。実際の試験に近い問題文になっているので、最初は難しく感じるかもしれません。問題文から指示をどのように読み取るかについては、解説で説明しています。

Chapter 4
問題 **05** よく出る P11 P144 10分

## 固定資産台帳②

次の[資料]にもとづいて、当期（X7年4月1日からX8年3月31日までの1年間）の答案用紙の各勘定の空欄に、適切な語句または金額を記入しなさい。

[解答にあたっての注意事項]
・答案用紙の空欄はすべて記入するわけではない。
・答案用紙の空欄は数字の記録欄に上から詰めて記入すること。
・答案用紙の空欄の日付は採点対象であるため、記入しなくてもよい。
・備品に関する入出金はすべて普通預金口座で行っている。
・備品の減価償却は定額法、残存価額ゼロで間接法にて記帳している。
・減価償却費の計算はすべて月割計算する。
・固定資産台帳の？は各自計算すること。

[資料1]
固定資産台帳（備品・抜粋）

| 年月日 | 名称等 | 数量 | 耐用年数 | 取得原価 | 期首減価償却累計額 | 当期減価償却費 |
|---|---|---|---|---|---|---|
| X2/4/1 | 備品A | 1 | 6年 | 840,000 | 700,000 | ? |
| X5/4/1 | 備品B | 1 | 4年 | 400,000 | ? | ? |
| X7/11/1 | 備品C | 1 | 5年 | 600,000 | ? | ? |

[資料2]
・備品Aは当期の決算で耐用年数をむかえるが、来期以降も使用する予定であり、帳簿価額¥1を残して減価償却を行う。
・備品Bは当期12月31日に¥150,000で売却した。ただちに代金を受け取っていたが、固定資産台帳に未記帳である。
・備品Cは当期に取得したものである。

140

---

### 解説 05

**ステップ1** 備品A～Cについて仕訳を書きます。

**備品A**
減価償却費の決算整理仕訳を書きます。

```
1年あたりの減価償却費   840,000 ÷ 6年 = 140,000
期首減価償却累計額   700,000
当期の減価償却費   140,000 - 1 = 139,999
X8/3/31
減価償却費 139,999 / 備品減価償却累計額 139,999
```

**備品B**
備品Bを売却したときの仕訳を書きます。問題文に「入出金はすべて普通預金口座で行っている」と指示があるので、普通預金に入金したことがわかります。期中に売却してしまったので、期末の決算整理仕訳は必要ありません。

```
1年あたりの減価償却費   400,000 ÷ 4年 = 100,000
期首減価償却累計額   100,000 × 2年 = 200,000
当期の減価償却費   100,000 × 9か月/12か月 = 75,000
X7/12/31
備品減価償却累計額 200,000 / 備品 400,000
減価償却費 75,000 / 固定資産売却益 25,000
普通預金 150,000
```

141

---

②正解できたら次の問題へ進み、正解できなければ、解説を読みましょう。
解答は、各問題の最後に掲載しています。

---

**備品C**
備品Cを取得したときの仕訳を書きます。

```
X7/11/1
備品 600,000 / 普通預金 600,000
```

減価償却費の決算整理仕訳を書きます。期中に取得したので、当期に使用した期間（X7/11/1からX8/3/31の5か月）の月割計算をします。

```
1年あたりの減価償却費   600,000 ÷ 5年 = 120,000
期首減価償却累計額   当期に取得したのでゼロ
当期の減価償却費   120,000 × 5か月/12か月 = 50,000
X8/3/31
減価償却費 50,000 / 備品減価償却累計額 50,000
```

**損益振替**
備品A～Cで書いた仕訳のうち、収益・費用の勘定科目について損益振替をします。

```
X8/3/31
固定資産売却益 25,000 / 損益 25,000
減価償却費
139,999 + 75,000 + 50,000 = 264,999
損益 264,999 / 減価償却費 264,999
```

③解けなかった問題は、解説にある手書きの「下書き」をマネして自分でも書いてみましょう。

006

# 出題予想と論点（内容）一覧の活用法

本書に収録されている問題の出題予想と論点（内容）の一覧を、本ページの下の表にまとめています。

出題予想は、過去の出題実績などをもとに予想しています。各問題ページの最初に示した「よく出る」「ときどき出る」「あまり出ない」の表記と一致しています。この一覧は、次のように活用してください。

## 活用1 ネット試験と統一試験それぞれの対策に！

ネット試験では標準的な出題が多いので、◎よく出ると○ときどき出るを完璧にマスターするまで練習するのが効率的です。

統一試験（紙の試験）は、基本的に標準的な出題ですが、たまに見慣れない問題が出ることがあります。△あまり出ないにも目を通しておけば、試験で見慣れない問題が出た場合にも落ち着いて対処できるようになります。

## 活用2 苦手分野の対策に！

苦手な分野を集中的に特訓したい場合には、この一覧の中から選んで問題に取り組んでください。たとえば、損益計算書が苦手な場合はP.208、P.217、P.248の問題を解けば、理解が深まり解き方に慣れることができます。

## 活用3 試験まで時間がない場合は…

試験まで時間がない場合には、◎よく出ると○ときどき出るを優先して解くのがオススメです。

出題予想：◎よく出る、○ときどき出る、△あまり出ない
※Chapter9「模擬問題」の論点（内容）は、該当する各Chapterに振り分けて記載しています。

| 該当Chapter | 出題予想 | 論点（内容） | 掲載ページ数 |
|---|---|---|---|
| Chapter1 仕訳 | ◎ | 仕訳15問 | P.018 |
| | | | P.031 |
| | | | P.044 |
| | | | P.055 |
| | | | P.224 |
| | | | P.243 |
| | | | P.269 |

| 該当Chapter | 出題予想 | 論点（内容） | 掲載ページ数 |
|---|---|---|---|
| Chapter2 現金実査と貯蔵品の棚卸、証ひょう | ○ | 現金実査と貯蔵品の棚卸 | P.070 |
| | △ | 証ひょう（当座勘定照合表） | P.073 |
| Chapter3 勘定の記入 | ◎ | 支払地代と前払地代 | P.080 |
| | ◎ | 借入金と支払利息 | P.091 |
| | ◎ | 受取利息と未収利息 | P.097 |
| | ◎ | 建物と減価償却 | P.103 |
| | ○ | 純資産と損益 | P.109 |
| | ◎ | 法人税等 | P.114 |
| | ◎ | 支払利息と未払利息 | P.226 |
| | ○ | 繰越利益剰余金 | P.273 |
| Chapter4 補助簿 | ◎ | 補助簿の選択問題 | P.124 |
| | | | P.246 |
| | ◎ | 商品有高帳 | P.129 |
| | | | P.133 |
| | | | P.272 |
| | ◎ | 固定資産台帳 | P.137 |
| | | | P.140 |
| | | | P.247 |
| | △ | 買掛金元帳 | P.145 |
| | ○ | 補助簿と勘定 | P.227 |
| Chapter5 伝票会計 | △ | 3伝票制（取引を分解する方法） | P.154 |
| | △ | 3伝票制 | P.157 |
| | △ | 仕訳日計表 | P.160 |
| Chapter6 理論問題 | △ | 伝票、補助簿 | P.165 |
| | △ | 勘定科目 | P.169 |
| | △ | 用語の選択、計算式 | P.172 |
| Chapter7 試算表と精算表 | ◎ | 決算整理後残高試算表の典型問題 | P.182 |
| | | | P.274 |
| | ◎ | 精算表の典型問題 | P.189 |
| | | | P.197 |
| | | | P.228 |
| Chapter8 損益計算書と貸借対照表 | ◎ | 損益計算書と貸借対照表の典型問題 | P.208 |
| | | | P.217 |
| | | | P.248 |

各自お使いのテキストで学習済みの内容とは思いますが、仕訳を書くときの決まり事を本ページの下、ルール1 〜 3にまとめました。

　勘定科目は、その性質によって資産・負債・純資産・費用・収益の5つに分けられます。勘定科目がどこに分類されるかを、本書では勘定科目のホームポジションと呼びます。ホームポジションは5つに分類されますが、左側と右側に分けることもできます。簿記では左側のことを借方、右側のことを貸方と呼びます。

　次のページに「ホームポジション一覧」を付けています。本書の問題を解いていて、勘定科目のホームポジションがわからなくなったときに利用してください。

　仕訳には3つのルールがあり、このルールに従って仕訳を書きます。

**ルール1　勘定科目が増えたときは、ホームポジション側に書く**

　たとえば現金（資産の勘定科目でホームポジションは左側）を受け取ったら、会社の現金が増えたので仕訳の左側に書く。

**ルール2　勘定科目が減ったときは、ホームポジションと反対側に書く**

　たとえば現金（資産の勘定科目でホームポジションは左側）を支払ったら、会社の現金が減ったので仕訳の右側に書く。

**ルール3　左側の合計金額と右側の合計金額は必ず一致する**

　なお、次の勘定科目は特殊なので「その他の勘定科目」として扱っています。

❶「現金過不足」と「損益」は、一時的な仮の勘定科目なのでホームポジションはなく、最終的にはゼロになる。

❷「貸倒引当金」と「減価償却累計額」は、精算表では負債に表示され、貸借対照表では資産のマイナスとして表示される。仕訳を書くときは負債として考えるとわかりやすい。

# ホームポジション一覧

## 貸借対照表の勘定科目

左側（借方）　　　　　　　　　　　　右側（貸方）

| 資産 |
| --- |
| 現金 |
| 小口現金 |
| 普通預金 |
| 当座預金 |
| 定期預金 |
| 売掛金 |
| クレジット売掛金 |
| 受取手形 |
| 電子記録債権 |
| 受取商品券 |
| 前払金 |
| 商品 |
| 繰越商品 |
| 差入保証金 |
| 貯蔵品 |
| 未収入金 |
| 立替金 |
| 仮払金 |
| 仮払法人税等 |
| 仮払消費税 |
| 前払費用 |
| 未収収益 |
| 貸付金 |
| 手形貸付金 |
| 建物 |
| 車両（車両運搬具） |
| 備品 |

| 負債 |
| --- |
| 買掛金 |
| 支払手形 |
| 電子記録債務 |
| 前受金 |
| 未払金 |
| 未払配当金 |
| 未払法人税等 |
| 未払消費税 |
| 預り金 |
| 所得税預り金 |
| 社会保険料預り金 |
| 従業員預り金 |
| 未払費用 |
| 前受収益 |
| 借入金 |
| 手形借入金 |
| 仮受金 |
| 仮受消費税 |

| 純資産 |
| --- |
| 資本金 |
| 利益準備金 |
| 繰越利益剰余金 |

## 損益計算書の勘定科目

左側（借方）　　　　　　　　　　　　　　右側（貸方）

| 費用 |
| --- |
| 仕入 |
| 売上原価 |
| 発送費 |
| 給料 |
| 法定福利費 |
| 減価償却費 |
| 広告宣伝費 |
| 通信費 |
| 水道光熱費 |
| 修繕費 |
| 租税公課 |
| 旅費交通費 |
| 支払手数料 |
| 支払保険料 |
| 支払家賃 |
| 消耗品費 |
| 雑損 |
| 貸倒引当金繰入 |
| 貸倒損失 |
| 支払利息 |
| 固定資産売却損 |
| 法人税、住民税及び事業税 |

| 収益 |
| --- |
| 売上 |
| 受取手数料 |
| 受取家賃 |
| 受取利息 |
| 雑益 |
| 固定資産売却益 |
| 償却債権取立益 |

| その他の勘定科目 |
| --- |
| 現金過不足 |
| 損益 |
| 貸倒引当金 |
| 減価償却累計額（建物減価償却累計額など） |

# 目　次

■本書を使った「効率的な学習法」や「合格の仕方」を
　知りたい方はこちら！
「解く力を確実に身につけたい」「問題を解き進めていくだけで合格ができるのか不安」……。こういった方に向けて、本書の使い方を動画で詳しく解説しました！ また、購入特典であるネット試験（予想模試）の使い方も紹介していますので、ぜひご覧ください。

https://pboki.com/use/3_mon.html

# Chapter 1

## 第1問対策
# 仕訳

合格への第一歩は、仕訳の問題が解けるようになること。
反射的に解けるようになるまで、何度も解き直しましょう。

# 仕訳のまとめ

　問題文で与えられた情報から仕訳を書く問題です。

学習のコツ：第1問（45点）で必ず出題されます。ここで学習する仕訳は、残高試算表、精算表、財務諸表でも必要となりますので合格には必要不可欠の知識といえます。1問の仕訳を1分程度で書けるようになるまで何度も解き直しましょう。

### ポイント1

　問題文に「使用できる勘定科目」が与えられ、仕訳は記号で解答する必要があります。問題を解きながら、少しずつ慣れていきましょう。

---

　**問題** 当期に購入した備品について、間接法にて減価償却費¥1,000を計上する決算整理仕訳をしなさい。ただし、勘定科目は、下の勘定科目から最も適当と思われるものを選び、記号で解答すること。
　ア．現金　イ．当座預金　ウ．買掛金　エ．備品減価償却累計額
　オ．減価償却費　カ．固定資産売却損　キ．固定資産売却益

　**解答**　　オ　1,000　／　エ　1,000

　**解説** この取引から考えられる仕訳は、次の2つです。
（仕訳A）　減価償却費 1,000　／　備品減価償却累計額 1,000
（仕訳B）　減価償却費 1,000　／　減価償却累計額　　　1,000
　しかし、与えられた勘定科目に「備品減価償却累計額」はありますが、「減価償却累計額」はありません。このような場合、仕訳Aが正解となります。

---

仕訳の順序は上下で違っていても構いません。たとえば次の問題の仕訳Ｃと仕訳Ｄはどちらも正解です。

---

**問題** 売掛金￥4,000を現金￥3,000、残額を当座預金口座に振り込みにて回収した。この取引について仕訳しなさい。ただし、勘定科目は、下から最も適当と思われるものを選び、記号で解答すること。
　ア．現金　　イ．当座預金　　ウ．売掛金　　エ．受取手形
　オ．買掛金　　カ．支払手形　　キ．売上　　ク．仕入

**解答**　ア　3,000 ／ ウ　4,000
　　　　イ　1,000 ／

**解説** この取引から考えられる仕訳は、次の２つです。
（仕訳Ｃ）　ア　3,000 ／ ウ　4,000
　　　　　　イ　1,000 ／
（仕訳Ｄ）　イ　1,000 ／ ウ　4,000
　　　　　　ア　3,000 ／

　このような場合、仕訳Ｃと仕訳Ｄのどちらも正解となります。解答と仕訳の順序が上下で違っていても気にする必要はありません。

---

　試験では、１つの仕訳における各勘定科目の使用は借方・貸方の中でそれぞれ１回ずつとなります。同じ勘定科目を借方・貸方の中で２回使用すると不正解になります。
（不正解となる解答）　仕入 1,500 ／ 現金　　1,500
　　　　　　　　　　　仕入 2,500 ／ 買掛金 2,500
（正解となる解答）　　仕入 4,000 ／ 現金　　1,500
　　　　　　　　　　　　　　　　　／ 買掛金 2,500

下記の各取引について仕訳しなさい。ただし、勘定科目は、設問ごとに最も適当と思われるものを選び、答案用紙の（　　）内に記号で解答すること。なお、消費税は指示された問題のみ考慮すること。

1. 商品（本体価格￥400,000）を￥1,000,000で販売し、代金は10％の消費税を含めた金額が普通預金口座へ振り込まれた。なお、消費税については、税抜方式で記帳する。
　　ア．現金　イ．売掛金　ウ．当座預金　エ．普通預金
　　オ．仮払消費税　カ．仮受消費税　キ．仕入　ク．売上

2. かねて販売した商品￥150,000の返品を受けたため、掛代金から差し引くこととした。
　　ア．現金　イ．売掛金　ウ．未収入金　エ．買掛金
　　オ．仕入　カ．売上　キ．前受金　ク．前払金

3. 仕入先への買掛金￥34,000の支払いを行い、振込手数料￥600（当社負担）を含めて当社の普通預金口座から振り込みを行った。
　　ア．仕入　イ．支払手形　ウ．現金　エ．普通預金
　　オ．当座預金　カ．売掛金　キ．買掛金　ク．支払手数料

4. 当期首に不用になった備品（取得原価￥990,000、減価償却累計額￥841,500、間接法で記帳）を￥4,500で売却し、売却代金は現金で受け取った。
　　ア．備品　イ．固定資産売却損　ウ．固定資産売却益
　　エ．減価償却費　オ．現金　カ．備品減価償却累計額

5. 前期に発生した売掛金￥10,000について、得意先からの回収が困難となったため、貸倒れの処理を行う。貸倒引当金の残高は￥20,000である。
　　ア．売掛金　イ．買掛金　ウ．売上　エ．償却債権取立益
　　オ．貸倒損失　カ．貸倒引当金　キ．未収入金　ク．仕入

6. 先月仮受金として処理していた内容不明の当座入金額は、株式会社青森から注文を受けたさいの手付金の受取額￥30,000と株式会社岩手に対する掛代金の回収額￥24,000であることが判明した。
   ア. 当座預金　イ. 買掛金　ウ. 売掛金　エ. 前払金
   オ. 前受金　カ. 仮払金　キ. 仮受金　ク. 売上

7. 株式会社岡山システムでは、本社建物の修繕を行い、代金￥2,500,000は翌月末に支払うこととした。このうち、￥2,200,000は建物の耐震構造を強化する効果があり、機能が向上し価値が増加したものと認められた。残り￥300,000は現状維持のための修繕であった。
   ア. 当座預金　イ. 買掛金　ウ. 売掛金　エ. 未払金
   オ. 未収入金　カ. 建物　キ. 構築物　ク. 修繕費

8. 従業員が業務のために立て替えた1か月分の諸経費は次のとおりであった。そこで、来月の給料に含めて従業員へ支払うこととし、未払金として計上した。
   電車代￥7,900　タクシー代￥6,300　書籍代（消耗品費）￥3,000
   ア. 消耗品費　イ. 通信費　ウ. 旅費交通費　エ. 仮払金
   オ. 給料　カ. 未払金　キ. 水道光熱費　ク. 預り金

9. 小切手￥100,000を振り出し、現金を引き出した。
   ア. 現金　イ. 普通預金　ウ. 当座預金　エ. 支払手形
   オ. 受取手形　カ. 手形借入金　キ. 手形貸付金　ク. 借入金

10. 埼玉商店から商品￥70,000を仕入れ、代金のうち￥30,000は同商店にあらかじめ支払っていた手付金を充当し、残額は約束手形を振り出して支払った。
   ア. 仕入　イ. 支払手形　ウ. 現金　エ. 前払金
   オ. 前受金　カ. 未収入金　キ. 受取手形　ク. 当座預金

11. 決算日に通信費￥143,000を損益勘定に振り替えた。
   ア. 資本金　イ. 繰越利益剰余金　ウ. 損益　エ. 通信費

12. 商品¥2,200,000（消費税¥200,000を含む）を売り渡して、代金と
して以下のとおり受け取った。

小　切　手

支払地
東西銀行銀座支店

　　¥1,200,000※

上記の金額をこの小切手と引替に
持参人へお支払いください。
振出日　XX19年7月2日

　　　　　　　　　　　　日本海商事株式会社
振出地　東京都中央区　振出人　代表取締役　山田　太郎　印

---

約　束　手　形

| 収入印紙 | 株式会社銀座システム　殿 | 支払期日　XX19年8月30日 |
|---|---|---|

収入印紙
400円
印

株式会社銀座システム　殿

　　¥1,000,000※

支払期日　XX19年8月30日
支払地　　東京都中央区
支払場所　東西銀行銀座支店

上記金額をあなたまたはあなたの指図人へ
この約束手形を引替えにお支払いいたします。
振出地　東京都中央区●●
振出人　日本海商事株式会社

　　　　代表取締役　山田　太郎　印

　　ア．仮受消費税　イ．仮払消費税　ウ．仕入　エ．現金
　　オ．売上　カ．受取手形　キ．当座預金　ク．売掛金

13. 仕入先鹿児島商店から販路拡張のための資金¥1,000,000を借用証書に
て、期間9か月、利率年6％の条件で借り入れ、利息を差し引いた残額
について同店振出しの小切手で受け取った。
　　ア．現金　イ．当座預金　ウ．借入金　エ．貸付金
　　オ．支払利息　カ．受取利息　キ．手形借入金　ク．手形貸付金

14. 商品¥50,000の注文を受け、手付金として現金¥20,000を受け取った。
　　ア．現金　イ．当座預金　ウ．仕入　エ．売上
　　オ．買掛金　カ．前受金　キ．売掛金　ク．前払金

15. 事務作業に使用する物品を購入し、品物とともに次の領収書を受け取った。なお、代金はすでに支払い済みであり、仮払金勘定で処理してある。

領収書

株式会社九州商事　御中

熊本電器株式会社

| 品物 | 数量 | 単価 | 金額 |
|---|---|---|---|
| 27型モニター付きデスクトップパソコン | 20 | 280,000 | ¥ 5,600,000 |
| 初期設定作業料 | 20 | 10,800 | ¥ 216,000 |
| 配送料 | − | − | ¥ 20,000 |
|  | 合計 | | ¥ 5,836,000 |

上記の合計額を領収しました。

収入印紙
2,000円
㊞

ア．仕入　イ．前払金　ウ．備品　エ．未払金
オ．発送費　カ．仮払金　キ．支払手数料　ク．租税公課

　仕訳を書くときに大切なことは、問題文から取引の内容を読み取ることと、仕訳のルールに従って書くことです。仕訳のルールと勘定科目のホームポジションについてはP.009 ～ P.011に詳しく記載しています。

## 1．売上と消費税

**ステップ1**　「商品を販売」したので「売上」を使います。売上は収益（ホームポジション右）なので、増えるときはホームポジション側である右に書きます。

／ 売上　1,000,000

**ステップ2**　「消費税を含めた金額が普通預金口座へ振り込まれた」ので消費税を受け取ったと判断します。消費税を受け取るので「仮受消費税」が増えます。仮受消費税は負債（ホームポジション右）なので、増えるときは右に書きます。

1,000,000 × 10% = 100,000

／ 売上　　　　　1,000,000<br>／ 仮受消費税　　100,000

**ステップ3**　代金は普通預金口座へ振り込まれたので「普通預金」が増えます。普通預金は資産（ホームポジション左）なので、増えるときは左に書きます。

1,000,000 + 100,000 = 1,100,000

普通預金　1,100,000／売上　　　　　1,000,000<br>／仮受消費税　　100,000

## 2．売上の返品

**ステップ1**　販売した商品の「返品を受けた」ので「売上」が減ります。売上は収益（ホームポジション右）なので、減るときはホームポジションと反対側である左に書きます。

売上　150,000／

**ステップ2**　掛けで販売した商品の返品を受けたので「売掛金」が減ります。売掛金は資産（ホームポジション左）なので、減るときは右に書きま

す。

売上 150,000 ／ 売掛金 150,000

（◀ ワンポイント

売上の返品→売上の取り消し（逆仕訳） 売上 ／ 売掛金

## 3．買掛金の支払い

**ステップ1** 買掛金を支払ったので「買掛金」が減ります。買掛金は負債（ホームポジション右）なので、減るときは左に書きます。

買掛金 34,000 ／

**ステップ2** 振込手数料を支払ったので「支払手数料」が増えます。支払手数料は費用（ホームポジション左）なので、増えるときは左に書きます。

買掛金 34,000 ／

支払手数料 600 ／

**ステップ3** 普通預金口座から振り込みを行ったので「普通預金」が減ります。普通預金は資産（ホームポジション左）なので、減るときは右に書きます。

34,000 + 600 = 34,600

買掛金 34,000 ／ 普通預金 34,600

支払手数料 600 ／

## 4．固定資産の売却

**ステップ1** 備品を売却したので「備品」と「備品減価償却累計額」を取り消します。備品は資産（ホームポジション左）なので、減るときは右に書きます。備品減価償却累計額は資産のマイナス（ホームポジション右）なので、減るときは左に書きます。

備品減価償却累計額 841,500 ／ 備品 990,000

**ステップ2** 「売却代金は現金で受け取った」ので「現金」が増えます。現金は資産（ホームポジション左）なので、増えるときは左に書きます。

備品減価償却累計額 841,500 ／ 備品 990,000

現金 4,500 ／

**ステップ3** 貸借差額が左側なので「固定資産売却損」を使います。固定資産売却損は費用（ホームポジション左）なので、発生したときは左に書きます。

$$990{,}000 - 841{,}500 - 4{,}500 = 144{,}000$$

備品減価償却累計額　841,500　／　備品　990,000
現金　　　　　　　　　　4,500
固定資産売却損　　　144,000

---

**◀▶ ワンポイント**

減価償却累計額は「減価償却累計額」と「備品減価償却累計額」どちらの勘定科目も使用することがあります。本問では選択肢に「備品減価償却累計額」しかないので、こちらを使います。

---

## 5．前期発生の売掛金の貸倒れ

**ステップ1** 売掛金が貸倒れたので「売掛金」を減らします。売掛金は資産（ホームポジション左）なので、減るときは右に書きます。

　　　　　　　　　　／　売掛金　10,000

**ステップ2** 前期に発生した売掛金が貸倒れたので「貸倒引当金」を10,000取り崩します。取り崩すというのは、減らすということです。貸倒引当金は資産のマイナス（ホームポジション右）なので、減るときは左に書きます。

貸倒引当金　10,000　／　売掛金　10,000

## 6．仮受金

**ステップ1** 「先月仮受金として処理していた内容不明の当座入金額」の内容が判明したので「仮受金」を取り消します。仮受金は負債（ホームポジション右）なので、減るときは左に書きます。

　　　30,000 + 24,000 = 54,000

仮受金　54,000　／

**ステップ2** 「手付金の受取額￥30,000」なので「前受金」が増えます。前受金は負債（ホームポジション右）なので、増えるときは右に書きます。

仮受金　54,000　／　前受金　30,000

**ステップ3** 「掛代金の回収額￥24,000」なので「売掛金」を使います。本問では株式会社岩手に商品を売ったことは明記されていませんが「掛代金を回収する」というのは、株式会社岩手からお金を受け取るということなので、以前に株式会社岩手へ商品を販売していたと判断し、買掛金ではなく売掛金を使います。本問は売掛金を回収するので売

掛金が減ります。売掛金は資産（ホームポジション左）なので、減るときは右に書きます。

| 仮受金 | 54,000 | 前受金 | 30,000 |
| | | 売掛金 | 24,000 |

## 7．建物の修繕（資本的支出と収益的支出）

**ステップ1**「建物の耐震構造を強化する効果があり、機能が向上し価値が増加した」ので、建物の資産価値が上がります（資本的支出）。資本的支出の場合「建物」を増やす仕訳をします。建物は資産（ホームポジション左）なので、増えるときは左に書きます。

建物　2,200,000 ／

**ステップ2**「現状維持のための修繕」は「修繕費」を使います（収益的支出）。修繕費は費用（ホームポジション左）なので、増えるときは左に書きます。

| 建物 | 2,200,000 | |
| 修繕費 | 300,000 | |

**ステップ3**「代金￥2,500,000は翌月末に支払う」ので、現時点ではまだ支払っていない状況です。固定資産など会社の本来の営業取引以外のもの（商品以外のもの）を後払いする場合には「未払金」を使います。未払金は負債（ホームポジション右）なので、増えるときは右に書きます。

| 建物 | 2,200,000 | 未払金 | 2,500,000 |
| 修繕費 | 300,000 | | |

## 8．経費の精算

**ステップ1**　電車代とタクシー代は「旅費交通費」を使います。書籍代（消耗品費）と書いてあるので、書籍代は「消耗品費」を使います。旅費交通費と消耗品費は費用（ホームポジション左）なので、増えるときは左に書きます。

$$7,900 + 6,300 = 14,200$$

| 旅費交通費 | 14,200 | |
| 消耗品費 | 3,000 | |

**ステップ2**「未払金として計上した」と指示があるので「未払金」を使います。

未払金は負債（ホームポジション右）なので、増えるときは右に書きます。

旅費交通費　14,200 ／ 未払金　17,200
消耗品費　　 3,000 ／

## 9．当座預金の引き出し

**ステップ1** 小切手を振り出したので「当座預金」が減ります。当座預金は資産（ホームポジション左）なので、減るときは右に書きます。

　　　　　　　　　 ／ 当座預金　100,000

**ステップ2** 現金を引き出したので「現金」が増えます。現金は資産（ホームポジション左）なので、増えるときは左に書きます。

現金　100,000 ／ 当座預金　100,000

## 10．仕入（前払金、支払手形）

**ステップ1** 「商品￥70,000を仕入れ」たので「仕入」が増えます。仕入は費用（ホームポジション左）なので、増えるときは左に書きます。

仕入　70,000 ／

**ステップ2** 「￥30,000は同商店にあらかじめ支払っていた手付金を充当」したことから、事前に支払い済みの「前払金」を取り崩すことがわかります。前払金は資産（ホームポジション左）なので、減るときは右に書きます。

仕入　70,000 ／ 前払金　30,000

**ステップ3** 「残額は約束手形を振り出して支払った」と書いてあります。約束手形を振り出したときは「支払手形」が増えます。支払手形は負債（ホームポジション右）なので、増えるときは右に書きます。

　70,000 − 30,000 = 40,000

仕入　70,000 ／ 前払金　　30,000
　　　　　　　 ／ 支払手形　40,000

---
**◀▶ ワンポイント**

・約束手形を振り出した：「支払手形」を使います。
・小切手を振り出した：「当座預金」を使います。
---

## 11. 損益振替

**ステップ1** 「振り替える」というのは、ある勘定科目を減らして、他の勘定科目を増やすことです。本問では「通信費」を減らして「損益」を増やす仕訳を書きます。通信費は費用（ホームポジション左）の勘定科目なので、残高は左側（借方）にあります。通信費を損益に振り替えるので「通信費」を減らします。右に書きます。

／ 通信費 143,000

**ステップ2** 左に「損益」と書きます。

損益 143,000 ／ 通信費 143,000

## 12. 小切手と受取手形

**ステップ1** 商品を売り渡したので「売上」が増えます。消費税込み2,200,000なので、税抜きの金額で売上を計上します。売上は収益（ホームポジション右）なので、増えるときは右に書きます。

2,200,000 − 200,000 = 2,000,000

／ 売上 2,000,000

**ステップ2** 消費税を受け取ったので「仮受消費税」が増えます。仮受消費税は負債（ホームポジション右）なので、増えるときは右に書きます。

／ 売上 2,000,000
／ 仮受消費税 200,000

**ステップ3** 他店が振り出した小切手を当社が受け取った場合、小切手を銀行に持って行けばすぐに現金に換金できます。そこで、他店が振り出した小切手を受け取った時点で、当社では「現金」を増やす仕訳をします。現金は資産（ホームポジション左）なので、増えるときは左に書きます。

現金 1,200,000 ／ 売上 2,000,000
／ 仮受消費税 200,000

**ステップ4** 約束手形を受け取ったときは「受取手形」が増えます。受取手形は資産（ホームポジション左）なので、増えるときは左に書きます。

現金 1,200,000 ／ 売上 2,000,000
受取手形 1,000,000 ／ 仮受消費税 200,000

1 仕訳
2 取引と試算品の掴み
3 勘定の記入
4 補助簿
5 伝票会計
6 理論問題
7 試算表と精算表
8 損益計算書と貸借対照表
9 模擬問題

## 13. 借入金

**ステップ1** 「¥1,000,000を借用証書にて〜借り入れ」たので「借入金」が増えます。借入金は負債（ホームポジション右）なので、増えるときは右に書きます。

／ 借入金 1,000,000

**ステップ2** 利息は「期間9か月、利率年6％」が条件であることから、1,000,000 × 6％ × 9か月 ÷ 12か月 = 45,000 となります。「× 9か月 ÷ 12か月」とすることで、1年分の利息を9か月分に計算しなおします。利息を支払ったので「支払利息」が増えます。支払利息は費用（ホームポジション左）なので、増えるときは左に書きます。

支払利息 45,000 ／ 借入金 1,000,000

**ステップ3** 「利息を差し引いた残額について同店振出しの小切手で受け取った」ので「現金」が増えます。

1,000,000 − 45,000 = 955,000

支払利息 45,000 ／ 借入金 1,000,000
現金 955,000 ／

---

《▶ ワンポイント》

「利率年6％」と指示があるときは「1年で6％」という意味です。本問は月数しか書いていませんので、12か月で割る必要があります（月割計算）。

---

《▶ ワンポイント》

借り入れをするさいには利息を支払う必要がありますが、利息を支払うタイミングは「借り入れをするとき」「毎月末」「借入金を返済するとき」など契約によって決められています。本問では借り入れの日に「利息を差し引いた残額」を受け取ったと書かれています。利息がなければ1,000,000円の現金を受け取ることができたところ、現金955,000円しか受け取っていないため、45,000円については借り入れの日に利息を支払ったということです。

---

## 14. 前受金

**ステップ1** 現金を受け取ったので「現金」が増えます。現金は資産（ホームポジション左）なので、増えるときは左に書きます。

現金 20,000 ／

**ステップ2** 手付金を受け取ったので「前受金」が増えます。前受金は負債（ホームポジション右）なので、増えるときは右に書きます。

現金　20,000 ／ 前受金　20,000

## 15. 固定資産の取得

**ステップ1** パソコンを購入したので「備品」が増えます。備品は資産（ホーム
ポジション左）なので、増えるときは左に書きます。取得原価は、
パソコンの本体代金に初期設定作業料と配送料を加算した合計
5,836,000です。

備品　5,836,000 ／

**ステップ2** 代金は「仮払金勘定で処理してある」ので「仮払金」を取り崩します。
仮払金は資産（ホームポジション左）なので、減るときは右に書き
ます。

備品　5,836,000 ／ 仮払金　5,836,000

> **◀▶ ワンポイント**
>
> 領収書は、パソコンを販売している会社（熊本電器株式会社）が発行し、収
> 入印紙を貼り付けたものを当社（株式会社九州商事）が受け取ります。この
> 収入印紙は、熊本電器株式会社の印鑑を押印済みなので、当社で租税公課や
> 貯蔵品として仕訳することはありません。

> **◀▶ ワンポイント**
>
> 統一試験（紙の試験）では、計算用紙に仕訳を書き、勘定科目の記号を書い
> てから答案用紙に書き写した方がケアレスミスを減らすことができます。
>
>
> 備品　5,836,000 ／ 仮払金　5,836,000
> 　（ウ）　　　　　　　　　（カ）
>
> | ウ | 5,836,000 | カ | 5,836,000 |
> |---|---|---|---|
>
> なお、ネット試験ではP.066のように勘定科目を直接入力した方が速く解け
> ます。

| | | 仕 | | 訳 | |
|---|---|---|---|---|---|
| | 借 方 | | | 貸 方 | |
| | 記 号 | 金 額 | 記 号 | | 金 額 |
| 1 | エ | 1,100,000 | ク<br>カ | | 1,000,000<br>100,000 |
| 2 | カ | 150,000 | イ | | 150,000 |
| 3 | キ<br>ク | 34,000<br>600 | エ | | 34,600 |
| 4 | カ<br>オ<br>イ | 841,500<br>4,500<br>144,000 | ア | | 990,000 |
| 5 | カ | 10,000 | ア | | 10,000 |
| 6 | キ | 54,000 | オ<br>ウ | | 30,000<br>24,000 |
| 7 | カ<br>ク | 2,200,000<br>300,000 | エ | | 2,500,000 |
| 8 | ウ<br>ア | 14,200<br>3,000 | カ | | 17,200 |
| 9 | ア | 100,000 | ウ | | 100,000 |
| 10 | ア | 70,000 | エ<br>イ | | 30,000<br>40,000 |
| 11 | ウ | 143,000 | エ | | 143,000 |
| 12 | エ<br>カ | 1,200,000<br>1,000,000 | オ<br>ア | | 2,000,000<br>200,000 |
| 13 | オ<br>ア | 45,000<br>955,000 | ウ | | 1,000,000 |
| 14 | ア | 20,000 | カ | | 20,000 |
| 15 | ウ | 5,836,000 | カ | | 5,836,000 |

| よく出る | 答案用紙 P2 | Ⓐ 解答 P043 | ⏱ 目標タイム 15分 |

下記の各取引について仕訳しなさい。ただし、勘定科目は、設問ごとに最も適当と思われるものを選び、答案用紙の（　）内に記号で解答すること。なお、消費税は指示された問題のみ考慮すること。

1．株式会社九州システムは、1株あたり¥30,000で株式を200株発行し、出資者より払込みを受けて株式会社を設立した。払込金はすべて普通預金口座に預け入れられた。

　　ア．当座預金　イ．借入金　ウ．貸付金　エ．繰越利益剰余金
　　オ．資本金　カ．利益準備金　キ．定期預金　ク．普通預金

2．当社は商品Xを¥100,000で北海道株式会社へ販売し、送料¥5,000を加えた合計額を掛けとした。また、同時に配送業者へ商品Xを引き渡し、送料¥5,000は後日支払うこととした。

　　ア．売上　イ．発送費　ウ．売掛金　エ．現金
　　オ．買掛金　カ．前払金　キ．支払手形　ク．未払金

3．以下の納付書にもとづき、当社の普通預金口座から振り込んだ。

| 領 収 証 書 | | | | |
|---|---|---|---|---|
| 科目　　　　　法人税 | 本　　税 | 420,000 | 納期等の区分 | X010401 X020331 |
| | ○○○税 | | | |
| | △△税 | | 中間申告　確定申告 | |
| 住所　東京都港区×× | □□税 | | | |
| | ××税 | | 出納印 X01.11.30 東西銀行 | |
| 氏名　株式会社パブロフ物産 | 合計額 | ¥420,000 | | |

　　ア．未払消費税　イ．仮払消費税　ウ．未払法人税等
　　エ．仮払法人税等　オ．租税公課　カ．普通預金　キ．当座預金

4．営業活動で利用する電車およびバスの料金支払用ICカードから旅費交通費￥13,000を支払った。なお、ICカードの入金時に仮払金勘定で処理している。
　　ア．旅費交通費　イ．現金　ウ．前払金　エ．仮払金

5．営業用の事務所を開設する目的で土地を￥4,500,000で購入し、不動産会社への仲介手数料￥300,000と売買契約書に使用する印紙代￥1,000（この印紙代は費用処理すること）を含めた金額を普通預金口座から支払った。
　　ア．普通預金　イ．建物　ウ．土地　エ．租税公課
　　オ．当座預金　カ．支払手数料　キ．仮払消費税

6．得意先が倒産したため、当期に発生した売掛金￥1,000と前期に発生した売掛金￥2,000の合計￥3,000が貸倒れとなった。貸倒引当金の残高は￥2,500である。
　　ア．売掛金　イ．受取手形　ウ．貸倒引当金　エ．貸倒損失
　　オ．償却債権取立益　カ．未収入金　キ．受取手形

7．前期末の決算において、当座借越￥281,500を計上したため、当期に再振替仕訳を行う。
　　ア．普通預金　イ．当座借越　ウ．当座預金　エ．貸付金

8．決算日に売上勘定を損益勘定に振り替えた。当期の総売上高は￥15,000,000、売上戻り高は￥400,000であった。
　　ア．売上　イ．繰越利益剰余金　ウ．損益　エ．資本金

9．月末に金庫を実査したところ、紙幣￥200,000、硬貨￥6,700、得意先振出しの小切手￥20,000、約束手形￥40,000が保管されていたが、現金出納帳の残高は￥227,000であった。不一致の原因を調べたが原因は判明しなかったので、現金過不足勘定で処理することにした。
　　ア．現金過不足　イ．受取手形　ウ．貯蔵品　エ．現金

10. 家具卸売業を営む鳥取株式会社は、販売用の机5台を@¥40,000で島根商店から購入し、代金は翌月払いとした。そのさいの引取運賃¥40,000は、現金で支払った。
    ア．備品　イ．未払金　ウ．現金　エ．仕入
    オ．買掛金　カ．発送費　キ．支払手数料

11. 小口現金係から、次のような支払いの報告を受けたため、ただちに現金を渡して資金を補給した。なお、当社では、定額資金前渡制度（インプレスト・システム）により、小口現金係から毎週金曜日に一週間の支払報告を受け、これにもとづいて資金を補給している。
    通信費¥7,120　消耗品費¥5,360　雑費¥1,760
    ア．現金　イ．当座預金　ウ．通信費　エ．消耗品費
    オ．前払金　カ．雑費　キ．貸付金　ク．預り金

12. 株主総会で繰越利益剰余金¥2,000,000の一部を次のとおり処分することが承認された。
    　　株主配当金：¥400,000
    　　利益準備金の積み立て：¥40,000
    ア．当座預金　イ．利益準備金　ウ．繰越利益剰余金
    エ．未払配当金　オ．資本金　カ．定期預金

13. 得意先に対する掛け代金¥198,000について、送金小切手を受け取った。
    ア．現金　イ．受取手形　ウ．買掛金　エ．売掛金
    オ．支払手形　カ．租税公課　キ．受取商品券

14. 出張から戻った従業員から次の領収書および報告書が提出されるととも
に、かねて概算払いしていた¥16,000との差額を現金で受け取った。
なお、1回2,000円以下の電車賃は従業員からの領収書の提出を不要と
している。

| 領収書 |
| --- |
| 運賃 ¥3,250 |
| 上記のとおり領収致しました。 |
| 湘南中央交通（株） |

| 領収書 |
| --- |
| 宿泊費 ¥9,000 |
| この度は御宿泊いただき |
| ありがとうございました。 |
| 鎌倉ホテル |

| 旅費交通費等報告書 | | | |
| --- | --- | --- | --- |
| | | | 山田　太郎 |
| 移動先 | 手段等 | 領収書 | 金額 |
| 当社→湘南駅 | 電車 | 無 | 820 |
| 湘南駅→ホテル | タクシー | 有 | 3,250 |
| 鎌倉ホテル | 宿泊 | 有 | 9,000 |
| 鎌倉駅→帰社 | 電車 | 無 | 720 |
| | 合計 | | ¥13,790 |

　ア．現金　イ．仮払金　ウ．旅費交通費　エ．未払金

15. 消費税の確定申告を行い、未払い計上されていた¥380,000を現金で納
付した。
　ア．現金　イ．当座預金　ウ．仮払消費税　エ．未払法人税等
　オ．未払消費税　カ．仮受消費税　キ．租税公課

# 解説 02

1 仕訳
2 現金・商品売買
3 勘定の記入
4 補助簿
5 伝票会計
6 理論問題
7 試算表と精算表
8 損益計算書と貸借対照表
9 模擬問題

## 1．株式会社の設立

**ステップ1** 会社を設立し、株式を発行したので「資本金」が増えます。資本金は純資産（ホームポジション右）なので、増えるときは右に書きます。

30,000 × 200株 ＝ 6,000,000

／ 資本金　6,000,000

**ステップ2** 払込金は普通預金口座に預けたので「普通預金」が増えます。普通預金は資産（ホームポジション左）なので、増えるときは左に書きます。

普通預金　6,000,000 ／ 資本金　6,000,000

## 2．売上の諸掛

**ステップ1** 商品を販売したので「売上」が増えます。売上は収益（ホームポジション右）なので、増えるときは右に書きます。北海道株式会社に対して、商品Xの販売額100,000と送料5,000の合計額105,000を掛けとして請求しているので、売上の金額は105,000となります。

100,000 ＋ 5,000 ＝ 105,000

／ 売上　105,000

**ステップ2** 代金は掛けなので「売掛金」が増えます。売掛金は資産（ホームポジション左）なので、増えるときは左に書きます。

売掛金　105,000 ／ 売上　105,000

**ステップ3** 配送業者への送料が発生したので「発送費」が増えます。発送費は費用（ホームポジション左）なので、増えるときは左に書きます。

売掛金　105,000 ／ 売上　105,000
発送費　　5,000 ／

**ステップ4** 配送業者の送料は後日支払うので「未払金」を使います。未払金は負債（ホームポジション右）なので、増えるときは右に書きます。

売掛金　105,000 ／ 売上　　105,000
発送費　　5,000 ／ 未払金　　5,000

**◆ ワンポイント**

売上諸掛は2022年度から簿記3級の範囲改定により仕訳の書き方が変わっています。以前に学習した仕訳と違いますので、注意しましょう。なお、仕

入諸掛は以前に学習した内容と同じです。

本問の送料の後払いは、商品Xの仕入先ではなく、配送業者に対するものです。このため、買掛金を使わず、未払金を使って仕訳をする点に注意が必要です。

## 3．法人税等の中間納付

**ステップ1** 法人税等の領収証書は次の赤く囲った部分に注目しましょう。❶法人税の❷本税420,000を❸中間申告していますので、法人税等の中間納付ということがわかります。

| | 領　収　証　書 | | | |
|---|---|---|---|---|
| 科目　❶<br>法人税 | ❷<br>本　　　税 | 420,000 | 納期等<br>の区分 | X010401<br>X020331 |
| | ○　○　○　税 | | ❸<br>中間<br>申告 | 確定<br>申告 |
| | △　△　税 | | | |
| 住所　東京都港区×× | □□税 | | | 出納印<br>X01.11.30<br>東西銀行 |
| | ××税 | | | |
| 氏名　株式会社パブロフ物産 | 合計額 | ￥420,000 | | |

**ステップ2** 法人税等の中間納付は法人税等の前払いなので「仮払法人税等」が増えます。仮払法人税等は資産（ホームポジション左）なので、増えるときは左に書きます。

　　仮払法人税等　420,000 ／

**ステップ3** 普通預金口座から支払ったので「普通預金」が減ります。

　　仮払法人税等　420,000 ／ 普通預金　420,000

**（▶ ワンポイント）**

領収証書の納期等の区分に対象となる会計期間（X01年4月1日～X02年3月31日）が書いてあります。また出納印の日付（X01年11月30日）を見ると、当期の決算前に法人税等を支払っていることからも、中間納付（法人税等の前払い）とわかります。

## 4．旅費交通費とICカード

**ステップ1** 旅費交通費を支払ったので「旅費交通費」が増えます。旅費交通費は費用（ホームポジション左）なので、増えるときは左に書きます。

旅費交通費　13,000 ／

**ステップ2** 「ICカードの入金時に仮払金勘定で処理している」と指示があるので、入金時に「仮払金」を使っています。本問はICカードで支払いをしたので「仮払金」を取り崩します。仮払金は資産（ホームポジション左）なので、減るときは右に書きます。

旅費交通費　13,000 ／ 仮払金　13,000

> **◀▶ ワンポイント**
>
> 電車・バスの料金支払用ICカードは①入金したとき、②支払ったときに仕訳を書きます。本問はICカードで支払ったときの仕訳を問われています。
> ①会社のICカードに入金したとき
>  仮払金　13,000 ／ 現金　13,000
> ②会社のICカードで支払ったとき
>  旅費交通費　13,000 ／ 仮払金　13,000

## 5．土地の取得

**ステップ1** 土地を購入したので「土地」が増えます。土地は資産（ホームポジション左）なので、増えるときは左に書きます。土地の取得原価は購入代価に仲介手数料を含めた金額です。

$$4,500,000 + 300,000 = 4,800,000$$

土地　4,800,000 ／

**ステップ2** 印紙代は「租税公課」を使います。租税公課は費用（ホームポジション左）なので、増えるときは左に書きます。

土地　　　　4,800,000 ／
租税公課　　　1,000 ／

**ステップ3** 普通預金口座から支払ったので「普通預金」が減ります。

$$4,800,000 + 1,000 = 4,801,000$$

土地　　　　4,800,000 ／ 普通預金　4,801,000
租税公課　　　1,000 ／

## 6．前期発生と当期発生の売掛金の貸倒れ

**ステップ1** 売掛金が貸倒れたので「売掛金」が減ります。売掛金は資産（ホームポジション左）なので、減るときは右に書きます。

／ 売掛金　3,000

ステップ2 前期に発生した売掛金が貸倒れたので「貸倒引当金」を2,000取り崩します。貸倒引当金の残高は2,500ですが、前期に発生した売掛金2,000だけ取り崩します。貸倒引当金は負債（ホームポジション右）なので、減るときは左に書きます。

貸倒引当金は前期末に、前期末時点の売掛金に対して設定しているので、当期発生の売掛金は対象に含まれていません。したがって、前期発生の売掛金が貸倒れたさいには貸倒引当金を取り崩すことができますが、当期発生の売掛金についてはステップ3のように貸倒損失で処理することになります。

貸倒引当金　2,000 ／ 売掛金　3,000

ステップ3 当期に発生した売掛金が貸倒れたので「貸倒損失」が増えます。貸倒損失は費用（ホームポジション左）なので、増えるときは左に書きます。

貸倒引当金　2,000 ／ 売掛金　3,000
貸倒損失　　1,000 ／

---

**◆ ワンポイント**

貸倒れの仕訳はパターンが多く少し複雑です。貸倒れは次の❶〜❹の4つのパターンがあるので、理解しておきましょう。なお、金額は本問と関連していません。

❶当期発生した売掛金¥5,000が当期回収不能になった場合（貸倒引当金の残高がいくらであっても）
売掛金の発生と貸倒れが同じ期に起きたら必ず**貸倒損失**を使います。当期発生した売掛金は、前期末に設定された貸倒引当金の対象に含まれていないため、**貸倒引当金の残高があっても取り崩すことはできません。**
貸倒損失　5,000 ／ 売掛金　5,000

❷前期発生した売掛金¥5,000が当期回収不能になった場合（貸倒引当金の残高が¥6,000）
前期発生した売掛金なので、貸倒れた金額だけ貸倒引当金を取り崩します。
貸倒引当金　5,000 ／ 売掛金　5,000

❸前期発生した売掛金¥5,000が当期回収不能になった場合（貸倒引当金の残高が¥2,000）
前期発生した売掛金なので、貸倒引当金を取り崩せるだけ取り崩します。

残額3,000は貸倒損失を使います。

貸倒引当金 2,000 ／ 売掛金 5,000
貸倒損失　　3,000 ／

❹前期発生した売掛金¥5,000が当期回収不能になった場合（貸倒引当金の残高なし）

前期発生した売掛金なので、貸倒引当金を取り崩したいですが、回収不能になった時点で貸倒引当金の残高がないときには貸倒損失を使います。

貸倒損失 5,000 ／ 売掛金 5,000

＜まとめ＞

❶当期発生した売掛金が当期回収不能　　→　　貸倒損失
❷❸❹前期発生した売掛金が当期回収不能　→　　貸倒引当金を取り崩し、足りない部分は貸倒損失

## 7．当座借越の再振替仕訳

**ステップ1** 前期末に計上した「当座借越」281,500を取り消して0にします。当座借越は負債（ホームポジション右）なので、減るときは左に書きます。

当座借越 281,500 ／

**ステップ2** 当座借越とは当座預金のマイナス残高のことです。当期の再振替仕訳で当座預金をマイナス残高に戻すので「当座預金」を減らします。当座預金は資産（ホームポジション左）なので、減るときは右に書きます。

当座借越 281,500 ／ 当座預金 281,500

## 8．損益振替

**ステップ1** 売上は収益（ホームポジション右）の勘定科目なので、残高は右側（貸方）にあります。売上を損益に振り替えるので「売上」を減らします。左に書きます。

総売上高15,000,000 − 売上戻り高400,000 = 14,600,000

売上 14,600,000 ／

**ステップ2** 右に「損益」と書きます。

売上 14,600,000 ／ 損益 14,600,000

## 9．現金過不足

**ステップ1** 金庫の中の現金がいくらなのかを計算します。

$$200,000 + 6,700 + 20,000 = 226,700$$

**ステップ2** 帳簿残高227,000が実際残高226,700より300多くなっています。帳簿残高を実際残高に合わせるため227,000 − 226,700 = 300減らします。現金は資産（ホームポジション左）なので、減るときは右に書きます。相手勘定科目は「現金過不足」を使います。

現金過不足　300 ／ 現金　300

> **◀ ワンポイント**
>
> 帳簿上（仕訳や総勘定元帳）現金の残高は227,000ですが、実際の現金を数えてみたら226,700となっていた状況です。帳簿上の現金と実際の現金に差が出ていることが判明したので「帳簿上の現金を実際の現金に合わせる」必要があります。帳簿上の現金がいくらであれ、会社の財産としては226,700しかないので、この金額を正として扱うことになります。

## 10．主たる営業取引、仕入の諸掛

**ステップ1** 「家具卸売業を営」んでいるため「販売用の机」を購入した場合「仕入」を使います。引取運賃も仕入に含める点に注意しましょう。

$$5台 × @40,000 + 40,000 = 240,000$$

仕入　240,000 ／

**ステップ2** 「代金は翌月払いとした」ので「買掛金」が増えます。引取運賃は「現金で支払った」ので「現金」が減ります。

仕入　240,000 ／ 買掛金　200,000
　　　　　　　　／ 現金　　　40,000

## 11．小口現金

**ステップ1** 「通信費￥7,120　消耗品費￥5,360　雑費￥1,760」との報告を受けたので計上します。これらは費用（ホームポジション左）なので、増えるときは左に書きます。

通信費　　7,120 ／
消耗品費　5,360 ／
雑費　　　1,760 ／

**ステップ2** 本問は勘定科目の選択肢に小口現金がないので、小口現金を使うこ

とができません。問題文に「支払いの報告を受けたため、ただちに現金を渡して」と指示があるので、小口現金を経由することなく、現金で支払った、と考えます。

**ステップ3** 「現金を渡して資金を補給した」ので「現金」を減らします。

7,120 + 5,360 + 1,760 = 14,240

| | | | |
|---|---|---|---|
| 通信費 | 7,120 | 現金 | 14,240 |
| 消耗品費 | 5,360 | | |
| 雑費 | 1,760 | | |

## 12. 繰越利益剰余金の配当

**ステップ1** 株主総会で配当金を支払うことが確定したが、まだ支払っていないので「未払配当金」が増えます。未払配当金は負債（ホームポジション右）なので、増えるときは右に書きます。

／ 未払配当金　400,000

**ステップ2** 利益準備金を積み立てたので「利益準備金」が増えます。利益準備金は純資産（ホームポジション右）なので、増えるときは右に書きます。

／ 未払配当金　400,000
／ 利益準備金　　40,000

**ステップ3** 「繰越利益剰余金を処分」というのは「繰越利益剰余金」を減らすということです。繰越利益剰余金は純資産（ホームポジション右）なので、減るときは左に書きます。

繰越利益剰余金　440,000 ／ 未払配当金　400,000
／ 利益準備金　　40,000

## 13. 送金小切手

**ステップ1** 送金小切手とはお金を送るための紙で、銀行へ持って行くとすぐに現金に換えてもらえます。このため、すぐに現金に換金できることから、勘定科目は「現金」を使います。送金小切手を受け取ったので「現金」が増えます。現金は資産（ホームポジション左）なので、増えるときは左に書きます。

現金　198,000 ／

**ステップ2** 得意先に対する掛け代金なので「売掛金」を使います。売掛金は

資産（ホームポジション左）なので、減るときは右に書きます。

現金　198,000 ／ 売掛金　198,000

## 14. 旅費交通費

**ステップ1** 出張の旅費交通費の内訳は「旅費交通費等報告書」に書いてあります。合計13,790が「旅費交通費」となります。

旅費交通費　13,790 ／

**ステップ2** 「概算払いしていた¥16,000」は以前に「仮払金」に計上しています。内訳がわかったので「仮払金」を取り消します。仮払金は資産（ホームポジション左）なので、減るときは右に書きます。

旅費交通費　13,790 ／ 仮払金　16,000

**ステップ3** 「差額を現金で受け取った」ので「現金」が増えます。

16,000 − 13,790 = 2,210

| 旅費交通費　13,790 ／ 仮払金　16,000
| 現金　　　　 2,210 ／

## 15. 未払消費税の納付

**ステップ1** 現金で納付したので「現金」が減ります。

／ 現金　380,000

**ステップ2** 消費税の確定申告を行い、前期末の決算で未払い計上されていた「未払消費税」を納付したので「未払消費税」を減らします。未払消費税は負債（ホームポジション右）なので、減るときは左に書きます。

未払消費税　380,000 ／ 現金　380,000

解答 02

| | 仕 訳 | | | |
|---|---|---|---|---|
| | 借 方 | | 貸 方 | |
| | 記 号 | 金 額 | 記 号 | 金 額 |
| 1 | ク | 6,000,000 | オ | 6,000,000 |
| 2 | ウ<br>イ | 105,000<br>5,000 | ア<br>ク | 105,000<br>5,000 |
| 3 | エ | 420,000 | カ | 420,000 |
| 4 | ア | 13,000 | エ | 13,000 |
| 5 | ウ<br>エ | 4,800,000<br>1,000 | ア | 4,801,000 |
| 6 | ウ<br>エ | 2,000<br>1,000 | ア | 3,000 |
| 7 | イ | 281,500 | ウ | 281,500 |
| 8 | ア | 14,600,000 | ウ | 14,600,000 |
| 9 | ア | 300 | エ | 300 |
| 10 | エ | 240,000 | オ<br>ウ | 200,000<br>40,000 |
| 11 | ウ<br>エ<br>カ | 7,120<br>5,360<br>1,760 | ア | 14,240 |
| 12 | ウ | 440,000 | エ<br>イ | 400,000<br>40,000 |
| 13 | ア | 198,000 | エ | 198,000 |
| 14 | ウ<br>ア | 13,790<br>2,210 | イ | 16,000 |
| 15 | オ | 380,000 | ア | 380,000 |

よく出る

| 答案用紙 P3 | Ⓐ 解答 P054 | ⏱ 目標タイム 15分 |

下記の各取引について仕訳しなさい。ただし、勘定科目は、設問ごとに最も適当と思われるものを選び、答案用紙の（　　）内に記号で解答すること。なお、消費税は指示された問題のみ考慮すること。

1. 商品乙と商品甲を仕入れ、次の納品書兼請求書を受け取り、代金は後日支払うこととした。

<table>
<tr><td colspan="2" align="center">納品書兼請求書</td></tr>
<tr><td colspan="2">関西物流株式会社　御中</td></tr>
<tr><td colspan="2" align="right">関東商事株式会社</td></tr>
<tr><td align="center">品物</td><td align="center">金額</td></tr>
<tr><td>商品 乙</td><td>¥　　368,000</td></tr>
<tr><td>商品 甲</td><td>¥　　196,000</td></tr>
<tr><td>配送料</td><td>¥　　　3,000</td></tr>
<tr><td align="right">合計</td><td>¥　　567,000</td></tr>
</table>

R03年4月10日までに合計額を下記口座へお振込み下さい。
関東銀行日本橋支店　普通　112233　カントウショウジ（カ

ア．仕入　イ．売上　ウ．発送費　エ．現金　オ．売掛金
カ．買掛金　キ．未払金

2. 郵便切手¥8,400を現金で購入し、営業用の店舗の固定資産税¥72,000を現金で納付した。なお、この郵便切手はただちに使用した。

ア．建物　イ．現金　ウ．法人税等　エ．租税公課　オ．支払手数料
カ．旅費交通費　キ．通信費　ク．法定福利費

3. 先月末に¥500,000の土地を¥800,000で株式会社神奈川に売却していたが、本日、代金の全額が株式会社神奈川より当社の普通預金口座に振り込まれた。

ア．土地　イ．土地売却損　ウ．土地売却益　エ．未収入金
オ．現金　カ．当座預金　キ．普通預金　ク．未払金

4. 株式会社中央食品は増資を行うこととなり、1株あたり¥40,000で株式を新たに300株発行し、出資者より当社に当座預金口座に払込金が

振り込まれた。発行価額の全額を資本金とする。

ア．普通預金　イ．当座預金　ウ．繰越利益剰余金　エ．資本金

5．今月分の従業員に対する給料￥1,800,000を、所得税の源泉徴収分￥96,000および健康保険・厚生年金・雇用保険の保険料合計￥138,000を控除し、各従業員の指定する銀行口座へ当社の普通預金口座から振り込んで支給した。

ア．所得税預り金　イ．支払保険料　ウ．福利厚生費　エ．給料
オ．普通預金　カ．法定福利費　キ．社会保険料預り金

6．当社は、X社に対する買掛金￥20,000の支払いを電子債権記録機関で行うため、取引銀行を通じて債務の発生記録を行った。なお、債務者請求方式によるものとする。

ア．電子記録債権　イ．買掛金　ウ．支払手形　エ．電子記録債務
オ．売掛金　カ．受取手形　キ．未払金　ク．未収入金

7．本日、関東銀行に預けている定期預金￥1,000,000が満期をむかえ、利息￥10,000を含めた合計額が関東銀行の普通預金口座に入金された。

ア．現金　イ．定期預金関東銀行　ウ．当座預金関東銀行　エ．支払利息
オ．普通預金関東銀行　カ．受取利息　キ．手形借入金

8．従業員にかかる健康保険料￥270,000を普通預金口座から納付した。このうち従業員負担分￥135,000は、社会保険料預り金からの支出であり、残額は会社負担分である。

ア．当座預金　イ．社会保険料預り金　ウ．所得税預り金　エ．現金
オ．福利厚生費　カ．法定福利費　キ．支払保険料　ク．普通預金

9．従業員負担の昼食代￥2,500を立て替え、現金を支払った。

ア．給料　イ．従業員預り金　ウ．福利厚生費　エ．従業員立替金
オ．未払金　カ．現金　キ．借入金

10．前期に生じた売掛金￥400,000が得意先の倒産により回収できなくなったため、貸倒れとして処理する。なお、貸倒引当金の残高は￥300,000である。

ア．売掛金　イ．貸倒損失　ウ．償却債権取立益　エ．貸倒引当金

11. 新店舗を賃借し、1か月分の家賃¥140,000、不動産会社への手数料¥210,000、敷金¥280,000を普通預金口座から振り込んだ。
    ア．現金　イ．当座預金　ウ．普通預金　エ．建物
    オ．支払手数料　カ．預り金　キ．差入保証金　ク．支払家賃

12. 取引銀行から借り入れていた¥2,000,000の支払期日が到来したため、元利合計を普通預金口座から返済した。なお、借り入れにともなう利率は年3.65％であり、借入期間は30日であった。利息は1年を365日として日割計算する。
    ア．借入金　イ．貸付金　ウ．支払利息　エ．受取利息
    オ．当座預金　カ．定期預金　キ．普通預金

13. 商品¥900,000をクレジット払いの条件で販売するとともに、信販会社へのクレジット手数料（販売代金の4％）を計上した。
    ア．仕入　イ．支払手数料　ウ．支払利息　エ．売上
    オ．クレジット売掛金　カ．買掛金　キ．普通預金

14. 前期末の決算で貯蔵品に計上した郵便切手¥4,200と収入印紙¥50,000について、当期に再振替仕訳を行った。
    ア．消耗品費　イ．法人税等　ウ．通信費　エ．租税公課
    オ．支払手数料　カ．繰越商品　キ．貯蔵品

15. 以下の納付書にもとづき、当社の普通預金口座から振り込んだ。

| 領　収　証　書 | | | | |
|---|---|---|---|---|
| 科目　　　　　　法人税 | 本　　　税 | 570,000 | 納期等 | X010401 |
| | ○　○　○　税 | | の区分 | X020331 |
| | △　　△　　税 | | 中間申告 | 確定申告 |
| 住所　東京都港区×× | □□税 | | | |
| | ××税 | | | 出納印 X02.5.31 東西銀行 |
| 氏名　株式会社パブロフ物産 | 合計額 | ¥570,000 | | |

    ア．仮払消費税　イ．仮払法人税等　ウ．未払消費税
    エ．未払法人税等　オ．租税公課　カ．法人税等　キ．普通預金

## 解説 03

### 1．仕入諸掛

**ステップ1** 商品を仕入れたので「仕入」が増えます。仕入は費用（ホームポジション左）なので、増えるときは左に書きます。配送料（仕入諸掛）は当社に対する請求書の金額に含まれており、当社が負担するので、仕入に含めます。

仕入 567,000 ／

**ステップ2** 代金は後日支払うので「買掛金」を使います。買掛金は負債（ホームポジション右）なので、増えるときは右に書きます。

仕入 567,000 ／ 買掛金 567,000

### 2．郵便切手と固定資産税の納付

**ステップ1** 郵便切手を購入したので「通信費」が増えます。通信費は費用（ホームポジション左）なので、増えるときは左に書きます。

通信費 8,400 ／

**ステップ2** 固定資産税は「租税公課」を使います。租税公課は費用（ホームポジション左）なので、増えるときは左に書きます。

通信費 8,400 ／
租税公課 72,000 ／

**ステップ3** 「現金で購入」「現金で納付」したので「現金」が減ります。

8,400 + 72,000 = 80,400

通信費 8,400 ／ 現金 80,400
租税公課 72,000 ／

### 3．未収入金の回収

**ステップ1** 「先月末に」「￥800,000で」「売却していた」との情報より、「未収入金」の残高が800,000であることがわかります。「未収入金」を取り消します。未収入金は資産（ホームポジション左）なので、減るときは右に書きます。

／ 未収入金 800,000

**ステップ2** 「普通預金口座に振り込まれた」ので「普通預金」が増えます。

普通預金　800,000 ／ 未収入金　800,000

## 4．増資

ステップ1 株式を発行し「発行価額の全額を資本金」とするので「資本金」が
増えます。資本金は純資産（ホームポジション右）なので、増える
ときは右に書きます。

　　40,000 × 300 株 = 12,000,000

　　　　／ 資本金　12,000,000

ステップ2 「当座預金口座に払込金が振り込まれた」ので「当座預金」が増え
ます。当座預金は資産（ホームポジション左）なので、増えるとき
は左に書きます。

当座預金　12,000,000 ／ 資本金　12,000,000

## 5．給料の支払い

ステップ1 「従業員に対する給料¥1,800,000」なので「給料」が増えます。
給料は費用（ホームポジション左）なので、増えるときは左に書き
ます。

給料　1,800,000 ／

ステップ2 「所得税の源泉徴収分¥96,000」なので「所得税預り金」を使います。
所得税預り金は負債（ホームポジション右）なので、増えるときは
右に書きます。

給料　1,800,000 ／ 所得税預り金　96,000

ステップ3 「健康保険・厚生年金・雇用保険の保険料合計¥138,000」なので「社
会保険料預り金」を使います。社会保険料預り金は負債（ホームポ
ジション右）なので、増えるときは右に書きます。

給料　1,800,000 ／ 所得税預り金　　　　96,000
　　　　　　　　／ 社会保険料預り金　138,000

ステップ4 差額を「普通預金口座から振り込んで支給した」ので「普通預金」
が減ります。

　　1,800,000 − 96,000 − 138,000 = 1,566,000

給料　1,800,000 ／ 所得税預り金　　　　96,000
　　　　　　　　／ 社会保険料預り金　138,000
　　　　　　　　／ 普通預金　　　　　1,566,000

## 6．電子記録債務

**ステップ1** 買掛金を支払うので「買掛金」が減ります。買掛金は負債（ホーム
ポジション右）なので、減るときは左に書きます。

買掛金　20,000 ／

**ステップ2** 債務の発生記録を行ったので「電子記録債務」が増えます。電子記
録債務は負債（ホームポジション右）なので、増えるときは右に書
きます。

買掛金　20,000 ／ 電子記録債務　20,000

## 7．定期預金

**ステップ1** 定期預金が満期になったので「定期預金」が減ります。定期預金は
資産（ホームポジション左）なので、減るときは右に書きます。勘
定科目は「定期預金関東銀行」を使います。

／ 定期預金関東銀行　1,000,000

**ステップ2** 定期預金の利息を受け取ったので「受取利息」が増えます。受取利
息は収益（ホームポジション右）なので、増えるときは右に書きま
す。

／ 定期預金関東銀行　1,000,000
／ 受取利息　　　　　　　 10,000

**ステップ3** 普通預金口座に入金されたので「普通預金」が増えます。左に書き
ます。勘定科目は「普通預金関東銀行」を使います。

普通預金関東銀行　1,010,000 ／ 定期預金関東銀行　1,000,000
／ 受取利息　　　　　　　 10,000

## 8．社会保険料の納付

**ステップ1** 普通預金口座から納付したので「普通預金」を減らします。

／ 普通預金　270,000

**ステップ2** 健康保険料の従業員負担分は「社会保険料預り金」として預かって
います。「社会保険料預り金」を取り崩します。社会保険料預り金
は負債（ホームポジション右）なので、減るときは左に書きます。

社会保険料預り金　135,000 ／ 普通預金　270,000

**ステップ3** 健康保険料の会社負担分は「法定福利費」を使います。「法定福利費」
が増えます。法定福利費は費用（ホームポジション左）なので、増

1 仕訳

2 現金過不足と仕訳の問題

3 勘定の記入

4 補助簿

5 伝票会計

6 理論問題

7 試算表と精算表

8 損益計算書と貸借対照表

9 模擬問題

えるときは左に書きます。

社会保険料預り金　135,000　／　普通預金　270,000
法定福利費　　　　135,000　／

## 9．従業員立替金

**ステップ1** 現金を支払ったので「現金」が減ります。

　　　　　　　　　　　　　／　現金　2,500

**ステップ2** 会社が「従業員負担の昼食代」を立て替えたので「従業員立替金」
が増えます。従業員立替金は資産（ホームポジション左）なので、
増えるときは左に書きます。

従業員立替金　2,500　／　現金　2,500

## 10．貸倒れ

**ステップ1** 「売掛金¥400,000」が貸倒れたため「売掛金」が減ります。売掛金
は資産（ホームポジション左）なので、減るときは右に書きます。

　　　　　　　　　　　／　売掛金　400,000

**ステップ2** 「貸倒引当金の残高は¥300,000」なので「貸倒引当金」を全額取
り崩します。貸倒引当金は資産のマイナス（ホームポジション右）
なので、減るときは左に書きます。

貸倒引当金　300,000　／　売掛金　400,000

**ステップ3** 足りない金額は「貸倒損失」を使います。貸倒損失は費用（ホーム
ポジション左）なので、増えるときは左に書きます。

貸倒引当金　300,000　／　売掛金　400,000
貸倒損失　　100,000　／

## 11．不動産の賃借

**ステップ1** 「1か月分の家賃¥140,000」は「支払家賃」を使います。「不動産
会社への手数料¥210,000」は「支払手数料」を使います。「敷金
¥280,000」は「差入保証金」を使います。支払家賃、支払手数料
は費用（ホームポジション左）なので、増えるときは左に書きます。

差入保証金は資産（ホームポジション左）なので、増えるときは左に書きます。

| 支払家賃 | 140,000 | |
|---|---|---|
| 支払手数料 | 210,000 | |
| 差入保証金 | 280,000 | |

**ステップ2** 「普通預金口座から振り込んだ」ので「普通預金」が減ります。

| 支払家賃 | 140,000 | 普通預金 | 630,000 |
|---|---|---|---|
| 支払手数料 | 210,000 | | |
| 差入保証金 | 280,000 | | |

## 12. 借入金の返済

**ステップ1** 借入金を返済したので「借入金」が減ります。借入金は負債（ホームポジション右）なので、減るときは左に書きます。

借入金　2,000,000 ／

**ステップ2** 利息は「年利率3.65％、30日」の条件なので次の計算で求めます。利息を支払ったので「支払利息」を使います。支払利息は費用（ホームポジション左）なので、増えるときは左に書きます。

$$2,000,000 \times 3.65\% \div 365日 \times 30日 = 6,000$$

| 借入金 | 2,000,000 | |
|---|---|---|
| 支払利息 | 6,000 | |

**ステップ3** 「普通預金口座から返済した」ので「普通預金」が減ります。

$$2,000,000 + 6,000 = 2,006,000$$

| 借入金 | 2,000,000 | 普通預金 | 2,006,000 |
|---|---|---|---|
| 支払利息 | 6,000 | | |

**◀ ワンポイント**

問題文の「利率は年3.65％」とは「1年で3.65％の利息が発生する」という意味です。1年分の利息は次のように計算します。

1年分の利息　$2,000,000 \times 3.65\% = 73,000$

本問は30日分の利息ですので、1年分の利息を365日で割り、30日をかけて計算します。

30日分の利息　$73,000 \div 365日 \times 30日 = 6,000$

## 13. クレジット売掛金

**ステップ1** 商品を販売したので「売上」を使います。売上は収益（ホームポジション右）なので、増えるときは右に書きます。

　　　　　　　　　／ 売上　900,000

**ステップ2** 「クレジット手数料」が発生したので「支払手数料」を使います。支払手数料は費用（ホームポジション左）なので、増えるときは左に書きます。

　　900,000 × 4% = 36,000

支払手数料　36,000 ／ 売上　900,000

**ステップ3** 「クレジット払い」なので「クレジット売掛金」が増えます。売上代金から手数料を差し引いた金額がクレジット売掛金に計上されます。クレジット売掛金は資産（ホームポジション左）なので、増えるときは左に書きます。

　　900,000 − 36,000 = 864,000

支払手数料　　　　　36,000 ／ 売上　900,000
クレジット売掛金　864,000 ／

## 14. 貯蔵品の再振替仕訳

**ステップ1** 前期末に計上した貯蔵品の金額を計算します。貯蔵品は資産（ホームポジション左）です。貯蔵品を54,200から0に減らすので右に「貯蔵品」と書きます。

　　4,200 + 50,000 = 54,200

　　　　　　　　　／ 貯蔵品　54,200

**ステップ2** 郵便切手は「通信費」、収入印紙は「租税公課」を使います。通信費と租税公課は費用（ホームポジション左）なので、増えるときは左に書きます。

通信費　　　4,200 ／ 貯蔵品　54,200
租税公課　50,000 ／

## 15. 法人税等の確定納付

**ステップ1** 法人税等の領収証書は次の赤く囲った部分に注目しましょう。❶法人税の❷本税570,000を❸確定申告していますので、法人税等の確定納付ということがわかります。

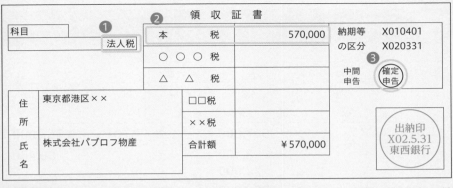

**ステップ2** 法人税等の確定納付は「未払法人税等」を減らします。未払法人税等は負債（ホームポジション右）なので、減るときは左に書きます。

未払法人税等 570,000 ／

**ステップ3** 普通預金口座から振り込んだので「普通預金」を減らします。

未払法人税等 570,000 ／ 普通預金 570,000

**（▶ ワンポイント）**

領収証書の納期等の区分に対象となる会計期間（X01年4月1日〜X02年3月31日）が書いてあります。また出納印の日付（X02年5月31日）を見ると、決算日の後に法人税等を支払っているため、法人税等の確定納付だとわかります。

〈前期の決算整理仕訳〉
X02年3月31日　法人税等 570,000 ／ 未払法人税等 570,000

〈当期の仕訳〉
X02年5月31日　未払法人税等 570,000 ／ 普通預金 570,000

1 仕訳

2 現金過不足と記帳の増加 感びよう

3 勘定の記入

4 補助簿

5 伝票会計

6 理論問題

7 試算表と精算表

8 損益計算書と貸借対照表

9 模擬問題

| | 仕 訳 借 方 | | 貸 方 | |
|---|---|---|---|---|
| | 記　　号 | 金　　額 | 記　　号 | 金　　額 |
| 1 | ア | 567,000 | カ | 567,000 |
| 2 | キ<br>エ | 8,400<br>72,000 | イ | 80,400 |
| 3 | キ | 800,000 | エ | 800,000 |
| 4 | イ | 12,000,000 | エ | 12,000,000 |
| 5 | エ | 1,800,000 | ア<br>キ<br>オ | 96,000<br>138,000<br>1,566,000 |
| 6 | イ | 20,000 | エ | 20,000 |
| 7 | オ | 1,010,000 | イ<br>カ | 1,000,000<br>10,000 |
| 8 | イ<br>カ | 135,000<br>135,000 | ク | 270,000 |
| 9 | エ | 2,500 | カ | 2,500 |
| 10 | エ<br>イ | 300,000<br>100,000 | ア | 400,000 |
| 11 | ク<br>オ<br>キ | 140,000<br>210,000<br>280,000 | ウ | 630,000 |
| 12 | ア<br>ウ | 2,000,000<br>6,000 | キ | 2,006,000 |
| 13 | イ<br>オ | 36,000<br>864,000 | エ | 900,000 |
| 14 | ウ<br>エ | 4,200<br>50,000 | キ | 54,200 |
| 15 | エ | 570,000 | キ | 570,000 |

## Chapter 1
### 問題 04

| よく出る | 答案用紙 P4 | Ⓐ 解答 P065 | ⏱ 目標タイム 15分 |

下記の各取引について仕訳しなさい。ただし、勘定科目は、設問ごとに最も適当と思われるものを選び、答案用紙の（　　）内に記号で解答すること。なお、消費税は指示された問題のみ考慮すること。

1. 三重株式会社に対して商品￥100,000を注文し、手付金として￥30,000の小切手を振り出して渡した。
   ア．当座預金　イ．現金　ウ．売上　エ．仕入
   オ．前払金　カ．前受金　キ．売掛金　ク．買掛金

2. 前期に貸倒れとして処理していた山口商店に対する売掛金￥100,000のうち、￥60,000が回収され、当座預金の口座に振り込まれた。なお、貸倒引当金勘定には￥30,000の残高がある。
   ア．当座預金　イ．貸倒引当金　ウ．貸倒損失　エ．売掛金
   オ．雑益　カ．償却債権取立益　キ．売上

3. 商品￥340,000を販売し、代金のうち￥40,000は信販会社が発行している商品券で受け取り、残額は現金で受け取った。
   ア．仕入　イ．現金　ウ．売上　エ．当座預金
   オ．買掛金　カ．受取手形　キ．売掛金　ク．受取商品券

4. 前月末に現金の帳簿残高が実際有高より￥20,000少なかったので、現金過不足として処理していたが、本日原因は受取手数料の記帳漏れと判明した。
   ア．現金　イ．現金過不足　ウ．雑損　エ．雑益
   オ．受取手数料　カ．支払手数料　キ．旅費交通費　ク．仮払金

5. 決算にあたり、東西銀行の当座預金口座が当座借越￥120,000の状態となっているので、適切な勘定に振り替える。ただし、当社は複数の金融機関を利用しており、他の銀行とも当座預金口座を開設しているため、口座ごとに勘定を設定している。なお、当社は当座借越勘定を用いていない。

ア．当座預金南北銀行　イ．当座借越　ウ．手形借入金　エ．貸付金
オ．手形貸付金　カ．借入金　キ．当座預金東西銀行　ク．現金

6．株式会社東京は、当期の決算を行った結果、¥346,000の利益を計上した。
　　ア．資本金　イ．利益準備金　ウ．繰越利益剰余金　エ．損益

7．業務で使用する目的でコピー複合機¥810,000を購入し、代金の全額を翌月末に支払うことにした。この購入にともない発生した運搬費¥20,000および据付費¥17,000は現金で支払った。
　　ア．買掛金　イ．発送費　ウ．備品　エ．支払手数料
　　オ．仮払金　カ．現金　キ．未払金　ク．仕入

8．X7年8月1日に商品¥90,000を仕入れ、現金¥20,000で支払い、残額は掛けとしたさいの出金伝票は次のとおりであった。このとき振替伝票に起票される仕訳を答えなさい。当社は3伝票を採用しており、商品売買は3分法による。

> 出金伝票
> X7年8月1日
> 買掛金　20,000

　　ア．現金　イ．売掛金　ウ．売上　エ．仕入　オ．買掛金

9．かねて手形を振り出して借り入れていた¥4,000,000の返済期日をむかえ、同額が当座預金口座から引き落とされるとともに、手形の返却を受けた。
　　ア．借入金　イ．受取手形　ウ．手形借入金　エ．当座預金

10．商品（税込価格¥660,000）を仕入れ、代金は10％の消費税を含めて掛けとした。なお、消費税については、税抜方式で記帳する。
　　ア．仕入　イ．現金　ウ．買掛金　エ．仮受消費税
　　オ．未払消費税　カ．売上　キ．売掛金　ク．仮払消費税

11．保証金（敷金）¥250,000のうち、原状回復のために¥205,000が使用され、残額¥45,000を現金で受け取った。
　　ア．現金　イ．差入保証金　ウ．未収入金　エ．貸付金

オ．支払家賃　カ．支払手数料　キ．修繕費

12. 取引先に貸付期間9か月、年利率3％の条件で¥1,200,000を貸し付け、利息を差し引いた金額を当座預金口座から振り込みを行った。なお、利息の計算は月割計算とすること。
　　ア．支払利息　イ．現金　ウ．借入金　エ．受取利息
　　オ．貸付金　カ．売掛金　キ．当座預金

13. 広告宣伝費¥29,000を普通預金口座から支払った。また、振込手数料（当社負担）として¥270が同口座から引き落とされた。
　　ア．広告宣伝費　イ．租税公課　ウ．支払利息　エ．当座預金
　　オ．支払手数料　カ．普通預金　キ．通信費　ク．法定福利費

14. 商品を仕入れ、品物とともに次の納品書を受け取り、代金は後日支払うこととした。なお、消費税の会計処理は税抜方式によっている。

納品書

株式会社関東物産　御中

東北小物株式会社

| 品物 | 数量 | 単価 | 金額 |
|---|---|---|---|
| 熊キーホルダー（36個入りケース） | 30 | 2,400 | ¥ 72,000 |
| 猫キーホルダー（36個入りケース） | 30 | 1,800 | ¥ 54,000 |
| 木製キーホルダー（24個入りケース） | 20 | 2,400 | ¥ 48,000 |
| 革キーホルダー（24個入りケース） | 20 | 4,800 | ¥ 96,000 |
| | | 消費税 | ¥ 27,000 |
| | | 合計 | ¥ 297,000 |

　　ア．売上　イ．売掛金　ウ．仮受消費税　エ．未払金
　　オ．買掛金　カ．消耗品費　キ．仮払消費税　ク．仕入

15. 商品¥78,000を仕入れ、代金は掛けとした。当社が負担する引取運賃¥1,200は現金で支払った。
　　ア．現金　イ．売上　ウ．当座預金　エ．仕入
　　オ．発送費　カ．買掛金　キ．売掛金　ク．仮払金

## 解説 04

### 1．前払金

**ステップ1** 注文したときに手付金を支払ったので「前払金」が増えます。前払金は資産（ホームポジション左）なので、増えるときは左に書きます。

前払金 30,000 ／

**ステップ2** 小切手を振り出したので「当座預金」が減ります。当座預金は資産（ホームポジション左）なので、減るときは右に書きます。

前払金 30,000 ／ 当座預金 30,000

### 2．償却債権取立益

**ステップ1** 前期に貸倒れ処理したときは次のように仕訳していたはずです。

貸倒損失（または貸倒引当金）100,000 ／ 売掛金 100,000

**ステップ2** 前期に貸倒れ処理した売掛金を当期に回収したときは「償却債権取立益」を使います。償却債権取立益は収益（ホームポジション右）なので、増えるときは右に書きます。また、当座預金の口座に振り込まれたので「当座預金」を使います。

当座預金 60,000 ／ 償却債権取立益 60,000

> **ワンポイント**
> 前期に貸倒れで発生した「貸倒損失 100,000」は前期の損益計算書に表示されています。その一部を当期に回収した場合、前期の損益計算書「貸倒損失100,000」は公表済みであり、公表後に貸倒損失の金額を減らすことはできません。このため、「償却債権取立益」を使って仕訳を書くことになります。

### 3．受取商品券

**ステップ1** 商品を販売したので「売上」が増えます。

／ 売上 340,000

**ステップ2** 「商品券」を受け取ったので「受取商品券」を使います。受取商品券は資産（ホームポジション左）なので、増えるときは左に書きます。

受取商品券 40,000 ／ 売上 340,000

**ステップ3** 「残額は現金で受け取った」ので「現金」が増えます。

受取商品券　40,000 ／ 売上　340,000
現金　　　　300,000 ／

## 4．現金過不足

**ステップ1** 「現金の帳簿残高が実際有高より¥20,000少なかったので、現金過不足として処理していた」との指示より「現金過不足」は貸方（右側）に20,000計上されていたはずです。これを取り消すので借方（左側）へ「現金過不足」と書きます。
現金過不足　20,000 ／

---

**((») ワンポイント**

問題文の「現金の帳簿残高が実際有高より¥20,000少なかったので、現金過不足として処理していた」というのは、どういう状況なのか詳しく説明します。たとえば、現金の実際有高を¥1,020,000とすると「帳簿残高が実際有高より¥20,000少なかった」ので、帳簿残高は¥1,000,000ということになります。下書きと仕訳を書くと次のようになります。

帳簿残高 1,000,000 $\xrightarrow{+20,000}$ 実際有高 1,020,000

現金　20,000 ／ 現金過不足　20,000
帳簿残高を実際有高に合わせるので、現金を20,000増やす仕訳をします。
本問では現金過不足の原因が判明し、貸方（右側）に計上した「現金過不足」を精算し、現金過不足を取り消しています。

---

**ステップ2** 「受取手数料の記帳漏れ」が判明したので「受取手数料」を増やします。受取手数料は収益（ホームポジション右）なので、増えるときは右に書きます。
現金過不足　20,000 ／ 受取手数料　20,000

## 5．決算の借入金への振り替え

**ステップ1** 決算時に「当座預金口座が当座借越¥120,000の状態」なので、当座預金東西銀行が貸方残高（マイナス残高）120,000となっています。決算整理仕訳で当座預金東西銀行をマイナスから0にするため、借方（左側）に「当座預金東西銀行」と書きます。
当座預金東西銀行　120,000 ／

**ステップ2** 「当社は当座借越勘定を用いていない」ので、当座借越ではなく「借

入金」を使います。

当座預金東西銀行　120,000 ／ 借入金　120,000

> **◀▶ ワンポイント**
>
> 口座ごとに勘定を設定しているため、当座預金ではなく「当座預金東西銀行」を使う点に注意しましょう。

### 6．当期純利益の損益振替

**ステップ1** 「当期の決算を行った結果〜利益を計上した」ので、当期は収益と費用の差額が当期純利益だったことがわかります。当期純利益を計上するので「繰越利益剰余金」が増えます。繰越利益剰余金は純資産（ホームポジション右）なので、増えるときは右に書きます。

　　　　　　　　／ 繰越利益剰余金　346,000

**ステップ2** 当期純利益を計上するのは損益振替の仕訳です。相手勘定は「損益」を使います。

損益　346,000 ／ 繰越利益剰余金　346,000

### 7．固定資産の取得

**ステップ1** コピー複合機を購入したので「備品」が増えます。備品の取得原価に運搬費、据付費を含める点に注意しましょう。備品は資産（ホームポジション左）なので、増えるときは左に書きます。

　　810,000 + 20,000 + 17,000 = 847,000

備品　847,000 ／

**ステップ2** 「代金の全額を翌月末に支払う」ので「未払金」が増えます。未払金は負債（ホームポジション右）なので、増えるときは右に書きます。

備品　847,000 ／ 未払金　810,000

**ステップ3** 「運搬費¥20,000および据付費¥17,000は現金で支払った」ので合計37,000の「現金」が減ります。現金は資産（ホームポジション左）なので、減るときは右に書きます。

備品　847,000 ／ 未払金　810,000
　　　　　　　　／ 現金　　　37,000

## 8．伝票会計 一部現金取引

**ステップ1** まずは取引の仕訳を書きます。本問の仕入は一部現金取引なので、ステップ2で「取引を分解する方法」か「取引を擬制する方法」のどちらかを判断します。

仕入　90,000　／　現金　　20,000
　　　　　　　　／　買掛金　70,000

**ステップ2** 問題文の出金伝票を見てみると勘定科目が「仕入」ではなく「買掛金」なので、取引を擬制する方法（いったん全額を掛けによる仕入れ取引として処理する方法）を採用していることがわかります。このため、仕入れ取引をいったん全額掛けとして、仕訳を書くと次のようになります。本問は振替伝票の仕訳を答えるので、1行目の仕訳を解答します。

仕入　　90,000　／　買掛金　90,000　　→　　振替伝票
買掛金　20,000　／　現金　　20,000　　→　　出金伝票

**（▶ ワンポイント）**

取引を分解する方法の場合、出金伝票と振替伝票は次のようになります。出金伝票の勘定科目が「仕入」となる点がポイントです。

| 出金伝票 | 振替伝票 |
|---|---|
| X7年8月1日 | X7年8月1日 |
| 仕　入　20,000 | 仕入 70,000 ／ 買掛金 70,000 |

## 9．手形借入金の返済

**ステップ1** 「手形を振り出して借り入れていた」ので「手形借入金」を使います。手形借入金を返済したので、手形借入金が減ります。手形借入金は負債（ホームポジション右）なので、減るときは左に書きます。

手形借入金　4,000,000　／

**ステップ2** 当座預金口座から引き落とされたので「当座預金」が減ります。

手形借入金　4,000,000　／　当座預金　4,000,000

## 10．仕入と消費税

**ステップ1** 「商品（税込価格￥660,000）を仕入れ」たので「仕入」が増えます。消費税は税抜方式なので、仕入の金額は消費税を含めず、本体価格を使います。

税込金額の割合（％）　100% + 10% = 110%

税込金額の割合（数値）　110% ÷ 100 = 1.1

消費税を除いた本体価格　660,000 ÷ 1.1 = 600,000

仕入　600,000　/

**ステップ2** 消費税を支払うので「仮払消費税」が増えます。仮払消費税は資産（ホームポジション左）なので、増えるときは左に書きます。

600,000 × 10% = 60,000

仕入　　　　600,000　/
仮払消費税　 60,000　/

**ステップ3** 代金は掛けとしたので「買掛金」が増えます。買掛金は負債（ホームポジション右）なので、増えるときは右に書きます。

仕入　　　　600,000　/　買掛金　660,000
仮払消費税　 60,000　/

---

**《♪ ワンポイント》**

簿記で学習する消費税は税抜方式なので、仕入の金額に消費税の金額を含めずに仕訳を書きます。売上や仕入の金額に消費税を含めないと覚えておきましょう。また、消費税10％の場合、商品の本体価格と税込価格の関係は次のとおりです。

商品の本体価格 ＋ 消費税額 ＝ 商品の税込価格
　　 100％　　＋　 10％　　＝　110％

---

## 11. 差入保証金の精算

**ステップ1** 保証金（敷金）を使用したので「差入保証金」が減ります。差入保証金は資産（ホームポジション左）なので、減るときは右に書きます。

/　差入保証金　250,000

**ステップ2** 原状回復のために使用された金額は「修繕費」を使います。修繕費は費用（ホームポジション左）なので、増えるときは左に書きます。

修繕費　205,000　/　差入保証金　250,000

**ステップ3** 残額は現金で受け取ったので「現金」が増えます。

修繕費　205,000　/　差入保証金　250,000
現金　　 45,000　/

## 12. 貸付金

**ステップ1** 貸し付けを行ったので「貸付金」が増えます。貸付金は資産（ホームポジション左）なので、増えるときは左に書きます。

貸付金　1,200,000 ／

**ステップ2** 貸し付けのときに「利息を差し引」くと指示があるので、貸付時に「受取利息」を計上します。受取利息は収益（ホームポジション右）なので、増えるときは右に書きます。

1,200,000 × 3% × 9か月 ÷ 12か月 = 27,000

貸付金　1,200,000 ／ 受取利息　27,000

**ステップ3** 残りを当座預金口座から振り込んだので「当座預金」が減ります。当座預金は資産（ホームポジション左）なので、減るときは右に書きます。

1,200,000 − 27,000 = 1,173,000

貸付金　1,200,000 ／ 受取利息　　　27,000
　　　　　　　　　／ 当座預金　1,173,000

## 13. 広告宣伝費

**ステップ1** 広告宣伝費と振込手数料が発生したので「広告宣伝費」「支払手数料」が増えます。広告宣伝費と支払手数料は費用（ホームポジション左）なので、増えるときは左に書きます。

広告宣伝費　29,000 ／
支払手数料　　　270 ／

**ステップ2**「普通預金口座から支払った」ので「普通預金」が減ります。

広告宣伝費　29,000 ／ 普通預金　29,270
支払手数料　　　270 ／

## 14. 仕入と消費税

**ステップ1**「商品を仕入れ」たので「仕入」が増えます。

72,000 + 54,000 + 48,000 + 96,000 = 270,000

仕入　270,000 ／

**ステップ2** 消費税を支払うので「仮払消費税」が増えます。仮払消費税は資産（ホームポジション左）なので、増えるときは左に書きます。

1 仕訳
2 現金過不足等の処理
3 勘定の記入
4 補助簿
5 伝票会計
6 理論問題
7 試算表と精算表
8 損益計算書と貸借対照表
9 模擬問題

仕入　　　　270,000 ／

仮払消費税　27,000 ／

**ステップ3** 「代金は後日支払う」ので「買掛金」が増えます。買掛金は負債（ホームポジション右）なので、増えるときは右に書きます。

仕入　　　　270,000 ／ 買掛金　297,000

仮払消費税　27,000 ／

---

**◉▶ ワンポイント**

税抜方式とは、仕入の金額に消費税の金額を含めずに仕訳を書く方法です。簿記では税抜方式しか学習しません。

---

## 15. 仕入諸掛

**ステップ1** 「商品￥78,000を仕入れ」たので「仕入」が増えます。当社負担の仕入諸掛は仕入の金額に含めます。

$$78{,}000 + 1{,}200 = 79{,}200$$

仕入　79,200 ／

**ステップ2** 78,000は「買掛金」を増やし、1,200は「現金」を減らします。

仕入　79,200 ／ 買掛金　78,000

　　　　　　／ 現金　　　1,200

# 解答 04

| | 仕 | | 訳 | |
|---|---|---|---|---|
| | 借 方 | | 貸 方 | |
| | 記　号 | 金　額 | 記　号 | 金　額 |
| 1 | オ | 30,000 | ア | 30,000 |
| 2 | ア | 60,000 | カ | 60,000 |
| 3 | ク<br>イ | 40,000<br>300,000 | ウ | 340,000 |
| 4 | イ | 20,000 | オ | 20,000 |
| 5 | キ | 120,000 | カ | 120,000 |
| 6 | エ | 346,000 | ウ | 346,000 |
| 7 | ウ | 847,000 | キ<br>カ | 810,000<br>37,000 |
| 8 | エ | 90,000 | オ | 90,000 |
| 9 | ウ | 4,000,000 | エ | 4,000,000 |
| 10 | ア<br>ク | 600,000<br>60,000 | ウ | 660,000 |
| 11 | キ<br>ア | 205,000<br>45,000 | イ | 250,000 |
| 12 | オ | 1,200,000 | エ<br>キ | 27,000<br>1,173,000 |
| 13 | ア<br>オ | 29,000<br>270 | カ | 29,270 |
| 14 | ク<br>キ | 270,000<br>27,000 | オ | 297,000 |
| 15 | エ | 79,200 | カ<br>ア | 78,000<br>1,200 |

1 仕訳

2 証憑書類・計算の流れ

3 勘定の記入

4 補助簿

5 伝票会計

6 理論問題

7 試算表と精算表

8 損益計算書と貸借対照表

9 模擬問題

**統一試験とネット試験の解き方の違い**

第1問の仕訳問題について、統一試験（紙の試験）とネット試験では解き方が異なります。

## ●統一試験での解き方

統一試験では、本書のChapter1のように勘定科目をアイウエ……の記号で答える問題が出題されることが多いです。

> 3．買掛金￥34,000の支払いとして、小切手を振り出した。
>    ア．仕入　イ．支払手形　ウ．現金　エ．普通預金
>    オ．当座預金　カ．売掛金　キ．買掛金　ク．受取手形

この場合、答案用紙に直接アイウエ……の記号を書くと間違えやすいので、学習の最初は一度計算用紙に仕訳を書き、仕訳を見ながら記号を選ぶ解き方がオススメです。慣れてきたら時間短縮のため答案用紙に直接記号を書いてもよいですが、複雑な仕訳や計算は一度計算用紙に書いた方が間違えにくいです。

## ●ネット試験での解き方

ネット試験では、勘定科目を直接選択する問題が出題されることが多いです。

| 簿記検定3級　ネット試験　模擬問題　第2回 | | | |
|---|---|---|---|
| **第1問（45点）** | | | |

次の取引について仕訳しなさい。ただし、勘定科目は各取引の下の勘定科目の中から、最も適当と思われるものを選び解答すること。

| | 借方科目 | 金額 | 貸方科目 | 金額 |
|---|---|---|---|---|
| 1 | 通信費 | 8,400 | 貯蔵品 | 33,400 |
| | | 25,000 | | |
| | 貯蔵品／旅費交通費／通信費／未払法人税等／租税公課／当座預金／支払手数料 方上振出の小切手￥60,000を受けとった。 | | | |
| 2 | | 金額 | 貸方科目 | 金額 |
| | | | | |
| | | | | |

商品を売上げ、品物とともに次の納品書を送付し、代金は後日受け取ることとした。消費税の会計処理は税抜方式によってい

| 第1問 | 第2問 | 第3問 | 残り時間 56分 53秒 | 試験終了 |

この場合、計算用紙に仕訳を書かずに、パソコン画面に直接入力した方が速く解けます。パソコン画面で完成した仕訳を確認することもできます。ただし、複雑な仕訳や計算は一度計算用紙に書いた方が間違えにくいです。

# 第1問・第2問対策
# 現金実査と貯蔵品の棚卸、証ひょう

決算で現金実査と貯蔵品の棚卸を行い、
必要な決算整理仕訳を答える問題が試験で出題されます。
また、請求書や領収書、銀行口座の入出金明細などの
証ひょうから仕訳を答える問題も試験で出題されます。

# 現金実査と貯蔵品の棚卸、証ひょうのまとめ

　現金実査と貯蔵品の棚卸は、決算時点の手元にある現金の金額、切手・はがき・収入印紙の金額を数えて、帳簿上の金額を手元の金額と一致させるために行います。

　証ひょうとは、取引を証明するための根拠となるものです。証ひょうの例としては、請求書や領収書、銀行口座の通帳や入出金明細など、業界や会社によってさまざまな形式の書類があります。簿記3級では、証ひょうの書き方を覚える必要はありません。与えられた証ひょうから仕訳を書くことができるかどうかが問われます。

学習のコツ：第1問（45点）、第2問（20点）でたまに出題されます。出題形式はワンパターンで解き方も簡単なので、学習時間は短くて済みます。

**ポイント1**

## 現金と貯蔵品の範囲

| 現金 | 紙幣、硬貨<br>送金小切手<br>他店振出しの小切手<br>普通為替証書 |
|---|---|
| 貯蔵品 | 郵便切手、はがきの未使用分<br>収入印紙の未使用分 |

## 証ひょうの種類

| | 証ひょう名 | 証ひょうの説明 | 使用する主な勘定科目 |
|---|---|---|---|
| 支払い | 納品書 | 当社が取引先の会社から商品を受け取ったさいにもらう書類 | 仕入<br>消耗品費（経費）<br>備品（固定資産の取得） |
| | 請求書<br>納品書兼請求書 | 当社が取引先の会社から代金の支払いを請求されるさいに受け取る書類 | 仕入<br>消耗品費（経費）<br>備品（固定資産の取得） |
| | 振込依頼書 | 当社が取引先の会社から代金の振り込みを依頼されるさいに受け取る書類 | 支払手数料<br>支払家賃<br>差入保証金 |
| | 領収書 | 当社が代金を支払ったさいに受け取る書類 | 旅費交通費（経費）<br>備品（固定資産の取得） |
| 売上 | 売上集計表 | 当社が売上の金額を集計するために作成する書類 | 売上 |
| | 請求書（控）<br>納品書兼請求書(控) | 当社が得意先に支払いを請求するさいに、原本を得意先に送り、控えを当社が保管するもの | 売上 |
| 税金 | 納付書（領収証書） | 当社が税務署から法人税等の支払いを請求されるさいに受け取る書類。税務署で納税すると支払った日付の出納印を押してもらえる | 仮払法人税等（中間納付）<br>未払法人税等（確定納付）<br>未払消費税（確定納付） |
| 預金 | 当座勘定照合表 | 当座預金の入出金明細が書かれた書類。当座預金は通帳がないため、当座照合表が毎月届く | 当座預金 |
| | 通帳<br>Web通帳 | 普通預金、定期預金の入出金明細が書かれたもの | 普通預金<br>定期預金 |

ときどき出る | 答案用紙 P5 | Ⓐ解答 P072 | 目標タイム 8分

# 現金実査と貯蔵品の棚卸

株式会社松山商事（決算年1回、決算日3月31日）は、現金の実際残高を確認するため、決算日に金庫を実査したところ、次のものが保管されていた。

［金庫の中に保管されていたもの］

| | | |
|---|---|---|
| 紙　　　　　　　幣 ¥ 300,000 | 硬　　　　　　　貨 ¥ 40,000 |
| 送　金　小　切　手 100,000 | 他店振出しの小切手 85,000 |
| 自社振出しの小切手 20,000 | 他店振出しの約束手形 159,000 |
| 普　通　為　替　証　書 66,000 | 受　取　商　品　券 111,000 |
| 郵 便 切 手（未 使 用） 2,450 | 収 入 印 紙（未 使 用） 6,400 |

そこで、次の問に仕訳で答えなさい。ただし、勘定科目は、設問ごとに最も適当と思われるものを選び、答案用紙の（　　）内に記号で解答すること。
　ア．現金　イ．当座預金　ウ．通信費　エ．水道光熱費　オ．貯蔵品
　カ．現金過不足　キ．租税公課　ク．雑損　ケ．消耗品費　コ．雑益

1．現金出納帳の残高欄は¥620,000であった。実際残高との差額は適切な勘定に振り替える。なお、この金庫のほかには現金は一切ない。

2．上記1．の差額について原因を調査したところ、水道光熱費¥22,000の支払いの記帳が漏れていることが判明した。残額は原因不明のため、雑損または雑益に振り替える。

3．購入時に費用処理した郵便切手と収入印紙は未使用であることが判明したため、適切な勘定へ振り替える。

解説 01

## 1．現金過不足

　帳簿上の現金残高を実際残高へ修正するために決算整理仕訳を行います。最終的には実際残高が貸借対照表の現金残高となります。

**ステップ1** 金庫の中の現金（実際残高）がいくらなのかを把握します。

| 現金　￥591,000 | 紙幣　￥300,000<br>硬貨　￥40,000<br>送金小切手　￥100,000<br>他店振出しの小切手　￥85,000<br>普通為替証書　￥66,000 |
|---|---|

　　　　　　他店振出しの約束手形は「受取手形」、受取商品券は「受取商品券」として扱うため現金ではありません。また、未使用の郵便切手と収入印紙は、現金ではなく貯蔵品として扱うので、3．で仕訳を書きます。自社振出しの小切手は当座預金に関係するもので、現金ではありません。

**ステップ2** 帳簿残高620,000、実際残高591,000 なので、帳簿上、現金が29,000多くなっています。帳簿残高を実際残高へ修正するため「現金」を29,000減らします。現金は資産（ホームポジション左）なので、減るときは右に書きます。相手勘定科目は「現金過不足」としておきます。

現金の帳簿残高　　△29,000　　実際残高
620,000　　　　　　　　　　591,000

　　　　現金過不足　29,000 ／ 現金　29,000

## 2．現金過不足の精算

　帳簿上、現金が29,000多くなっている原因調査を行い、決算整理仕訳を行っています。

**ステップ1** 現金過不足の残高を29,000→0にするので、貸方（右側）に「現

金過不足29,000」と書きます。

　　　　　　　　　／　現金過不足　29,000

**ステップ2** 記帳が漏れていた水道光熱費を追加するので「水道光熱費」を増やします。

　　水道光熱費　22,000／現金過不足　29,000

**ステップ3** 差額が左側なので「雑損」を使います。

　　水道光熱費　22,000／現金過不足　29,000
　　雑損　　　　 7,000／

## 3．貯蔵品

　　購入時に費用処理した郵便切手と収入印紙は未使用なので、貯蔵品へ振り替える決算整理仕訳を行います。

**ステップ1** 郵便切手と収入印紙が未使用だったので「通信費」「租税公課」を取り消します。

　　　　　　　　／　通信費　　2,450
　　　　　　　　／　租税公課　6,400

**ステップ2** 未使用だった金額を「貯蔵品」に計上します。

　　2,450 + 6,400 = 8,850

　　貯蔵品　8,850／通信費　　2,450
　　　　　　　　 ／租税公課　6,400

## 解答 01

| | 仕　　訳 | | | |
|---|---|---|---|---|
| | 借　　方 | | 貸　　方 | |
| | 記　号 | 金　額 | 記　号 | 金　額 |
| 1 | カ | 29,000 | ア | 29,000 |
| 2 | エ<br>ク | 22,000<br>7,000 | カ | 29,000 |
| 3 | オ | 8,850 | ウ<br>キ | 2,450<br>6,400 |

| あまり出ない | 答案用紙 P5 | (A) 解答 P076 | 目標タイム 10分 |
|---|---|---|---|

# 証ひょう（当座勘定照合表）

取引銀行のインターネットバンキングサービスから当座勘定照合表（入出金明細）を参照したところ、次のとおりであった。そこで、各取引日において必要な仕訳を答えなさい。なお、尾道商店および三原商店はそれぞれ当社の商品の取引先であり、商品売買取引はすべて掛けとしている。また、小切手（No.105）は9月20日以前に振り出したものである。

XX19年10月3日

当座勘定照合表

株式会社岩城商事　御中

大崎銀行今治支店

| 取引日 | 摘要 | お支払金額 | お預り金額 | 取引残高 |
|---|---|---|---|---|
| 9/21 | 融資ご返済 | 100,000 | | |
| 9/21 | 融資お利息 | 800 | | |
| 9/22 | お振込　尾道商店 | 500,000 | | |
| 9/22 | お振込手数料 | 400 | | 省　略 |
| 9/23 | お振込　三原商店 | | 800,000 | |
| 9/24 | 小切手引落（No.105） | 200,000 | | |
| 9/24 | 手形引落（No.902） | 50,000 | | |

勘定科目は、設問ごとに最も適当と思われるものを選び、答案用紙の（　　）内に記号で解答すること。

ア．現金　イ．当座預金　ウ．支払利息　エ．支払手数料
オ．受取利息　カ．受取手数料　キ．租税公課　ク．借入金
ケ．貸付金　コ．受取手形　サ．支払手形　シ．買掛金
ス．売掛金　セ．売上　ソ．仕入　タ．繰越商品

　当座勘定照合表（入出金明細）は、当座預金口座への入金と出金の金額を表している書類です。当座預金の取引が記録されているので、当座預金を中心に考えると簡単です。

**ステップ** 当座勘定照合表を見て、答案用紙に仕訳を書きます。

**9月21日**

❶当座預金口座から支払ったので「当座預金」が減ります。当座預金は資産（ホームポジション左）なので、減るときは右に書きます。

　　100,000 + 800 = 100,800

　　　　　　／ 当座預金　100,800

❷融資とは、当社が銀行からお金を借りている状態です。本問の場合「融資ご返済」なので「借入金」が減ります。借入金は負債（ホームポジション右）なので、減るときは左に書きます。

　借入金 100,000 ／ 当座預金　100,800

❸「融資お利息」なので、当社は利息を支払ったことがわかります。利息を支払ったので「支払利息」が増えます。支払利息は費用（ホームポジション左）なので、増えるときは左に書きます。

　借入金　　100,000 ／ 当座預金　100,800
　支払利息　　　800 ／

**9月22日**

❶当座預金口座から支払ったので「当座預金」が減ります。

　　500,000 + 400 = 500,400

　　　　　　／ 当座預金　500,400

❷問題文に「尾道商店は当社の商品の取引先であり、商品売買取引はすべて掛けとしている」と指示があります。そして「お振込　尾道商店」で当座預金口座から支払いをしたということは、当社がお金を払う立場なので、尾道商店は仕入先で、当社は買掛金を支払ったことがわかります。買掛金を支払ったので「買掛金」が減ります。買掛金は負債（ホームポジション右）なので、減るときは左に書きます。

買掛金　500,000 ／ 当座預金　500,400

❸振込手数料を支払ったので「支払手数料」が増えます。支払手数料は費用（ホームポジション左）なので、増えるときは左に書きます。

買掛金　　　　　500,000 ／ 当座預金　500,400
支払手数料　　　　　400 ／

## 9月23日

❶「お預り金額」の欄に金額が書かれているので「当座預金」が増えます。
当座預金　800,000 ／

❷問題文に「三原商店は当社の商品の取引先であり、商品売買取引はすべて掛けとしている」と指示があります。そして「お振込　三原商店」は、当社がお金を受け取る立場なので、三原商店は得意先で、当社は売掛金を回収したことがわかります。売掛金を回収したので「売掛金」が減ります。売掛金は資産（ホームポジション左）なので、減るときは右に書きます。
当座預金　800,000 ／ 売掛金　800,000

## 9月24日

❶問題文に「小切手（No.105）は9月20日以前に振り出した」と書いてあります。このため「小切手引落（No.105）」200,000は、すでに小切手を振り出した時点で当座預金を減らす仕訳を書いているので、9月24日に仕訳は必要ありません。

❷「手形引落（No.902）」50,000については、仕訳が必要です。当座預金口座から支払ったので「当座預金」が減ります。
／ 当座預金　50,000

❸支払いのために使った手形なので「支払手形」で仕訳をしていたことがわかります。支払手形を決済したので「支払手形」が減ります。支払手形は負債（ホームポジション右）なので、減るときは左に書きます。
支払手形　50,000 ／ 当座預金　50,000

# 解答 02

| | 仕 | | 訳 | |
|---|---|---|---|---|
| | 借　方 | | 貸　方 | |
| | 記　　号 | 金　　額 | 記　　号 | 金　　額 |
| 9/21 | ク<br>ウ | 100,000<br>800 | イ | 100,800 |
| 9/22 | シ<br>エ | 500,000<br>400 | イ | 500,400 |
| 9/23 | イ | 800,000 | ス | 800,000 |
| 9/24 | サ | 50,000 | イ | 50,000 |

# Chapter 3

## 第2問対策
# 勘定の記入

勘定の記入は独特なルールがあるので、最初は大変です。
仕訳を総勘定元帳に正しく書き写すことができるようになるまで、
何度も復習しましょう。

# 勘定の記入のまとめ

　勘定の記入とは、総勘定元帳に記入する問題です。総勘定元帳とは、仕訳を勘定科目ごとにまとめるための帳簿のことです。まずは、総勘定元帳に記帳するルールをしっかり理解し、応用的な問題を解いていきましょう。

学習のコツ：第2問（20点）でよく出題されます。出題される勘定科目の種類は多いですが、仕訳がわかっていれば解き方は同じなので学習時間は短くて済みます。簿記の基礎としても極めて重要な内容なので、必ずマスターしましょう。

**ポイント**

**総勘定元帳に記帳する手順**

| 期首 | ①**開始記入**…資産・負債・純資産の勘定科目（貸借対照表の勘定科目）について、前期末の残高を「前期繰越」として記入します。 |
|---|---|
| | 4月1日　帳簿の書き方のルールなので、仕訳は書きません。 |

|  | 前払利息 |  | 支払利息 |  |
|---|---|---|---|---|
| 4/1　前期繰越　100 | | | | |

| | ②**再振替仕訳**…前期末に計上した経過勘定を取り崩す仕訳です。 |
|---|---|
| | 4月1日　支払利息100／前払利息100 |

|  | 前払利息 | | 支払利息 | |
|---|---|---|---|---|
| 4/1　前期繰越　100 | 4/1　支払利息　100 | 4/1　前払利息　100 | | |

| 期中 | ③**期中仕訳**…期中に行われた取引の仕訳です。 |
|---|---|
| | 5月1日　支払利息1,200／当座預金1,200 |

|  | 前払利息 | | 支払利息 | |
|---|---|---|---|---|
| 4/1　前期繰越　100 | 4/1　支払利息　100 | 4/1　前払利息　100 | | |
| | | 5/1　当座預金1,200 | | |

| 期末決算 | ④**決算整理仕訳**…決算で行われる特別な仕訳です。期中仕訳だけでは当期のあるべき金額にならない勘定科目について、決算整理仕訳が必要になります。 |

**④決算整理仕訳**…決算で行われる特別な仕訳です。期中仕訳だけでは当期のあるべき金額にならない勘定科目について、決算整理仕訳が必要になります。

3月31日　前払利息100／支払利息100

| | 前払利息 | | | | 支払利息 | | |
|---|---|---|---|---|---|---|---|
| 4/ 1 前期繰越 | 100 | 4/ 1 支払利息 | 100 | 4/ 1 前払利息 | 100 | 3/31 前払利息 | 100 |
| 3/31 支払利息 | 100 | | | 5/ 1 当座預金 | 1,200 | | |

**⑤損益振替仕訳（決算振替仕訳）**…収益と費用の勘定科目（損益計算書の勘定科目）について「損益」へ振り替えることで、当期純利益または当期純損失を計算します。合計を計算し、総勘定元帳を締め切ります。

3月31日　損益1,200／支払利息1,200

| | 前払利息 | | | | 支払利息 | | |
|---|---|---|---|---|---|---|---|
| 4/ 1 前期繰越 | 100 | 4/ 1 支払利息 | 100 | 4/ 1 前払利息 | 100 | 3/31 前払利息 | 100 |
| 3/31 支払利息 | 100 | | | 5/ 1 当座預金 | 1,200 | 3/31 損　益 | 1,200 |
| | | | | | 1,300 | | 1,300 |

**⑥繰越記入**…資産・負債・純資産の勘定科目（貸借対照表の勘定科目）について、当期末の残高を「次期繰越」として記入します。合計を計算し、総勘定元帳を締め切ります。

3月31日　帳簿の書き方のルールなので、仕訳は書きません。

| | 前払利息 | | | | 支払利息 | | |
|---|---|---|---|---|---|---|---|
| 4/ 1 前期繰越 | 100 | 4/ 1 支払利息 | 100 | 4/ 1 前払利息 | 100 | 3/31 前払利息 | 100 |
| 3/31 支払利息 | 100 | 3/31 次期繰越 | 100 | 5/ 1 当座預金 | 1,200 | 3/31 損　益 | 1,200 |
| | 200 | | 200 | | 1,300 | | 1,300 |

# 支払地代と前払地代

埼玉株式会社は、前期の11月1日に、毎期継続的に使用する目的で土地の賃借契約を結んだ。この契約で、地代は毎年11月1日に向こう1年分（12か月分）￥120,000を現金で一括払いすることとしている。よって、次の勘定記入の手順にもとづいて、答案用紙に示す当期（X30年4月1日からX31年3月31日まで）の支払地代勘定と前払地代勘定の記入を行いなさい。

勘定記入の手順

1. 期首時点で、前払地代勘定に前期繰越高に関する記入が行われている。（開始記入）

2. 期首に、前払地代勘定の残高を支払地代勘定に振り戻した。（再振替仕訳）

3. 期中に、土地の賃借料支払いの処理を行った。（期中取引）

4. 決算で、支払地代の前払分を計上した。（決算整理仕訳）

5. 決算で、支払地代勘定の残高を損益勘定に振り替え、支払地代勘定を締め切った。（決算振替仕訳または損益振替仕訳）

6. 決算で、前払地代勘定の残高を繰越記入し、前払地代勘定を締め切った。

## 解説 01

総勘定元帳を作成する基本的な問題です。総勘定元帳の問題は、本問のように経過勘定や損益振替とあわせて出題されることが多いです。ステップ1、ステップ2は経過勘定と損益振替の内容、ステップ3以降は総勘定元帳へ記入する内容です。

**ステップ1** 下書きに線表を書いて状況を整理します。問題文に、当期はX30年4月1日からX31年3月31日までと書いてあるので線表に書き写します。また、当期がX30年4月1日からX31年3月31日までなので、土地の賃借契約を結んだ「前期の11月1日」は「X29年11月1日」とわかります。「向こう1年分」というのはその日を起点に未来へ向かっての1年分という意味なので、次のように支払っていることがわかります。

・X29年11月1日に、X29年11月1日～X30年10月31日の1年分￥120,000を支払った。
・X30年11月1日に、X30年11月1日～X31年10月31日の1年分￥120,000を支払った。

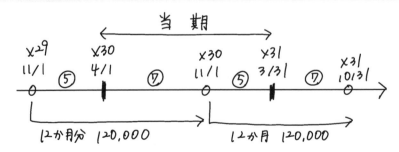

**ステップ2** 下書きの線表を見ながら、仕訳を書きます。ここでは仕訳の書き方を説明し、仕訳から勘定への記入についてはステップ3以降で説明します。

**勘定記入の手順1 開始記入**

問題文の勘定記入の手順1は総勘定元帳の書き方なので仕訳は必要ありません。

**勘定記入の手順2　再振替仕訳**

**＜前期の仕訳＞** ※当期の勘定には記入しない

ステップ1の下書きの図のように、X29年11月1日に土地の賃借契約を行い地代を支払った場合、地代の仕訳はX29年11月1日に1年分¥120,000について書いていたはずです。支払地代は費用の勘定科目です。

❶前期 X29年11月1日　支払地代120,000／現金120,000

（前期に書いた仕訳なので当期の解答には影響しません）

しかし、前期に土地の賃借契約をしていた期間（X29年11月1日～X30年3月31日）は5か月間なので、12か月－5か月＝7か月分は支払地代（費用）を計上しすぎています。したがって、7か月分にあたる70,000円の支払地代（費用）を、決算整理仕訳で取り消します。

相手勘定科目は前払地代を使います。X29年11月1日に、X30年4月1日～X30年10月31日の分を先に支払ったという意味で「前払」となります。前払地代は資産の勘定科目で、前払費用と同じ意味です。前払地代と前払費用どちらの勘定科目を使うかは問題文や答案用紙を見て判断する必要があり、本問では答案用紙に「前払地代」と書かれているので、前払費用ではなく前払地代を使います。

❷前期末　前払地代70,000／支払地代70,000

（前期に書いた仕訳なので当期の解答には影響しません）

**＜当期の仕訳＞**

前期末の決算整理仕訳で経過勘定の仕訳を書いたとき、当期首には再振替仕訳を書くルールがあります。そこで当期首に、❷前期末の決算整理仕訳の借方と貸方を入れ替えた逆仕訳を書きます。これが勘定記入の手順2の再振替仕訳です。

（再振替仕訳）　$120,000 \times \dfrac{7か月}{12か月} = 70,000$

支払地代　70,000／前払地代　70,000

**勘定記入の手順3　期中取引**

期中に土地の賃借料を支払ったということで、問題文よりX30年

11月1日に向こう1年分￥120,000を現金で支払ったことがわかります。

（期中取引）

問題文「現金で一括払い」

支払地代　120,000 ｜ 現金　120,000

### 勘定記入の手順4　決算整理仕訳

X30年11月1日に向こう1年分（X30年11月1日〜X31年10月31日の分）￥120,000を支払った仕訳を書きましたが、そのうちX31年4月1日〜X31年10月31日の7か月間は翌期分なので、支払地代（費用）を計上しすぎています。したがって、7か月分にあたる70,000円の支払地代（費用）を、決算整理仕訳で減らします。相手勘定科目は前払地代を使います。

（決算整理仕訳）　$120,000 \times \dfrac{7か月}{12か月} = 70,000$

前払地代　70,000 ｜ 支払地代　70,000

### 勘定記入の手順5　決算振替仕訳（損益振替仕訳）

損益振替の仕訳をします。当期に書いた支払地代の仕訳を集計すると、70,000 + 120,000 − 70,000 = 120,000となります。支払地代は費用の勘定科目でホームポジションは左側、当期末の残高も左側に120,000となっています。左側にある支払地代120,000を右側に書き、相手勘定科目を損益とすることで、支払地代を損益へ振り替える仕訳となります。

損益振替仕訳の別名

（決算振替仕訳）

損益　120,000 ｜ 支払地代　120,000

なお、この120,000は当期12か月分の地代の金額と一致しています。期首に再振替仕訳を書くことで、X30年4月1日〜X30年10月31日の7か月分の支払地代70,000を計上、X30年11月1日にX30年11月1日〜X31年10月31日の12か月分の支払地代

083

120,000を計上、期末に経過勘定の仕訳を書くことでX31年4月1日～ X31年10月31日の7か月分の支払地代70,000をマイナスすることで、ちょうど当期12か月分の支払地代が当期の費用として計上されることになります。

**勘定記入の手順6　繰越記入と締め切り**

勘定記入の手順6は総勘定元帳の書き方なので仕訳は必要ありません。

**ステップ3** 問題の勘定記入の手順のとおり記入します。まずは開始記入として、資産・負債・純資産の勘定科目（貸借対照表の勘定科目）について、前期繰越を記入します。本問では、前払地代勘定の前期繰越を記入します。

支 払 地 代

| 日 | 付 | 摘　　要 | 仕丁 | 借　方 | 日 | 付 | 摘　　要 | 仕丁 | 貸　方 |
|---|---|---|---|---|---|---|---|---|---|
|  |  |  | 省略 |  |  |  |  | 省略 |  |
|  |  |  |  |  |  |  |  |  |  |

前 払 地 代

| 日 | 付 | 摘　　要 | 仕丁 | 借　方 | 日 | 付 | 摘　　要 | 仕丁 | 貸　方 |
|---|---|---|---|---|---|---|---|---|---|
| X30 | 4 | 1 | 前 期 繰 越 | 省略 | 70,000 |  |  |  | 省略 |  |

---

**(◀ ワンポイント**

　勘定科目は性質により5つに分類されますが、勘定記入においてその勘定科目が「収益・費用」であるか「資産・負債・純資産」であるかによって手続きが大きく異なります。

●収益・費用（損益計算書の勘定科目）

売上などの収益、売上原価や支払地代などの費用は、当期の金額だけを集計します。理由は、会社が外部に当期1年間にかせいだ利益の金額を公表するからです。そうすることで、当期の利益が多かったか少なかったか、前期よりも会社の状況はよくなったのか等がわかります。収益－費用＝利益という計算式で利益を計算するので、収益と費用も当期1年間の金額を使うことになります。

＜損益振替＞

当期1年間に発生した収益と費用の金額を損益という勘定科目に振り替え、

損益勘定で利益の金額を計算、利益の金額を繰越利益剰余金に振り替える仕訳が損益振替です。本問と金額の関連はありませんが、たとえば次のような仕訳になります。

| 売上10,000 | / | 損益 | 10,000 |
|---|---|---|---|
| 損益 6,500 | / | 仕入 | 6,000 |
| | | 支払地代 | 500 |
| 損益 3,500 | / | 繰越利益剰余金 3,500 | |

収益・費用の勘定科目では損益振替の仕訳を書き、勘定記入も行う必要があります。本問では支払地代が費用の勘定科目なので損益振替の仕訳を書き、支払地代勘定へ転記します。

損益120,000 ／ 支払地代120,000

＜開始記入と繰越記入＞
開始記入と繰越記入については次の「●資産・負債・純資産」で詳しく説明しますが、簡単にいうとその勘定科目の前期末の残高を当期へ引き継ぐのが開始記入、当期末の残高を次期へ引き継ぐのが繰越記入です。収益・費用の勘定科目は期末の残高をすべて損益勘定へ振り替えてしまうので、決算整理仕訳が終わると残高は0になります。したがって、前期から引き継ぐ残高も、次期へ引き継ぐ残高もなく、開始記入と繰越記入は行いません。本問で支払地代勘定に「前期繰越」「次期繰越」がないのはそのためです。

●資産・負債・純資産（貸借対照表の勘定科目）
現金などの資産、借入金などの負債、資本金などの純資産は、当期にどれだけ変動したかではなく、期末時点で残高がいくらかという情報が重要です。現金が当期1年間で40,000円増加したという情報より、当期末に会社には12,000,000円の現金があります、という情報が重要なので、残高を外部へ公表します。したがって資産・負債・純資産の勘定科目については、前期末の残高を引き継ぎ、当期の変動を加算減算して当期末の残高を把握し、また次期へ引き継ぐことになります。

＜損益振替＞
「●収益・費用」で説明したように、損益勘定というのは会社の利益を計算するための手続きなので、「資産・負債・純資産」では行いません。本問では前払地代が資産の勘定科目なので「損益」の記入はありません。

＜開始記入と繰越記入＞
開始記入とは、前期末の残高を当期へ引き継ぐことです。本問では前払地代勘定の借方（左側）に「X30/4/1前期繰越70,000」とあり、これが開始記入です。
前期末の前払地代の残高70,000円を当期に引き継いでいます。

繰越記入とは、当期末の残高を次期へ引き継ぐことです。本問では前払地代勘定の貸方（右側）に「X31/3/31次期繰越70,000」とあり、これが繰越記入です。当期末の前払地代の残高70,000円を次期へ引き継いでいます。

本問のように「X31/3/31次期繰越70,000」を書いて当期の手続きを終えることもありますが、当期のうちに合計欄の下に次期の開始記入「X31/4/1前期繰越70,000」まで書くこともあります。答案用紙の形式や指示に従って解きましょう。

**ステップ4** 下書きの再振替仕訳（前期末に計上した経過勘定を取り崩す仕訳）を支払地代勘定、前払地代勘定に記入します。

（再振替仕訳） 支払地代 70,000 ／ 前払地代 70,000

### 支 払 地 代

| 日 | 付 | 摘　　要 | 仕丁 | 借　方 | 日 | 付 | 摘　　要 | 仕丁 | 貸　方 |
|---|---|---|---|---|---|---|---|---|---|
| X30 | 4 | 1 | 前 払 地 代 | 省略 | 70,000 | | | | 省略 | |
| | | | | | | | | | | |

### 前 払 地 代

| 日 | 付 | 摘　　要 | 仕丁 | 借　方 | 日 | 付 | 摘　　要 | 仕丁 | 貸　方 |
|---|---|---|---|---|---|---|---|---|---|
| X30 | 4 | 1 | 前 期 繰 越 | 省略 | 70,000 | X30 | 4 | 1 | 支 払 地 代 | 省略 | 70,000 |
| | | | | | | | | | | |

**◀▶ ワンポイント**

仕訳から総勘定元帳への転記には次のルールがあります。難しくはないのですが間違えやすいので、注意して転記する必要があります。

ルール1 　その勘定科目を仕訳で左側に書いたら、総勘定元帳も左側に書く。

支払地代70,000を仕訳で左側に書いたので、支払地代勘定の左側に70,000と書きます。そうすることで、支払地代の残高が左側に70,000ということを、仕訳でも支払地代勘定でも表すことができます。

ルール2 　その勘定科目を仕訳で右側に書いたら、総勘定元帳も右側に書く。

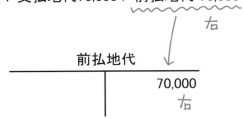

前払地代70,000を仕訳で右側に書いたので、前払地代勘定の右側に70,000と書きます。そうすることで、前払地代の残高が右側に70,000ということを、仕訳でも前払地代勘定でも表すことができます。

ルール3 　総勘定元帳には相手勘定科目を書く。

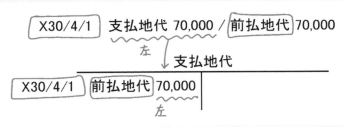

ルール1とルール2を使って転記すれば、総勘定元帳を見ると残高がわかります。ただし、支払地代や前払地代がどのような要因で増減したか知ることができないので不便です。そこで、転記するときには仕訳で書いた相手勘定科目と日付をメモしておきます。そうすることで、仕訳を見返さなくても総勘定元帳を見ただけで、経過勘定の仕訳による増加70,000と把握することができます。

**ステップ5** 下書きの期中取引の仕訳を支払地代勘定に記入します。

（期中取引）　支払地代120,000 ／ 現金120,000

**支 払 地 代**

| 日 付 | | 摘　　要 | 仕丁 | 借　方 | 日 付 | | 摘　　要 | 仕丁 | 貸　方 |
|---|---|---|---|---|---|---|---|---|---|
| X30 | 4 1 | 前 払 地 代 | 省略 | 70,000 | | | | 省略 | |
| 〃 | 11 1 | 現　　　金 | | 120,000 | | | | | |
| | | | | | | | | | |

**ステップ6** 下書きの決算整理仕訳を支払地代勘定、前払地代勘定に記入します。

（決算整理仕訳）　前払地代70,000 ／ 支払地代70,000

**支 払 地 代**

| 日 付 | | 摘　　要 | 仕丁 | 借　方 | 日 付 | | 摘　　要 | 仕丁 | 貸　方 |
|---|---|---|---|---|---|---|---|---|---|
| X30 | 4 1 | 前 払 地 代 | 省略 | 70,000 | X31 | 3 31 | 前 払 地 代 | 省略 | 70,000 |
| 〃 | 11 1 | 現　　　金 | | 120,000 | | | | | |
| | | | | | | | | | |

**前 払 地 代**

| 日 付 | | 摘　　要 | 仕丁 | 借　方 | 日 付 | | 摘　　要 | 仕丁 | 貸　方 |
|---|---|---|---|---|---|---|---|---|---|
| X30 | 4 1 | 前 期 繰 越 | 省略 | 70,000 | X30 | 4 1 | 支 払 地 代 | 省略 | 70,000 |
| X31 | 3 31 | 支 払 地 代 | | 70,000 | | | | | |

**ステップ7** 下書きの決算振替仕訳を支払地代勘定に記入します。

（決算振替仕訳） 損益120,000 ／ 支払地代120,000

### 支 払 地 代

| 日 付 | | 摘 要 | 仕丁 | 借 方 | 日 付 | | 摘 要 | 仕丁 | 貸 方 |
|---|---|---|---|---|---|---|---|---|---|
| X30 | 4 1 | 前 払 地 代 | 省略 | 70,000 | X31 | 3 31 | 前 払 地 代 | 省略 | 70,000 |
| 〃 | 11 1 | 現 金 | | 120,000 | 〃 | 〃 〃 | 損 益 | | 120,000 |

**ステップ8** 繰越記入として、資産・負債・純資産の勘定科目（貸借対照表の勘定科目）について、次期繰越を記入します。本問では、前払地代勘定の次期繰越を記入します。

### 支 払 地 代

| 日 付 | | 摘 要 | 仕丁 | 借 方 | 日 付 | | 摘 要 | 仕丁 | 貸 方 |
|---|---|---|---|---|---|---|---|---|---|
| X30 | 4 1 | 前 払 地 代 | 省略 | 70,000 | X31 | 3 31 | 前 払 地 代 | 省略 | 70,000 |
| 〃 | 11 1 | 現 金 | | 120,000 | 〃 | 〃 〃 | 損 益 | | 120,000 |

### 前 払 地 代

| 日 付 | | 摘 要 | 仕丁 | 借 方 | 日 付 | | 摘 要 | 仕丁 | 貸 方 |
|---|---|---|---|---|---|---|---|---|---|
| X30 | 4 1 | 前 期 繰 越 | 省略 | 70,000 | X30 | 4 1 | 支 払 地 代 | 省略 | 70,000 |
| X31 | 3 31 | 支 払 地 代 | | 70,000 | X31 | 3 31 | 次 期 繰 越 | | 70,000 |

**ステップ9** 支払地代勘定と前払地代勘定について、合計を記入します。

支 払 地 代

| 日 | 付 | | 摘　　要 | 仕丁 | 借　　方 | 日 | 付 | | 摘　　要 | 仕丁 | 貸　　方 |
|---|---|---|---|---|---|---|---|---|---|---|---|
| X30 | 4 | 1 | 前 払 地 代 | 省略 | 70,000 | X31 | 3 | 31 | 前 払 地 代 | 省略 | 70,000 |
| 〃 | 11 | 1 | 現　　　金 | | 120,000 | 〃 | 〃 | 〃 | 損　　　益 | | 120,000 |
| | | | | | 190,000 | | | | | | 190,000 |

前 払 地 代

| 日 | 付 | | 摘　　要 | 仕丁 | 借　　方 | 日 | 付 | | 摘　　要 | 仕丁 | 貸　　方 |
|---|---|---|---|---|---|---|---|---|---|---|---|
| X30 | 4 | 1 | 前 期 繰 越 | 省略 | 70,000 | X30 | 4 | 1 | 支 払 地 代 | 省略 | 70,000 |
| X31 | 3 | 31 | 支 払 地 代 | | 70,000 | X31 | 3 | 31 | 次 期 繰 越 | | 70,000 |
| | | | | | 140,000 | | | | | | 140,000 |

**別 解** 支払地代勘定の貸方2行目の日付として、「〃」の代わりに、「31」または月日として「X31/3/31」と記入してもよい。

| よく出る | 答案用紙 P6 | (A) 解答 P096 | 目標タイム 10分 |

# 借入金と支払利息

ONI株式会社の当期（X8年4月1日からX9年3月31日までの1年間）の答案用紙の各勘定の空欄に適切な語句または金額を記入しなさい。なお、すべての取引は普通預金口座から入出金している。

[解答にあたっての注意事項]
・答案用紙の空欄はすべて記入するわけではない。
・答案用紙の空欄は取引の記録順に上から詰めて記入すること。
・答案用紙の空欄の日付は採点対象外であるため、記入しなくてもよい。
・利息の計算はすべて月割計算とする。

| | |
|---|---|
| X8年2月1日 | R銀行から¥4,000,000を年利率2.4%、期間1年間の条件で借り入れ、利息を差し引いた金額が当社の銀行口座に入金された。 |
| X8年3月31日 | 決算にあたり借入金の利息の前払分を計上した。 |
| X8年4月1日 | 前期末に計上した利息の前払分について、再振替仕訳を行った。 |
| X8年8月1日 | S銀行から¥4,800,000を年利率2.8%、期間1年間の条件で借り入れ、利息を差し引いた金額が当社の銀行口座に入金された。 |
| X9年1月31日 | R銀行から借り入れた¥4,000,000の返済期日をむかえ、同額が当社の銀行口座から引き落とされた。 |
| X9年3月31日 | 決算にあたり借入金の利息の前払分を計上した。 |

## 解説 02

**ステップ1** 下書きに線表を書いて状況を整理します。

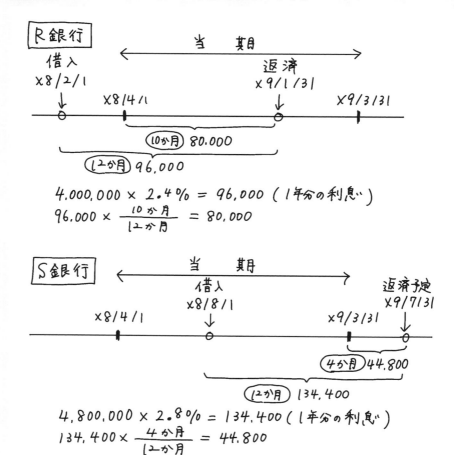

$$4,000,000 \times 2.4\% = 96,000 \text{ (1年分の利息)}$$
$$96,000 \times \frac{10\text{か月}}{12\text{か月}} = 80,000$$

$$4,800,000 \times 2.8\% = 134,400 \text{ (1年分の利息)}$$
$$134,400 \times \frac{4\text{か月}}{12\text{か月}} = 44,800$$

**ステップ2** 下書きに仕訳を書きます。問題文に記載されている前期の取引（X8年3月31日までの取引）は、当期の勘定には記入しません。しかし、当期の仕訳に必要な情報もあるので、前期の仕訳は書いておくとよいでしょう。また「すべての取引は普通預金口座から入出金している」と指示があるので、お金のやり取りはすべて普通預金勘定を使います。

&lt;前期の仕訳&gt;※当期の勘定には記入しない

**X8年2月1日　借入金の発生（R銀行）**

借り入れをします。「利息を差し引いた金額が当社の銀行口座に入金された」と指示があるので、借り入れをするときに、先に1年分の利息を支払ったことがわかります。手書きの仕訳が理解しにくい場合は、次のように2つの仕訳を書いて合算するとわかりやすいです。

支払利息 96,000 ／ 普通預金 96,000

普通預金 4,000,000 ／ 借入金 4,000,000

$$4,000,000 \times 2.4\% = 96,000$$
$$4,000,000 - 96,000 = 3,904,000$$

支払利息　96,000 ／ 借入金 4,000,000
普通預金　3,904,000

**X8年3月31日　前払利息の計上（経過勘定の仕訳）**

下書きの線表を見るとわかるように、X8/2/1に利息を1年分支払っていますが、前期に借りていた期間はX8/2/1からX8/3/31の2か月間だけです。残り10か月間は前期分ではないので支払利息を計上しすぎです。

そこで支払利息10か月分80,000を減らす決算整理仕訳を書きます。支払利息は費用の勘定科目で借方（左側）に残高があるので右側に書くことで減らす仕訳になります。相手勘定科目は、発生していないのに支払った利息という意味で、前払利息（資産）を使います。前払利息は前払費用という勘定科目と同じ意味ですが、本問の答案用紙では「（　　　）利息」となっているので前払利息を使います。

96,000 × 10 か月 ÷ 12 か月 = 80,000

前払利息 80,000 / 支払利息 80,000

### X8年3月31日　損益振替

支払利息（費用）について損益振替の仕訳を書きます。支払利息を
X8/2/1に借方（左側）96,000計上し、X8/3/31に貸方（右側）
80,000計上したので、96,000 − 80,000 = 16,000となり支払利息
の残高は借方（左側）16,000です。16,000というのは当期12か
月 − 10か月 = 2か月分の支払利息の発生額となっています。この
残高を損益勘定に振り替えることで支払利息の残高を0にし、同時
に損益勘定で当期の利益を計算することができます。

損益 16,000 / 支払利息 16,000

### ＜当期の仕訳＞

### X8年4月1日　前払利息の再振替仕訳

前期末（X8/3/31）に経過勘定の仕訳を書いた場合、期首（X8/4/1）
に再振替仕訳という逆仕訳を書きます。

支払利息 80,000 / 前払利息 80,000

### X8年8月1日　借入金の発生（S銀行）

借り入れをします。「利息を差し引いた金額が当社の銀行口座に入
金された」と指示があるので、借り入れをするときに、先に1年分
の利息を支払ったことがわかります。

4,800,000 × 2.8% = 134,400
4,800,000 − 134,400 = 4,665,600

支払利息 134,400 / 借入金 4,800,000
普通預金 4,665,600 /

### X9年1月31日　借入金の返済（R銀行）

借入金　4,000,000／普通預金　4,000,000

### X9年3月31日　前払利息の計上（経過勘定の仕訳）

下書きの線表を見るとわかるように、X8/8/1に利息を1年分支払っていますが、当期に借りていた期間はX8/8/1からX9/3/31の8か月間だけです。残り4か月間は翌期の分なので支払利息を計上しすぎです。

そこで支払利息4か月分44,800を減らす決算整理仕訳を書きます。支払利息は費用の勘定科目で借方（左側）に残高があるので、右側に書くことで減らす仕訳になります。

134,400×4÷12か月＝44,800

前払利息　44,800／支払利息　44,800

### X9年3月31日　損益振替

支払利息（費用）について損益振替の仕訳を書きます。支払利息をX8/4/1に借方（左側）80,000計上し、X8/8/1に借方（左側）134,400計上し、X9/3/31に貸方（右側）44,800計上したので、80,000＋134,400－44,800＝169,600となり、支払利息の残高は借方（左側）169,600です。169,600というのは、R銀行の借入金から発生した支払利息80,000（10か月分）とS銀行の借入金から発生した支払利息134,400－44,800＝89,600（12か月－4か月＝8か月分）の合計となっています。この残高を損益勘定に振り替えます。

損益　169,600／支払利息　169,600

**ステップ3** 仕訳を見て支払利息勘定を記入します。

支払利息勘定は費用の勘定科目なので開始記入、繰越記入は行いません。ステップ2の＜当期の仕訳＞で書いた支払利息を順番に支払利息勘定へ転記します。

最後に借方と貸方をそれぞれ合計します。

仕訳を見て前払利息勘定を記入します。前払利息は資産の勘定科目なので、まずは開始記入をします。ステップ2の＜前期の仕訳＞で前払利息はX8/3/31借方（左側）に80,000だけ書いたので、前期末の前払利息の残高は借方（左側）に80,000です。したがって、前払利息勘定の借方（左側）に「X8/4/1前期繰越80,000」と書きます。または、前払利息は資産なので借方（左側）に残高があるため借方（左側）に「X8/4/1前期繰越80,000」と書くと考えてもよいです。

次にステップ2の＜当期の仕訳＞で書いた前払利息を順番に前払利息勘定へ転記します。

前払利息は資産の勘定科目なので、繰越記入をします。借方と貸方の差額を計算します。80,000 + 44,800 − 80,000 = 44,800となるので、差額は44,800です。前払利息は借方（左側）に残高44,800であることがわかります。差額をうめるように貸方（右側）に「X9/3/31次期繰越44,800」と書きます。

最後に借方と貸方をそれぞれ合計します。

答案用紙に「X9/4/1」と印字があるので、繰越記入と同時に次期の開始記入をすることがわかります。金額は繰越記入と同じ44,800です。

## 解答 02

支　払　利　息

| （X8/4/ 1） | （前払利息） | （ 80,000） | （X9/3/31） | （前払利息） | （ 44,800） |
|---|---|---|---|---|---|
| （X8/8/ 1） | （借 入 金） | （ 134,400） | （X9/3/31） | （損　　益） | （ 169,600） |
| （　　　） | （　　　） | （　　　） | （　　　） | （　　　） | （　　　） |
| | | （ 214,400） | | | （ 214,400） |

（ 前　払 ）利　息

| X8/4/ 1 | （前期繰越） | （ 80,000） | （X8/4/ 1） | （支払利息） | （ 80,000） |
|---|---|---|---|---|---|
| （X9/3/31） | （支払利息） | （ 44,800） | （X9/3/31） | （次期繰越） | （ 44,800） |
| | | （ 124,800） | | | （ 124,800） |
| X9/4/ 1 | （前期繰越） | （ 44,800） | | | |

よく出る

答案
用紙
P6

(A) 解答
P102

目標
タイム
10分

# 受取利息と未収利息

PB株式会社における次の取引にもとづいて、X2年度（X2年4月1日からX3年3月31日までの1年間）の受取利息勘定と未収利息勘定の空欄に適切な語句または金額を記入しなさい。なお、すべての取引は普通預金口座から入出金している。

[解答にあたっての注意事項]
・答案用紙の空欄はすべて記入するわけではない。
・答案用紙の空欄は取引の記録順に上から詰めて記入すること。
・答案用紙の空欄の日付は採点対象外であるため、記入しなくてもよい。
・利息の計算はすべて月割計算とする。

| | |
|---|---|
| X1年9月1日 | A株式会社へ￥600,000（利率年1.2％、期間1年）を貸し付け、当社の銀行口座からA株式会社の銀行口座へ振り込んだ。なお、利息は元本返済時に一括で受け取る契約である。 |
| X2年3月31日 | 決算日をむかえ、未収利息を計上した。 |
| X2年4月1日 | 前期決算日に未収利息を計上していたので、再振替仕訳を行った。 |
| X2年8月31日 | A株式会社への貸付金について、利息とともに返済を受けた。 |
| X2年9月1日 | B株式会社へ￥1,000,000（利率年1.5％、期間1年間、利払日は2月と8月の各末日）を貸し付け、当社の銀行口座からB株式会社の銀行口座へ振り込んだ。 |
| X3年2月28日 | B株式会社への貸付金について、利息を受け取った。 |
| X3年3月31日 | 決算日をむかえ、未収利息を計上した。 |

**ステップ1** 下書きに線表を書いて状況を整理します。

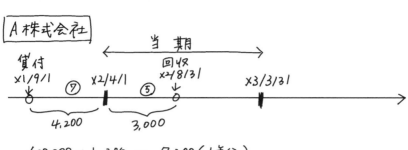

$600,000 \times 1.2\% = 7,200$（1年分）

$7,200 \times \dfrac{7か月}{12か月} = 4,200$

$7,200 \times \dfrac{5か月}{12か月} = 3,000$

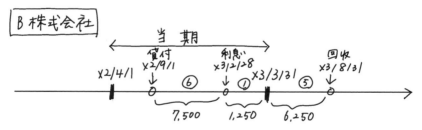

$1,000,000 \times 1.5\% = 15,000$（1年分）

$15,000 \times \dfrac{6か月}{12か月} = 7,500$

$15,000 \times \dfrac{1か月}{12か月} = 1,250$

$15,000 \times \dfrac{5か月}{12か月} = 6,250$

**ステップ2** 下書きに仕訳を書きます。問題文に記載されている前期の取引（X2年3月31日までの取引）は、当期の勘定には記入しません。しかし、当期の仕訳に必要な情報もあるので、前期の仕訳は書いておきます。また「すべての取引は普通預金口座から入出金している」と指示があるので、普通預金勘定を使います。

### ＜前期の仕訳＞ ※当期の勘定には記入しない

**X1年9月1日　貸付金の発生（A株式会社）**

貸付金600,000 ／ 普通預金600,000

**X2年3月31日　未収利息の計上（経過勘定の仕訳）**

下書きの線表を見るとわかるように、利息を受け取ることができるのは返済日のX2/8/31なので、今のところ何も仕訳していません。しかしX1/9/1 〜 X2/3/31の7か月について利息が発生しているので、7か月分の受取利息（収益）を決算整理仕訳で計上します。相手勘定科目は、発生しているのにまだ受け取っていない利息という意味で、未収利息（資産）を使います。本問では問題文や答案用紙で未収利息が使われているので、仕訳でも未収利息を使います。

$600,000 × 1.2\% = 7,200$（1年分の利息）

$7,200 × 7$か月 ÷ $12$か月 $= 4,200$（7か月分の利息）

未収利息4,200 ／ 受取利息4,200

**X2年3月31日　損益振替**

受取利息（収益）について損益振替の仕訳を書きます。損益振替についてはX3年3月31日で詳しく説明します。

受取利息4,200 ／ 損益4,200

### ＜当期の仕訳＞

**X2年4月1日　未収利息の再振替仕訳**

前期末（X2/3/31）に経過勘定の仕訳を書いた場合、期首（X2/4/1）に再振替仕訳という逆仕訳を書きます。

受取利息 4,200 ／ 未収利息 4,200

**X2年8月31日　貸付金の回収（A株式会社）**

貸付金の返済を受けます。元本というのは貸し付けた600,000の

ことです。元本600,000と1年分の利息7,200を受け取ります。

$600,000 × 1.2\% = 7,200$（1年分の利息）
$600,000 + 7,200 = 607,200$

| 普通預金 607,200 | 貸付金 600,000 |
|---|---|
| | 受取利息 7,200 |

### X2年9月1日　貸付金の発生（B株式会社）

| 貸付金 1,000,000 | 普通預金 1,000,000 |
|---|---|

### X3年2月28日　利息の受け取り

「利払日は2月と8月の各末日」と指示があるので、X3/2/28に最初の利息受け取りができます。「利率年1.5%」とあり、まずは1年間の利息を計算します。

年2回利払日があるので、6か月分ずつ利息をもらえます。この日にもらえる利息はX2/9/1 〜 X3/2/28の6か月分です。

$1,000,000 × 1.5\% = 15,000$（1年分の利息）
$15,000 × 6$か月 $÷ 12$か月 $= 7,500$

| 普通預金 7,500 | 受取利息 7,500 |
|---|---|

### X3年3月31日　未収利息の計上

X3/3/1 〜 X3/3/31の1か月分の受取利息が発生していますが、まだ計上していないので、1か月分の受取利息（収益）を決算整理仕訳で計上します。相手勘定科目は、発生しているのにまだ受け取っていない利息という意味で、未収利息（資産）を使います。

$15,000 \times 1$ か月 $\div 12$ か月 $= 1,250$

未収利息 1,250 / 受取利息 1,250

### X3年3月31日　損益振替

収益・費用の勘定科目については決算整理仕訳で損益振替が必要です。本問で出てくる収益・費用の勘定科目は受取利息（収益）だけなので、受取利息について損益振替をします。下書きの仕訳のうち、当期の「受取利息」を集計します。受取利息は収益（ホームポジション右）なので、仕訳の右側にあれば＋、左側にあれば△（マイナス）で計算します。

$\triangle 4,200 + 7,200 + 7,500 + 1,250 = 11,750$

受取利息は右側に11,750残高があることがわかりました。受取利息勘定11,750を損益勘定へ振り替えるので、受取利息を左側に書き減らします。相手勘定科目は損益です。

受取利息 11,750 / 損益　11,750

**ステップ3** 仕訳を見て受取利息勘定を記入します。

受取利息は収益の勘定科目なので開始記入、繰越記入は行いません。ステップ2の＜当期の仕訳＞で書いた受取利息を順番に受取利息勘定へ転記します。最後に借方と貸方をそれぞれ合計します。

#### 受　取　利　息

| | | |
|---|---|---|
| (X2/4/ 1)（未収利息）( 4,200) | (X2/8/31)（普通預金）( 7,200) |
| (X3/3/31)（損　益）(11,750) | (X3/2/28)（普通預金）( 7,500) |
| (　　)(　　)(　　) | (X3/3/31)（未収利息）( 1,250) |
| (15,950) | (15,950) |

**ステップ4** 仕訳を見て未収利息勘定を記入します。

未収利息は資産の勘定科目なので、まずは開始記入をします。ステップ2の＜前期の仕訳＞で未収利息はX2/3/31左側に4,200だけ書いたので、前期末の未収利息の残高は左側に4,200です。したがって未収利息勘定の左側に「X2/4/1前期繰越4,200」と書きます。または、未収利息は資産なので左側に残高があるため左側に「X2/4/1前期繰越4,200」と書くと考えてもよいです。

次にステップ2の＜当期の仕訳＞で書いた未収利息を順番に未収利

息勘定へ転記します。右側に「X2/4/1受取利息4,200」、左側に「X3/3/31受取利息1,250」と書きます。

未収利息は資産の勘定科目なので、繰越記入をします。借方と貸方の差額を計算します。4,200 + 1,250 − 4,200 = 1,250となるので、差額は1,250です。未収利息は左側に残高1,250であることがわかります。差額をうめるように右側に「X3/3/31次期繰越1,250」と書きます。最後に借方と貸方をそれぞれ合計します。

### 未 収 利 息

| | | | | | | |
|---|---|---|---|---|---|---|
| （X2/4/ 1 ） | （前期繰越） | （ 4,200） | （X2/4/ 1 ） | （受取利息） | （ 4,200） |
| （X3/3/31 ） | （受取利息） | （ 1,250） | （X3/3/31 ） | （次期繰越） | （ 1,250） |
| | | （ 5,450） | | | （ 5,450） |

---

## 解答 03

### 受 取 利 息

| | | | | | | |
|---|---|---|---|---|---|---|
| （ X2/4/ 1 ） | （未収利息） | （ 4,200） | （ X2/8/31 ） | （普通預金） | （ 7,200） |
| （ X3/3/31 ） | （損　　益） | （ 11,750） | （ X3/2/28 ） | （普通預金） | （ 7,500） |
| （　　　） | （　　　） | （　　　） | （ X3/3/31 ） | （未収利息） | （ 1,250） |
| | | （ 15,950） | | | （ 15,950） |

### 未 収 利 息

| | | | | | | |
|---|---|---|---|---|---|---|
| （ X2/4/ 1 ） | （前期繰越） | （ 4,200） | （ X2/4/ 1 ） | （受取利息） | （ 4,200） |
| （ X3/3/31 ） | （受取利息） | （ 1,250） | （ X3/3/31 ） | （次期繰越） | （ 1,250） |
| | | （ 5,450） | | | （ 5,450） |

**Chapter 3**
**問題**
# 04

よく出る

📄 答案用紙 P7

Ⓐ 解答 P108

🕐 目標タイム 8分

1 仕訳
2 現金実査と貯蔵の類を誰よう
3 勘定の記入
4 補助簿
5 伝票会計
6 理論問題
7 試算表と精算表
8 損益計算書と貸借対照表
9 模擬問題

# 建物と減価償却

次の資料にもとづいて、建物勘定と建物減価償却累計額勘定の（　　）には日付を記入し、[　　]には適切な語句を記入し、〈　　〉には金額を記入しなさい。

[解答にあたっての注意事項]
・答案用紙の空欄はすべて記入するわけではない。
・答案用紙の空欄は取引の記録順に上から詰めて記入すること。
・答案用紙の空欄の日付は採点対象外であるため、記入しなくてもよい。
・当期はX3年4月1日からX4年3月31日までの1年間である。
・減価償却費はすべて月割りで計算する。

X1年4月 1日　建物Aを¥4,800,000の小切手を振り出して購入し、東北営業所として使用を開始した。

X2年3月31日　決算で建物の減価償却費を計上する。建物Aの耐用年数は25年、残存価額ゼロ、定額法とする。

X2年6月 1日　建物Bを¥7,200,000の小切手を振り出して購入し、関西営業所として使用を開始した。

X3年3月31日　決算で建物の減価償却費を計上する。建物Bの耐用年数は20年、残存価額ゼロ、定額法とする。

X3年8月31日　東北営業所の撤退が決まったため、建物Aを¥3,100,000で売却し、代金は普通預金口座に振り込まれた。

X4年3月31日　決算で建物の減価償却費を計上する。

**ステップ1** 下書きに仕訳を書きます。当期はX3年4月1日からX4年3月31日までの1年間です。このため、前期までの取引（X1年4月1日からX3年3月31日までの取引）は、当期の勘定には記入しません。しかし、解答に必要な情報があるので、前期までの仕訳も下書きに書いておくのがオススメです。

### ＜前期までの仕訳＞

> 当期の勘定には前期までの仕訳は記入しないが、「当期の建物Aの売却仕訳」「当期の勘定の前期繰越を記入するとき」に使うので、仕訳を書いておく

**X1年4月1日　建物Aの購入**

建物 4,800,000 ／ 当座預金 4,800,000

**X2年3月31日　減価償却費の計上**

X2年3月31日時点で当社にある建物は建物Aだけなので、建物Aについて減価償却費を計算します。

　建物A　4,800,000 ÷ 25年 = 192,000

減価償却費 192,000 ／ 建物減価償却累計額 192,000

**X2年6月1日　建物Bの購入**

建物 7,200,000 ／ 当座預金 7,200,000

**X3年3月31日　減価償却費の計上**

X3年3月31日時点で当社にある建物Aと建物Bについて減価償却費を計算します。問題文に「減価償却費はすべて月割りで計算する」と指示があるので、建物Bは購入したX2年6月1日からX3年3月31日までの10か月分の減価償却費を計算します。

　建物A　4,800,000 ÷ 25年 = 192,000

　建物B　7,200,000 ÷ 20年 × 10か月 ÷ 12か月 = 300,000

　192,000 + 300,000 = 492,000

減価償却費 492,000 ／ 建物減価償却累計額 492,000

### ＜当期の仕訳＞

**X3年8月31日　建物Aの売却**

❶建物Aの売却の仕訳を書く前に、当期首の建物減価償却累計額と当期の減価償却費の金額を計算します。

建物減価償却累計額は資産・負債・純資産の勘定科目なので、毎期計上した金額の合計が前期から繰り越されてきています。

建物Aの期首（X3年4月1日）時点の建物減価償却累計額

$$\underline{192,000} + \underline{192,000} = 384,000$$

X2年3月31日の仕訳　　X3年3月31日の仕訳

減価償却費は費用の勘定科目なので、毎期末に損益振替で損益勘定へ振り替えられることから、前期までの金額は繰り越されていません。建物Aの当期首（X3年4月1日）から売却日（X3年8月31日）までの5か月間について減価償却費を計算します。

建物Aの減価償却費

$$4,800,000 ÷ 25年 × 5か月 ÷ 12か月 = 80,000$$

❷次に仕訳を書きます。建物Aを売ったので、建物と建物減価償却累計額が減ります。建物は資産の勘定科目なので、建物を減らす場合、貸方（右側）に「建物4,800,000」と書きます。建物減価償却累計額は資産の評価勘定（マイナスの勘定科目）なので、減らす場合、借方（左側）に「建物減価償却累計額384,000」と書きます。当期分の減価償却費（費用）を計上するので、借方（左側）に「減価償却費80,000」と書きます。

| 建物減価償却累計額 | 384,000 | 建物 | 4,800,000 |
| --- | --- | --- | --- |
| 減価償却費 | 80,000 | | |

❸代金は普通預金口座に振り込まれたので、普通預金が増えます。借方（左側）に「普通預金3,100,000」と書きます。差額1,236,000は左側にあるので「固定資産売却損」を使います。

$$4,800,000 - 384,000 - 80,000 - 3,100,000 = 1,236,000$$

| 建物減価償却累計額 | 384,000 | 建物 | 4,800,000 |
| --- | --- | --- | --- |
| 減価償却費 | 80,000 | | |
| 普通預金 | 3,100,000 | | |
| 固定資産売却損 | 1,236,000 | | |

### X4年3月31日　減価償却費の計上

X4年3月31日時点で当社にある建物は建物Bだけなので、建物B
について減価償却費を計算します。

　　建物B　7,200,000 ÷ 20年 = 360,000

減価償却費360,000 ／ 建物減価償却累計額360,000

**ステップ2** 答案用紙の建物勘定、建物減価償却累計額勘定を記入します。

❶建物勘定と建物減価償却累計額勘定はともに資産・負債・純資産
の勘定科目なので、当期の開始記入をします。たとえば、建物勘定
の場合、下書きの＜前期までの仕訳＞を見て、仕訳の借方（左側）
建物4,800,000と借方（左側）建物7,200,000の金額を合計して「前
期繰越12,000,000」を計算します。X3年4月1日時点では、建物
Aは保有した状態ですので、建物Aの仕訳も合計します。

　　建物　　4,800,000　　＋　　7,200,000　　＝　　12,000,000
　　　　　X1年4月1日の仕訳　　　X2年6月1日の仕訳

　建物減価償却累計額　192,000　　＋　　492,000　　＝　　684,000
　　　　　　　　　X2年3月31日の仕訳　　X3年3月31日の仕訳

建　　物

| | | |
|---|---|---|
| （X3/4/1）［前期繰越］〈12,000,000〉 | （　　　）［　　　］〈　　　　〉 |

建物減価償却累計額

| | | |
|---|---|---|
| （　　　）［　　　］〈　　　　〉 | （X3/4/1）［前期繰越］〈　684,000〉 |

---

《▶ ワンポイント》

建物減価償却累計額は、負債と似ていますが、正確には「資産の評価勘定」
です。資産の評価勘定とは、建物という資産の価値をマイナスする効果を持
つ勘定科目のことです。ただし、建物減価償却累計額を計上する仕訳は貸方
（右側）に書き、残高も貸方（右側）にあるので、負債のように扱うとわか
りやすいです。

---

❷下書きの＜当期の仕訳＞を書き写します。X3/8/31の建物4,800,000
は、相手勘定科目が4つあるので、［　］内には「諸口」と書きます。
諸口とは、相手勘定科目が2つ以上あるという意味です。

**X3年8月31日　建物Aの売却**

| 建物減価償却累計額 | 384,000 | 建物　4,800,000 |
| 減価償却費 | 80,000 | |
| 普通預金 | 3,100,000 | |
| 固定資産売却損 | 1,236,000 | |

**X4年3月31日　減価償却費の計上**

減価償却費360,000 ／ 建物減価償却累計額360,000

建　　　物

| （ X3/4/1 ）［前期繰越］〈12,000,000〉 | （ X3/8/31 ）［諸　　口］〈4,800,000〉 |

建物減価償却累計額

| （X3/8/31）［建　　物］〈　384,000〉 | （ X3/4/ 1 ）［前期繰越］〈　684,000〉 |
| | （ X4/3/31 ）［減価償却費］〈　360,000〉 |

❸2つとも資産・負債・純資産の勘定科目なので、当期の繰越記入をします。建物の残高は左側と右側の差額を計算すると12,000,000 － 4,800,000 ＝ 7,200,000となっているので、右側に「X4/3/31次期繰越7,200,000」と書きます。建物減価償却累計額の残高は右側と左側の差額を計算すると684,000 ＋ 360,000 － 384,000 ＝ 660,000となっているので、左側に「X4/3/31次期繰越660,000」と書きます。

建　　　物

| （X3/4/ 1）［前期繰越］〈12,000,000〉 | （X3/8/31）［諸　　口］〈4,800,000〉 |
| （　　　　）［　　　　］〈　　　　　〉 | （X4/3/31）［次期繰越］〈7,200,000〉 |

建物減価償却累計額

| （X3/8/31）［建　　物］〈　384,000〉 | （X3/4/ 1）［前期繰越］〈　684,000〉 |
| （X4/3/31）［次期繰越］〈　660,000〉 | （X4/3/31）［減価償却費］〈　360,000〉 |

❹次期の開始記入をします。本問では合計欄の下に1行用意されているので、このような場合は繰越記入と同時に「次期の開始記入」も行います。実務では繰越記入で当期末の手続きを完了する会社と、

当期末のうちに「次期の開始記入」まで行う会社、どちらもあります。試験では指示や答案用紙の形式に従いましょう。

建物は右側に次期繰越があるので左側に「X4/4/1前期繰越7,200,000」と書きます。こうすることで、次期には資産である建物の残高が左側にある状態（建物の残高が7,200,000）でスタートすることができます。同様に建物減価償却累計額では左側に次期繰越があるので右側に「X4/4/1前期繰越660,000」と書きます。

建　　　　物

| ( X3/4/ 1 )［前期繰越］〈12,000,000〉 | ( X3/8/31 )［諸　　口］〈4,800,000〉 |
|---|---|
| (　　　　) [　　　] 〈　　　　〉 | ( X4/3/31 )［次期繰越］〈7,200,000〉 |
| 〈　　　　〉 | 〈　　　　〉 |
| ( X4/4/ 1 )［前期繰越］〈 7,200,000〉 | (　　　) [　　　] 〈　　　〉 |

建物減価償却累計額

| ( X3/8/31 )［建　　物］〈　　384,000〉 | ( X3/4/ 1 )［前期繰越］〈　　684,000〉 |
|---|---|
| ( X4/3/31 )［次期繰越］〈　　660,000〉 | ( X4/3/31 )［減価償却費］〈　　360,000〉 |
| 〈　　　　〉 | 〈　　　　〉 |
| (　　　) [　　　] 〈　　　〉 | ( X4/4/ 1 )［前期繰越］〈　　660,000〉 |

❺最後に各勘定の借方合計と貸方合計を記入します。

**解答 04**

建　　　　物

| ( X3/4/ 1 )［**前期繰越**］〈**12,000,000**〉 | ( X3/8/31 )［**諸　　口**］〈 4,800,000〉 |
|---|---|
| (　　　　) [　　　] 〈　　　　〉 | ( X4/3/31 )［**次期繰越**］〈 7,200,000〉 |
| 〈**12,000,000**〉 | 〈**12,000,000**〉 |
| ( X4/4/ 1 )［**前期繰越**］〈 7,200,000〉 | (　　　) [　　　] 〈　　　〉 |

建物減価償却累計額

| ( X3/8/31 )［**建　　物**］〈　　384,000〉 | ( X3/4/ 1 )［**前期繰越**］〈　　684,000〉 |
|---|---|
| ( X4/3/31 )［**次期繰越**］〈　　660,000〉 | ( X4/3/31 )［**減価償却費**］〈　　360,000〉 |
| 〈 1,044,000〉 | 〈 1,044,000〉 |
| (　　　) [　　　] 〈　　　〉 | ( X4/4/ 1 )［**前期繰越**］〈　　660,000〉 |

**Chapter 3**
**問題 05**

ときどき出る

答案用紙 P7　解答 A P113　目標タイム 10分

# 純資産と損益

　PB株式会社における次の取引にもとづいて、第14期における各勘定の空欄に適切な語句または金額を記入しなさい。

[解答にあたっての注意事項]
・答案用紙の空欄はすべて記入するわけではない。
・答案用紙の空欄は取引の記録順に上から詰めて記入すること。
・答案用紙の空欄の日付は採点対象外であるため、記入しなくてもよい。

第13期（X1年4月1日からX2年3月31日まで）
・第13期末における純資産の各勘定の残高は次のとおりであった。
　資本金¥4,200,000　利益準備金¥70,000
　繰越利益剰余金¥565,000
第14期（X2年4月1日からX3年3月31日まで）
・6月26日に開催された株主総会において、繰越利益剰余金から次のように処分することが決議された。
　株主配当金¥2,500　配当にともなう利益準備金の積み立て¥250
・6月30日に、株主配当金¥2,500を普通預金口座から支払った。
・9月1日に増資を行い、1株あたり¥450で株式を新たに600株発行し、出資者より当社の普通預金口座に払込金が振り込まれた。発行価額の全額を資本金とする。
・決算において当期純利益を計上した。

**ステップ1** 下書きに仕訳を書きます。

**X2年6月26日　繰越利益剰余金の処分**

株主配当金とは、会社が株主に対して支払うと決めた配当の金額です。6月26日時点では配当することを決議しただけなので実際にはまだ支払っていないため未払配当金（負債）という勘定科目を使います。未払配当金が増えるので貸方（右側）に書きます。利益準備金は純資産の勘定科目なので、積み立てによる増加のさいには貸方（右側）に書きます。繰越利益剰余金は純資産の勘定科目なので、処分により減るさいには借方（左側）に書きます。

$$繰越利益剰余金 \quad 2,750 \left| \begin{array}{l} 未払配当金 \quad 2,500 \\ 利益準備金 \quad 250 \end{array} \right.$$

**X2年6月30日　配当金の支払い**

実際に配当金を支払ったので、普通預金（資産）が減るため貸方（右側）に書きます。6月26日に計上した未払配当金を取り崩します。

$$未払配当金 \quad 2,500 \left| 普通預金 \quad 2,500 \right.$$

**X2年9月1日　増資**

増資の金額を計算します。普通預金口座に振り込まれたので普通預金（資産）が増加するため借方（左側）に書きます。資本金（純資産）が増加するので貸方（右側）に書きます。

$$¥450 × 600株 = 270,000$$
$$普通預金 \quad 270,000 \left| 資本金 \quad 270,000 \right.$$

**X3年3月31日　当期純利益の計上**

当期純利益の金額は、損益振替により損益勘定で計算されます。本問では、答案用紙の損益勘定を見ると収益と費用が書いてあるので、自分で当期純利益の金額を計算します。

収益　売上6,780,000

費用　仕入（売上原価）2,970,000 ＋ 減価償却費690,000

　　　　　　＋給料2,755,000 = 6,415,000

　　　収益6,780,000 − 費用6,415,000 = 当期純利益365,000

損益勘定にすでに収益と費用が書いてあるということは、収益と費用を損益勘定へ振り替える仕訳は終わっています。そこで、損益振替の仕訳のうち損益勘定から繰越利益剰余金への振り替えのみ書くことになります。この仕訳を書くことで損益勘定の借方合計と貸方合計が一致するとともに、繰越利益剰余金（純資産）の金額が当期純利益の金額だけ増えることになります。

### 損益　365,000 / 繰越利益剰余金　365,000

**ステップ2** 資本金、利益準備金、繰越利益剰余金を記入します。

❶3つとも純資産の勘定科目なので開始記入をします。純資産の勘定科目は残高が右側にあるので、右側に前期繰越を書きます。

資　　本　　金

| ( | ) ( | ) ( | ) | ( X2/4/1 ) （前期繰越） （4,200,000) |

利　益　準　備　金

| ( | ) ( | ) ( | ) | ( X2/4/1 ) （前期繰越） （ 70,000) |

繰越利益剰余金

| ( | ) ( | ) ( | ) | ( X2/4/1 ) （前期繰越） （ 565,000) |

❷ステップ1で書いた仕訳を転記します。X2/6/26の仕訳は左側に繰越利益剰余金2,750があるので、繰越利益剰余金勘定の左側に書きますが、相手勘定科目が未払配当金と利益準備金の2つあるので（　）内に「諸口」と書きます。諸口とは、相手勘定科目が2つ以上あるという意味です。

資　　本　　金

| ( | ) ( | ) ( | ) | ( X2/4/1 ) （前期繰越） （4,200,000) |
| ( | ) ( | ) ( | ) | ( X2/9/1 ) （普通預金） （ 270,000) |

### 利 益 準 備 金

| ( ) ( ) ( ) | （X2/4/ 1）（前期繰越）（ 70,000） |
|---|---|
| ( ) ( ) ( ) | （X2/6/26）（繰越利益剰余金）（ 250） |

### 繰 越 利 益 剰 余 金

| （X2/6/26）（諸 口）（ 2,750） | （X2/4/ 1）（前期繰越）（ 565,000） |
|---|---|
| ( ) ( ) ( ) | （X3/3/31）（損 益）（ 365,000） |

❸3つとも純資産の勘定科目なので繰越記入をします。資本金は貸
方（右側）の合計4,200,000＋270,000＝4,470,000が残高にな
っているので左側に「X3/3/31次期繰越4,470,000」と書きます。
利益準備金は貸方（右側）の合計70,000＋250＝70,250が残高
になっているので左側に「X3/3/31次期繰越70,250」と書きます。
繰越利益剰余金の残高は565,000＋365,000－2,750＝927,250
なので左側に「X3/3/31次期繰越927,250」と書きます。

❹最後に各勘定の借方合計と貸方合計を記入します。

ステップ3　損益を記入します。

❶損益は収益・費用の勘定科目なので、開始記入と繰越記入はしま
せん。

❷X3/3/31の仕訳で損益を左側に書いたので、損益勘定の左側に
365,000と書きます。相手勘定科目は繰越利益剰余金なので（ ）
内に繰越利益剰余金と書きます。この仕訳が損益振替の仕訳でもあ
るので、損益勘定の記入はこれで完了です。

### 損　　　　益

| X3/3/31　仕　　　入　2,970,000 | X3/3/31　売　　　上　6,780,000 |
|---|---|
| X3/3/31　減価償却費　　690,000 | ( ) ( ) ( ) |
| X3/3/31　給　　　料　2,755,000 | |
| （X3/3/31）（繰越利益剰余金）（ 365,000） | |
| ( ) | ( ) |

❸最後に、借方合計と貸方合計を記入します。

## 解答 05

### 資 本 金

| | | | | | | |
|---|---|---|---|---|---|---|
| （ X3/3/31 ） | （次 期 繰 越） | （ 4,470,000 ） | （ X2/4/1 ） | （前 期 繰 越） | （ 4,200,000 ） |
| （ ） | （ ） | （ ） | （ X2/9/1 ） | （普 通 預 金） | （ 270,000 ） |
| | | （ 4,470,000 ） | | | （ 4,470,000 ） |

### 利 益 準 備 金

| | | | | | | |
|---|---|---|---|---|---|---|
| （ X3/3/31 ） | （次 期 繰 越） | （ 70,250 ） | （ X2/4/ 1 ） | （前 期 繰 越） | （ 70,000 ） |
| （ ） | （ ） | （ ） | （ X2/6/26 ） | （繰越利益剰余金） | （ 250 ） |
| | | （ 70,250 ） | | | （ 70,250 ） |

### 繰越利益剰余金

| | | | | | | |
|---|---|---|---|---|---|---|
| （ X2/6/26 ） | （諸　　口） | （ 2,750 ） | （ X2/4/ 1 ） | （前 期 繰 越） | （ 565,000 ） |
| （ X3/3/31 ） | （次 期 繰 越） | （ 927,250 ） | （ X3/3/31 ） | （損　　益） | （ 365,000 ） |
| | | （ 930,000 ） | | | （ 930,000 ） |

### 損　　益

| | | | | | | |
|---|---|---|---|---|---|---|
| X3/3/31 | 仕　　入 | 2,970,000 | X3/3/31 | 売　　上 | 6,780,000 |
| X3/3/31 | 減価償却費 | 690,000 | （ ） | （ ） | （ ） |
| X3/3/31 | 給　　料 | 2,755,000 | | | |
| （ X3/3/31 ） | （繰越利益剰余金） | （ 365,000 ） | | | |
| | | （ 6,780,000 ） | | | （ 6,780,000 ） |

Chapter 3
問題 06

よく出る

答案用紙 P8

Ⓐ 解答 P119

目標タイム 10分

# 法人税等

SAN株式会社の次の取引にもとづいて、当期（X4年4月1日から X5年3月31日までの1年間）の答案用紙の各勘定の空欄に、適切な語句または金額を記入しなさい。

[解答にあたっての注意事項]
・答案用紙の空欄はすべて記入するわけではない。
・答案用紙の空欄は取引の記録順に上から詰めて記入すること。
・答案用紙の空欄の日付は採点対象外であるため、記入しなくてもよい。

1. 5月末日、前期（X3年4月1日からX4年3月31日）の法人税等￥72,000（中間納付額￥30,000）の確定申告を行い、普通預金口座から納付した。なお、前期末に計上した法人税等の金額と確定申告した金額に不一致はなかった。

2. 11月末日、当期の法人税等の中間申告を行い、前期の法人税等の半額を普通預金口座から納付した。

3. 決算をむかえ、法人税等を控除する前の利益に30％を掛けた金額を法人税等として計上した。

 解説 06

ステップ1 下書きに仕訳を書きます。前期の取引（X4年3月31日までの取引）は当期の勘定には記入しませんが、書いた方がわかりやすいです。

**＜前期の仕訳＞**※当期の勘定には記入しない
**中間納付**
前期の中間納付時に次のような仕訳を書いたと予想できます。どのように納付したかは明記されていないので、勘定科目は「普通預金など」や「？」と書いておきます。

仮払法人税等　30,000 / 普通預金など　30,000

**確定申告**
前期末の決算整理で次のような仕訳を書いたと予想できます。
法人税等（費用）が72,000計上されるので借方（左側）に書きます。
仮払法人税等（資産）は中間申告で借方（左側）に書いた30,000を減らすので貸方（右側）に書きます。法人税等と仮払法人税等の差額が未払法人税等（負債）で、翌期へ繰り越されます。

72,000 － 30,000 ＝ 42,000

法人税等　72,000 / 仮払法人税等　30,000
　　　　　　　　　 / 未払法人税等　42,000

**損益振替**
収益・費用の勘定科目については決算整理仕訳で損益振替が必要です。法人税等（費用）について損益振替の仕訳を書きます。その他の収益・費用が不明のため、その他の損益振替の仕訳は省略します。

損益　72,000 / 法人税等　72,000

**＜当期の仕訳＞**

**1．前期の未払法人税等の納付（X4年5月31日）**

前期の法人税等の確定申告額72,000と前期の中間納付額30,000との差額は、前期末の確定申告で計算した未払法人税等の金額42,000とわかります。前期末に計上した未払法人税等（負債）を減らすので借方（左側）に書き、普通預金口座から納付したので普通預金を減らします。

未払法人税等　42,000 ／ 普通預金　42,000

**2．当期の仮払法人税等の納付（X4年11月30日）**

当期の法人税の中間申告の仕訳を書きます。「前期の法人税等の半額」と指示があるので、次のように計算します。普通預金口座から納付したので普通預金を減らします。

72,000 ÷ 2 ＝ 36,000

仮払法人税等　36,000 ／ 普通預金　36,000

**3．当期の法人税等の計上（X5年3月31日）**

税引前当期純利益を計算します。計算に必要な金額は答案用紙の損益勘定に記載されているので、見落とさないように注意しましょう。

❶収益　損益勘定の貸方合計
売上2,260,000

❷費用　損益勘定の借方合計
仕入1,620,000＋貸倒引当金繰入4,500＋減価償却費90,000＋給料206,000＋水道光熱費24,000＋旅費交通費15,500
＝1,960,000

❸税引前当期純利益　❶－❷＝300,000

税引前当期純利益をもとに、下書きのように法人税等を計算します。法人税等（費用）が90,000計上されるので借方（左側）に書きます。仮払法人税等（資産）は中間申告で借方（左側）に書いた36,000を減らすので貸方（右側）に書きます。法人税等と仮払法人税等の差額は未払法人税等（負債）を使います。

法人税等　税引前当期純利益 300,000 × 30% = 90,000
未払法人税等　　90,000 − 36,000 = 54,000
　法人税等　90,000 / 仮払法人税等　36,000
　　　　　　　　　　　未払法人税等　54,000

### 損益振替（X5年3月31日）

収益・費用の勘定科目については、決算整理仕訳で損益振替が必要です。損益勘定を見ると売上や仕入などが記入されているので、売上や仕入などの収益・費用の勘定科目はすでに損益振替が行われ損益勘定への転記も完了していることがわかります。

追加で仕訳した法人税等（費用）はまだ損益振替の仕訳を書いていないので、次のように書きます。法人税等は借方（左側）に90,000残高があります。法人税等勘定を損益勘定へ振り替えるので貸方（右側）に書き減らします。相手勘定科目は損益です。

損益　90,000 / 法人税等　90,000

最後に当期純利益を計上する仕訳（損益を繰越利益剰余金に振り替える仕訳）を書きます。繰越利益剰余金が増えるので、貸方（右側）に書きます。相手勘定科目は損益です。

税引前当期純利益 300,000 − 法人税等 90,000 = 当期純利益 210,000
損益　210,000 / 繰越利益剰余金　210,000

**ステップ2** 仮払法人税等を記入します。仮払法人税等は資産の勘定科目なので、本来であれば開始記入や繰越記入を行いますが、前期末に残高が0になっており当期へ繰り越されていないので開始記入は必要ありません。また、当期末に残高が0になっているので繰越記入も必要ありません。最後に、借方と貸方をそれぞれ合計します。

**ステップ3** 未払法人税等を記入します。未払法人税等は負債の勘定科目なので、まずは開始記入をします。ステップ1の＜前期の仕訳＞で貸方（右側）に42,000と書いたので、前期末の未払法人税等の残高は貸方（右側）に42,000です。したがって未払法人税等勘定の貸方（右側）

に「X4/4/1 前期繰越 42,000」と書きます。

次にステップ1の＜当期の仕訳＞で書いた未払法人税等を順番に未払法人税等勘定へ記入します。

未払法人税等は負債の勘定科目なので繰越記入をします。貸方と借方の差額を計算します。42,000 + 54,000 − 42,000 = 54,000 となるので、差額は 54,000 です。未払法人税等は貸方（右側）に残高 54,000 であることがわかります。差額をうめるように借方（左側）に「X5/3/31 次期繰越 54,000」と書きます。

最後に借方と貸方をそれぞれ合計します。

**ステップ 4** 法人税等勘定を記入します。法人税等は費用の勘定科目なので開始記入、繰越記入は行いません。

ステップ1の＜当期の仕訳＞で書いた法人税等を順番に法人税等勘定へ転記します。

最後に借方と貸方をそれぞれ合計します。

**ステップ 5** 損益勘定を記入します。損益は収益・費用の勘定科目なので開始記入、繰越記入は行いません。

ステップ1の＜当期の仕訳＞で書いた損益を順番に損益勘定へ記入します。

最後に借方と貸方をそれぞれ合計します。

# 解答 06

## 仮払法人税等

| | | | | | | |
|---|---|---|---|---|---|---|
| （X4/11/30） | （普通預金） | （ 36,000） | （X5/ 3/31） | （法人税等） | （ 36,000） |
| （ ） | （ ） | （ ） | （ ） | （ ） | （ ） |
| | | （ 36,000） | | | （ 36,000） |

## 未払法人税等

| | | | | | | |
|---|---|---|---|---|---|---|
| （X4/ 5/31） | （普通預金） | （ 42,000） | （X4/ 4/ 1） | （前期繰越） | （ 42,000） |
| （X5/ 3/31） | （次期繰越） | （ 54,000） | （X5/ 3/31） | （法人税等） | （ 54,000） |
| | | （ 96,000） | | | （ 96,000） |

## 法人税等

| | | | | | | |
|---|---|---|---|---|---|---|
| （X5/ 3/31） | （諸 口） | （ 90,000） | （X5/ 3/31） | （損 益） | （ 90,000） |
| （ ） | （ ） | （ ） | （ ） | （ ） | （ ） |
| | | （ 90,000） | | | （ 90,000） |

## 損 益

| | | | | | | |
|---|---|---|---|---|---|---|
| X5/ 3/31 | 仕 入 | 1,620,000 | X5/ 3/31 | 売 上 | 2,260,000 |
| X5/ 3/31 | 貸倒引当金繰入 | 4,500 | （ ） | （ ） | （ ） |
| X5/ 3/31 | 減価償却費 | 90,000 | （ ） | （ ） | （ ） |
| X5/ 3/31 | 給 料 | 206,000 | | | |
| X5/ 3/31 | 水道光熱費 | 24,000 | | | |
| X5/ 3/31 | 旅費交通費 | 15,500 | | | |
| （X5/ 3/31） | （法人税等） | （ 90,000） | | | |
| （X5/ 3/31） | （繰越利益剰余金） | （ 210,000） | | | |
| | | （2,260,000） | | | （2,260,000） |

#  計算用紙について

　日商簿記3級の試験では、計算用紙を使って計算や下書きを行い、そこで得られた仕訳や金額を答案用紙に書くことになります。本書の問題を解くさいにも、答案用紙とは別に、白紙やノートなどを用意して計算や下書きを書く練習をしてください。

　実際の試験でも計算用紙を使いますが、統一試験（紙の試験）とネット試験ではもらえる計算用紙の形式が違うので、別々にご紹介します。

## ●統一試験（紙の試験）

　統一試験（紙の試験）では、問題用紙、答案用紙、計算用紙が同じ冊子に綴じこまれており切り離すことができません。そこで、計算や下書きは問題用紙や答案用紙の余白部分や、計算用紙を広げた部分に書くと見やすいです。試験会場の机が狭く計算用紙を広げられない場合には、計算用紙を折って使うと省スペースになります。

## ●ネット試験

　ネット試験ではA4サイズの白紙を2枚もらえます。A4サイズの下書き用紙を半分に折って使うと、スペースを有効利用し、たくさん書くことができます。

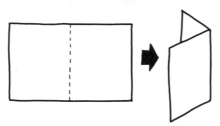

# 第2問対策
# 補助簿

仕入帳、支払手形記入帳、商品有高帳など、
さまざまな補助簿があります。
試験問題では、仕訳と補助簿の関係が問われます。

# 補助簿のまとめ

　補助簿はたくさんの種類があるので、勘定科目と補助簿の関係を理解することが必要です。補助簿に関する問題では、仕訳を書くことが大切になります。

学習のコツ：第2問（20点）でよく出題されます。内容は難しくないのでひととおり学習すれば満点を取りやすいです。次の3つの出題パターンを解けるように練習しておきましょう。

**出題パターン**
・パターン1　問題文からどの補助簿に記入するのか選択する問題
・パターン2　商品有高帳を記入する問題
・パターン3　固定資産台帳から各勘定の空欄を記入する問題

**ポイント1**

**主要簿と補助簿の種類**

| 帳簿の名前 | | 内容 |
|---|---|---|
| 主要簿 | 仕訳帳 | 毎日の取引の仕訳を書くもの |
| | 総勘定元帳 | 勘定ごとの残高がわかるもの |
| 補助簿 | 現金出納帳 | 現金の入金・出金を詳細に記録するもの |
| （補助記入帳） | 当座預金出納帳 | 当座預金の預入・引出を詳細に記録するもの |
| | 小口現金出納帳 | 小口現金の受入・支払を詳細に記録するもの |
| | 仕入帳 | 仕入の取引を詳細に記録するもの |
| | 売上帳 | 売上の取引を詳細に記録するもの |
| | 支払手形記入帳 | 支払手形の明細と支払状況を記録するもの |
| | 受取手形記入帳 | 受取手形の明細と回収状況を記録するもの |
| （補助元帳） | 商品有高帳 | 商品ごとの入庫・出庫を詳細に記録するもの<br>簿記3級では、先入先出法と移動平均法の2つ |
| | 買掛金元帳 | 仕入先ごとに買掛金の発生・支払を記録するもの |
| | 売掛金元帳 | 得意先ごとに売掛金の発生・回収を記録するもの |
| | 固定資産台帳 | 固定資産ごとの取得・減価償却・売却を記録するもの |

## 勘定科目と補助簿の関係

　勘定科目と補助簿の名前が対応しています。ただし、仕入と売上は、商品の出入りがあるため、商品有高帳にも記入することになります。

| 取引 | 勘定科目 | 補助簿の記入 |
|---|---|---|
| 現預金 | 現金 | 現金出納帳 |
| | 当座預金 | 当座預金出納帳 |
| | 小口現金 | 小口現金出納帳 |
| 仕入 | 仕入 | 仕入帳、商品有高帳 |
| | 支払手形 | 支払手形記入帳 |
| | 買掛金 | 買掛金元帳 |
| 売上 | 売上 | 売上帳、商品有高帳 |
| | 受取手形 | 受取手形記入帳 |
| | 売掛金 | 売掛金元帳 |
| 固定資産 | 建物、車両、備品 | 固定資産台帳 |

　仕入や売上について、返品が発生した場合には商品の移動がありますので、商品有高帳に記入します。

・商品を仕入れた　　　→　仕入帳、商品有高帳
・仕入れた商品の返品　→　仕入帳、商品有高帳

・商品を売った　　　　→　売上帳、商品有高帳
・売った商品の返品　　→　売上帳、商品有高帳

よく出る

| 答案用紙 | 解答 | 目標タイム |
|---|---|---|
| P9 | P128 | 10分 |

# 補助簿の選択

(1) ～ (3) について答えなさい。

(1) 東北株式会社のX01年9月中の取引は次のとおりであった。それぞれの日付の取引が、答案用紙に示したどの補助簿に記入されるか、該当する補助簿の欄に○印を付して答えなさい。

2日　株式会社山形商事に商品¥450,000（原価¥400,000）を売り渡し、代金のうち¥180,000は同社振出しの約束手形で受け取り、残額は掛けとした。

6日　株式会社青森商事から商品¥600,000を仕入れ、代金は掛けとした。

10日　6日に株式会社青森商事から掛けで仕入れた商品¥30,000を品違いのため返品し、同社に対する掛代金から差し引いた。

16日　株式会社山形商事に対する掛代金¥150,000が当座預金口座に振り込まれたと、取引銀行より連絡があった。

22日　株式会社青森商事に対し先月振り出した約束手形¥200,000の支払期日が到来し、取引銀行の当座預金口座から手形金額が引き落とされた。

30日　土地300㎡を1㎡あたり¥45,000で取得し、代金は小切手を振り出して支払った。なお、整地費用¥290,000は現金で支払った。

(2) 次の①から④の取引について、答案用紙に示されたどの補助簿に記入されるか答えなさい。解答にあたっては、各取引が記入されるすべての補助簿の欄に○印をつけること。なお、該当する補助簿が1つもない取引は「該当なし」の欄に○印を付すこと。

①埼玉物産から商品￥120,000を仕入れ、代金のうち￥50,000については先に支払っていた手付金と相殺し、残額を掛けとした。

②石川物産に対する売掛金残高に対して、￥10,000の貸倒引当金を設定した。

③先週に大阪商事へ販売した商品￥30,000の返品を受け、掛代金から差し引くこととした。

④販売目的の中古自動車を￥2,500,000で購入し、代金は後日支払うこととした。なお、当社は自動車販売業を営んでいる。

(3) 次の①から④の取引について、答案用紙に示されたどの補助簿に記入されるか答えなさい。なお、当社は、小切手を受け取ったさいにただちに取引銀行へ取立て依頼を行い、当座預金口座へ入金処理を行っているため、現金出納帳に記帳するのは通貨の入出金の記録のみを行っている。解答にあたっては、該当するすべての補助簿の欄に○印を付し、該当する補助簿が1つもない取引は「該当なし」の欄に○印を付すこと。

①秋田商店から商品￥280,000を仕入れ、代金のうち￥180,000は小切手を振り出し、残額は掛けとした。

②宮崎商店に対し商品を￥600,000で売り渡し、代金のうち半額は同店振出しの小切手で受け取り、残額は掛けとした。

③仙台商会株式会社に対する売掛金（前期販売分）￥140,000が貸倒れた。なお、貸倒引当金の残高は￥200,000である。

④先週に商品を仕入れたさいに生じた引取運賃￥6,000を現金で支払っていたが、未処理であったので適正に処理した。

1 仕訳

2 現金預金と商品売買の記帳

3 勘定の記入

4 補助簿

5 伝票会計

6 理論問題

7 試算表と精算表

8 損益計算書と貸借対照表

9 模擬問題

解説 01

**(1)** 各日付の取引を読み、仕訳を書きます。次に仕訳を見ながら補助簿の欄に○を付けます。

受取手形記入帳 → | 売上帳、商品有高帳

| 2日 | 受 取 手 形 | 180,000 | 売　　上 | 450,000 |
| | 売 掛 金 | 270,000 | | |

売掛金元帳 ←

| 6日 | 仕　　入 | 600,000 | 買 掛 金 | 600,000 |

仕入帳、商品有高帳 ← | 買掛金元帳 →

| 10日 | 買 掛 金 | 30,000 | 仕　　入 | 30,000 |

買掛金元帳 ← | 仕入帳、商品有高帳 →

| 16日 | 当 座 預 金 | 150,000 | 売 掛 金 | 150,000 |

当座預金出納帳 ← | 売掛金元帳 →

| 22日 | 支 払 手 形 | 200,000 | 当 座 預 金 | 200,000 |

支払手形記入帳 ← | 当座預金出納帳 →

30日の土地の取得原価は300㎡ × @ 45,000 + 290,000 = 13,790,000です。

当座預金出納帳 →

| 30日 | 土　　地 | 13,790,000 | 当 座 預 金 | 13,500,000 |
| | | | 現 金 | 290,000 |

固定資産台帳 ← | 現金出納帳 →

**(2)** 各取引を読み、仕訳を書きます。次に仕訳を見ながら補助簿の欄に○を付けます。

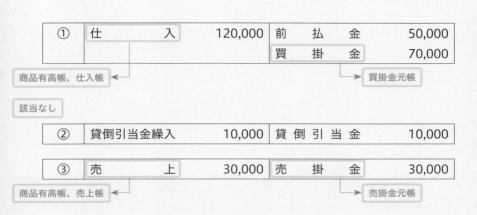

| ① | 仕　　　入 | 120,000 | 前　払　金 | 50,000 |
|---|---|---|---|---|
| | | | 買　掛　金 | 70,000 |

商品有高帳、仕入帳 ← → 買掛金元帳

該当なし

| ② | 貸倒引当金繰入 | 10,000 | 貸倒引当金 | 10,000 |
|---|---|---|---|---|

| ③ | 売　　　上 | 30,000 | 売　掛　金 | 30,000 |
|---|---|---|---|---|

商品有高帳、売上帳 ← → 売掛金元帳

④当社は自動車販売業を営んでいるので「販売目的の中古自動車」を購入した場合には仕入を使います。また、会社の本来の営業取引で、ものを後払いで購入したときは買掛金を使います。

| ④ | 仕　　　入 | 2,500,000 | 買　掛　金 | 2,500,000 |
|---|---|---|---|---|

商品有高帳、仕入帳 ← → 買掛金元帳

**(3)** 各取引を読み、仕訳を書きます。次に仕訳を見ながら補助簿の欄に〇を付けます。

商品有高帳、仕入帳 ← → 当座預金出納帳

| ① | 仕　　　入 | 280,000 | 当　座　預　金 | 180,000 |
|---|---|---|---|---|
| | | | 買　掛　金 | 100,000 |

→ 買掛金元帳

②本来は、他店振出しの小切手の受け取りは現金勘定を使用しますが、本問では「ただちに当座預金口座へ入金処理を行っている」ため、当座預金勘定を使う点に注意が必要です。

当座預金出納帳 ← → 商品有高帳、売上帳

| ② | 当　座　預　金 | 300,000 | 売　　　上 | 600,000 |
|---|---|---|---|---|
| | 売　掛　金 | 300,000 | | |

売掛金元帳 ←

|  | ③ | 貸 倒 引 当 金 | 140,000 | 売 掛 金 | 140,000 |
|---|---|---|---|---|---|

→ 売掛金元帳

商品有高帳、仕入帳 ←　　　　　　　　　　　　　　→ 現金出納帳

|  | ④ | 仕　　　　入 | 6,000 | 現　　　金 | 6,000 |
|---|---|---|---|---|---|

## 解答 01

### (1)

| 帳簿＼日付 | 現金出納帳 | 当座預金出納帳 | 商品有高帳 | 売掛金元帳(得意先元帳) | 買掛金元帳(仕入先元帳) | 仕入帳 | 売上帳 | 受取手形記入帳 | 支払手形記入帳 | 固定資産台帳 |
|---|---|---|---|---|---|---|---|---|---|---|
| 9　2 |  |  | ○ | ○ |  |  | ○ | ○ |  |  |
| 6 |  |  | ○ |  | ○ | ○ |  |  |  |  |
| 10 |  |  | ○ |  | ○ | ○ |  |  |  |  |
| 16 |  | ○ |  | ○ |  |  |  |  |  |  |
| 22 |  | ○ |  |  |  |  |  |  | ○ |  |
| 30 | ○ | ○ |  |  |  |  |  |  |  | ○ |

### (2)

| 補助簿＼番号 | 現金出納帳 | 当座預金出納帳 | 商品有高帳 | 売掛金元帳(得意先元帳) | 買掛金元帳(仕入先元帳) | 仕入帳 | 売上帳 | 固定資産台帳 | 該当なし |
|---|---|---|---|---|---|---|---|---|---|
| ① |  |  | ○ |  | ○ | ○ |  |  |  |
| ② |  |  |  |  |  |  |  |  | ○ |
| ③ |  |  | ○ | ○ |  |  | ○ |  |  |
| ④ |  |  | ○ |  | ○ | ○ |  |  |  |

### (3)

| 補助簿＼番号 | 現金出納帳 | 当座預金出納帳 | 商品有高帳 | 売掛金元帳(得意先元帳) | 買掛金元帳(仕入先元帳) | 仕入帳 | 売上帳 | 固定資産台帳 | 該当なし |
|---|---|---|---|---|---|---|---|---|---|
| ① |  | ○ | ○ |  | ○ | ○ |  |  |  |
| ② |  | ○ | ○ | ○ |  |  | ○ |  |  |
| ③ |  |  |  | ○ |  |  |  |  |  |
| ④ | ○ |  | ○ |  |  | ○ |  |  |  |

**Chapter 4**
**問題 02**

| よく出る | 答案用紙 P10 | A 解答 P132 | 目標タイム 10分 |
|---|---|---|---|

# 商品有高帳①

次の10月中の取引等にもとづいて、下記の（1）～（3）の問に答えなさい。なお、当社は得意先元帳（売掛金元帳）および商品有高帳を補助元帳として用いている。商品の払出単価の決定方法は先入先出法を採用する。なお、仕入戻しがある場合は払出欄、売上戻りがある場合は受入欄に記入すること。

10月1日　前月繰越は、次のとおりである。

　　　　　　D商品　　100個　@¥250　¥25,000
　　　　　　売掛金　　¥20,000（うち、大阪商店¥13,000　京都商店¥7,000）

　　9日　奈良商店からD商品150個を@¥220で仕入れ、代金は掛けとした。

　　13日　兵庫商店にD商品120個を@¥300で売り渡し、代金は同店振出しの小切手で受け取った。

　　21日　京都商店に、D商品80個を@¥320で売り渡し、代金は掛けとした。

　　24日　21日に売り渡したD商品のうち、10個について返品を受けた。

　　30日　大阪商店より¥13,000、京都商店より¥7,000の掛け代金を現金で回収した。

（1）　D商品の商品有高帳を作成し、締め切りなさい。摘要欄には仕入、売上、売上返品のいずれかを記入すること。

（2）　10月のD商品の純売上高、および売上総利益を答えなさい。

（3）　得意先元帳における京都商店勘定の月末残高を答えなさい。

商品有高帳（先入先出法）を記入する問題です。本問はまず仕訳を書いて、次に（1）（2）（3）と別々に考えていくと混乱せずに解くことができます。

**ステップ1** 仕訳を書きます。売掛金と買掛金は相手の名前がわかるように下書きするのがポイントです。

(1)

10/9　仕入 33,000 / 買掛金(奈良) 33,000

10/13　現金　36,000 / 売上　36,000

10/21　売掛金(京都) 25,600 / 売上　25,600

10/24　売上 3,200 / 売掛金(京都) 3,200

10/30　現金　20,000 / 売掛金(大阪) 13,000
　　　　　　　　　　 / 売掛金(京都)　7,000

**ステップ2** 問題（1）先入先出法で商品有高帳を記入します。

単価が違うので
行を分けて書く

商 品 有 高 帳
D 商 品

| X1年 | | 摘　要 | 受　入 | | | 払　出 | | | 残　高 | | |
|---|---|---|---|---|---|---|---|---|---|---|---|
| | | | 数量 | 単価 | 金額 | 数量 | 単価 | 金額 | 数量 | 単価 | 金額 |
| 10 | 1 | 前 月 繰 越 | 100 | 250 | 25,000 | | | | 100 | 250 | 25,000 |
| | 9 | 仕　　　入 | 150 | 220 | 33,000 | | | | 100 | 250 | 25,000 |
| | | | | | | | | | 150 | 220 | 33,000 |
| | 13 | 売　　　上 | | | | 100 | 250 | 25,000 | | | |
| | | | | | | 20 | 220 | 4,400 | 130 | 220 | 28,600 |
| | 21 | 売　　　上 | | | | 80 | 220 | 17,600 | 50 | 220 | 11,000 |
| | 24 | 売 上 返 品 | 10 | 220 | 2,200 | | | | 60 | 220 | 13,200 |
| | 31 | 次 月 繰 越 | | | | 60 | 220 | 13,200 | | | |
| | | | 260 | | 60,200 | 260 | | 60,200 | | | |

合計

月末に次月繰越を行い
残高が残らないようにする

**ステップ3** 問題（2）純売上高、売上総利益を計算します。ここに出てくる用語の意味は覚えておかないと解答できません。

　　　　総売上高 − 返品 ＝ 純売上高
　　　　純売上高 − 売上原価 ＝ 売上総利益

| (2) | 仕訳 | 商品有高帳 |
|---|---|---|
| 10/13 | 売上 36,000 | 売上原価 {25,000 / 4,400 |
| 10/21 | 売上 25,600 | 売上原価 17,600 |
| 10/24 | 売上 △3,200 | 売上原価 △2,200 |
| | 純売上高 58,400 | 売上原価 44,800 |
| | 売上総利益 13,600 | |

売上は仕訳から拾い、売上原価は商品有高帳から拾います。

問題（3）京都商店の得意先元帳をＴ字勘定に下書きします。10月24日の返品分を忘れないように注意しましょう。

（3）

京　都

| | | | |
|---|---|---|---|
| 10/1 | 7,000 | 10/24 | 3,200 |
| 10/21 | 25,600 | 10/30 | 7,000 |
| | | 残 | 22,400 |

## 解答 02

（1）

商 品 有 高 帳
D 商 品

| X1年 | | 摘　　　要 | 受　　入 | | | 払　　出 | | | 残　　高 | | |
|---|---|---|---|---|---|---|---|---|---|---|---|
| | | | 数量 | 単価 | 金額 | 数量 | 単価 | 金額 | 数量 | 単価 | 金額 |
| 10 | 1 | 前 月 繰 越 | 100 | 250 | 25,000 | | | | 100 | 250 | 25,000 |
| | 9 | 仕　　　　入 | 150 | 220 | 33,000 | | | | 100 | 250 | 25,000 |
| | | | | | | | | | 150 | 220 | 33,000 |
| | 13 | 売　　　　上 | | | | 100 | 250 | 25,000 | | | |
| | | | | | | 20 | 220 | 4,400 | 130 | 220 | 28,600 |
| | 21 | 売　　　　上 | | | | 80 | 220 | 17,600 | 50 | 220 | 11,000 |
| | 24 | 売 上 返 品 | 10 | 220 | 2,200 | | | | 60 | 220 | 13,200 |
| | 31 | 次 月 繰 越 | | | | 60 | 220 | 13,200 | | | |
| | | | 260 | | 60,200 | 260 | | 60,200 | | | |

（2）　純売上高　　　¥　　**58,400**

　　　売上総利益　¥　　**13,600**

（3）　京都商店勘定の月末残高　　¥　　**22,400**

**Chapter 4**
**問題**

# 03

よく出る

| 📄 答案 用紙 P10 | Ⓐ 解答 P136 | ⏱ 目標 タイム 10分 |

# 商品有高帳②

次の7月における［商品Cに関する資料］にもとづいて、下記の（1）
（2）について答えなさい。

［商品Cに関する資料］

| 7月 | 1日 | 前月繰越 | 60個 | @￥300 |
| | 5日 | 仕　　入 | 90個 | @￥320 |
| | 8日 | 売　　上 | 70個 | @￥540 |
| | 13日 | 仕　　入 | 80個 | @￥330 |
| | 21日 | 売　　上 | 110個 | @￥550 |
| | 25日 | 仕　　入 | 60個 | @￥310 |
| | 29日 | 売　　上 | 90個 | @￥560 |

（1）商品の払出単価の決定方法として移動平均法を用いて、商品有高帳に
記入しなさい。なお、商品有高帳は締め切らなくてよい。

（2）7月の商品Cの売上総利益、および次月繰越高を求めなさい。

1 仕訳

2 現金預金と商品の種類

3 勘定の記入

4 補助簿

5 伝票会計

6 理論問題

7 試算表と精算表

8 損益計算書と貸借対照表

9 模擬問題

商品有高帳（移動平均法）を記入する問題です。本問では仕訳の情報は使わないので、仕訳を書かずに直接、商品有高帳に記入した方が楽です。

**ステップ1** 問題（1）移動平均法で商品有高帳を記入します。

商 品 有 高 帳

（移動平均法）　　　　　　　　商 品 C　　　　　　　　（単位：円）

| X1年 | | 摘　　要 | 受　　入 | | | 払　　出 | | | 残　　高 | | |
|---|---|---|---|---|---|---|---|---|---|---|---|
| | | | 数量 | 単価 | 金額 | 数量 | 単価 | 金額 | 数量 | 単価 | 金額 |
| 7 | 1 | 前 月 繰 越 | 60 | 300 | 18,000 | | | | ① 60 | 300 | 18,000 |
| | 5 | 仕　　　入 | 90 | 320 | 28,800 | | | | ② 150 | 312 | 46,800 |
| | 8 | 売　　　上 | | | | ❶ 70 | 312 | 21,840 | ③ 80 | 312 | 24,960 |
| | 13 | 仕　　　入 | 80 | 330 | 26,400 | | | | ④ 160 | 321 | 51,360 |
| | 21 | 売　　　上 | | | | ❷ 110 | 321 | 35,310 | ⑤ 50 | 321 | 16,050 |
| | 25 | 仕　　　入 | 60 | 310 | 18,600 | | | | ⑥ 110 | 315 | 34,650 |
| | 29 | 売　　　上 | | | | ❸ 90 | 315 | 28,350 | ⑦ 20 | 315 | 6,300 |

**＜払出欄の記入方法＞**

❶7月8日の払出…7月5日の残高欄の単価312円の商品を70個払い出したと考えます。

　金額 70 × 312 = 21,840

❷7月21日の払出…7月13日の残高欄の単価321円の商品を110個払い出したと考えます。

　金額 110 × 321 = 35,310

❸7月29日の払出…7月25日の残高欄の単価315円の商品を90個払い出したと考えます。

　金額 90 × 315 = 28,350

## ＜残高欄の記入方法＞

①7月1日の残高…受入欄を書き写します。

②7月5日の残高…金額と数量は「7月1日の残高欄＋7月5日の受入欄」で計算します。単価は移動平均法で計算します。
　金額 18,000 ＋ 28,800 ＝ 46,800　　数量 60 ＋ 90 ＝ 150
　単価 46,800 ÷ 150 ＝ 312

③7月8日の残高…7月5日の残高欄の単価312円の商品150個のうち70個払い出したので、残りは80個と考えます。金額は 80 × 312 ＝ 24,960 と計算します。

④7月13日の残高…金額と数量は「7月8日の残高欄＋7月13日の受入欄」で計算します。単価は移動平均法で計算します。
　金額 24,960 ＋ 26,400 ＝ 51,360　　数量 80 ＋ 80 ＝ 160
　単価 51,360 ÷ 160 ＝ 321

⑤7月21日の残高…7月13日の残高欄の単価321円の商品160個のうち110個払い出したので、残りは50個と考えます。金額は 50 × 321 ＝ 16,050 と計算します。

⑥7月25日の残高…金額と数量は「7月21日の残高欄＋7月25日の受入欄」で計算します。単価は移動平均法で計算します。
　金額 16,050 ＋ 18,600 ＝ 34,650　　数量 50 ＋ 60 ＝ 110
　単価 34,650 ÷ 110 ＝ 315

⑦7月29日の残高…7月25日の残高欄の単価315円の商品110個のうち90個払い出したので、残りは20個と考えます。金額は 20 × 315 ＝ 6,300 と計算します。

**ステップ2** 問題（2）売上総利益を計算します。本問では返品がないので総売上高と純売上高が一致します。
　　　　総売上高 － 返品 ＝ 純売上高
　　　　純売上高 － 売上原価 ＝ 売上総利益

下書きでは、仕訳を書かずに計算で売上の金額を求めていますが、わかりにくい場合は仕訳を書いても構いません。

$$売上\quad(ここで計算)\qquad\qquad 売上原価\quad(商品有高帳より)$$

| | | |
|---|---|---|
| 7月8日 | 70コ × @¥540 = ¥37,800 | ¥21,840 |
| 21日 | 110コ × @¥550 = ¥60,500 | ¥35,310 |
| 29日 | 90コ × @¥560 = ¥50,400 | ¥28,350 |
| | ¥148,700 | ¥85,500 |

純売上高 148,700 − 売上原価 85,500 = 売上総利益 63,200

**ステップ3** 問題（2）次月繰越高を求めます。7月において商品Cの取引は7月29日で終わっているので、商品有高帳の7月29日の残高欄に書いた金額 6,300 が次月繰越高となります。

# 解答 03

(1)

商品有高帳

（移動平均法）　　　　　　　商品　C　　　　　　　　　（単位：円）

| X1年 | | 摘　　要 | 受　入 | | | 払　出 | | | 残　高 | | |
|---|---|---|---|---|---|---|---|---|---|---|---|
| | | | 数量 | 単価 | 金額 | 数量 | 単価 | 金額 | 数量 | 単価 | 金額 |
| 7 | 1 | 前 月 繰 越 | 60 | 300 | 18,000 | | | | 60 | 300 | 18,000 |
| | 5 | 仕　　　入 | 90 | 320 | 28,800 | | | | 150 | 312 | 46,800 |
| | 8 | 売　　　上 | | | | 70 | 312 | 21,840 | 80 | 312 | 24,960 |
| | 13 | 仕　　　入 | 80 | 330 | 26,400 | | | | 160 | 321 | 51,360 |
| | 21 | 売　　　上 | | | | 110 | 321 | 35,310 | 50 | 321 | 16,050 |
| | 25 | 仕　　　入 | 60 | 310 | 18,600 | | | | 110 | 315 | 34,650 |
| | 29 | 売　　　上 | | | | 90 | 315 | 28,350 | 20 | 315 | 6,300 |

(2)

売上総利益　　¥　**63,200**　　　　　　次月繰越高　　¥　**6,300**

Chapter 4
問題

**04**

仕訳 1
現金預金と商品の扱い 2
勘定の記入 3
補助簿 4
伝票会計 5
理論問題 6
試算表と精算表 7
損益計算書と貸借対照表 8
模擬問題 9

| よく出る | 答案用紙 P11 | Ⓐ 解答 P139 | 目標タイム 8分 |

# 固定資産台帳①

次の［資　料］固定資産台帳にもとづいて、各問に答えなさい。備品は残存価額ゼロとして定額法にもとづき減価償却が行われており、減価償却費は月割計算による。なお、すべての取引は普通預金口座から入出金している。当期はX6年4月1日からX7年3月31日までの1年間である。

［資　料］

固 定 資 産 台 帳

| 年月日 | 用途 | 耐用年数 | 取得原価 | 期　首減価償却累計額 | 期　首帳 簿 価 額 | 当　期減価償却費 |
|---|---|---|---|---|---|---|
| X2/4/1 | 備品A | 8年 | 3,840,000 | 1,920,000 | 1,920,000 | （　ア　） |
| X3/10/1 | 備品B | 5年 | 1,800,000 | ？ | （　イ　） | 360,000 |
| X6/5/1 | 備品C | 3年 | 2,844,000 | | | （　ウ　） |

設問

　問1　固定資産台帳の空欄（ ア ）～（ ウ ）に適切な金額を記入しなさい。

　問2　仮に、備品Aを当期1月末に¥1,555,000で売却した場合の固定資産売却損益を答えなさい。

　固定資産台帳の穴埋め問題です。固定資産台帳の情報から空欄の金額を計算します。

**ステップ1** 問1の空欄を記入します。

**（ア）**

備品Aの当期減価償却費を計算します。固定資産台帳の備品Aの取得原価と耐用年数を使って、定額法により減価償却費を計算します。

　3,840,000 ÷ 8年 = 480,000

**（イ）**

備品Bの期首減価償却累計額を計算します。まずは固定資産台帳の備品Bの取得原価と耐用年数を使って、定額法により1年あたりの減価償却費を計算します。

　1年あたりの減価償却費　1,800,000 ÷ 5年 = 360,000

取得日X3年10月1日から前期末X6年3月31日までの30か月

　期首減価償却累計額　360,000 × 30か月 ÷ 12か月 = 900,000

**（ウ）**

備品Cの当期減価償却費を計算します。備品Cは当期に取得したので、減価償却費は月割計算します。

取得日X6年5月1日から当期末X7年3月31日までの11か月

　2,844,000 ÷ 3年 × 11か月 ÷ 12か月 = 869,000

**ステップ2** 問2の備品Aの売却の仕訳を書きます。

❶備品を売却するので、備品と備品減価償却累計額がゼロまで減ります。

備品減価償却累計額 1,920,000 ／ 備品 3,840,000

❷当期の減価償却費を計上します。

当期首X6年4月1日から売却日X7年1月31日までの10か月

　　備品Aの当期減価償却費　3,840,000÷8年×10か月÷12か月＝400,000

備品減価償却累計額 1,920,000 ／ 備品 3,840,000

減価償却費　　　　　 400,000 ／

❸売却により普通預金が増えるので、左に書きます。

備品減価償却累計額 1,920,000 ／ 備品 3,840,000

減価償却費　　　　　 400,000

普通預金　　　　 1,555,000 ／

❹差額が右側ということは利益（益）が発生した状況なので、固定資産売却益を使います。

　　1,920,000 ＋ 400,000 ＋ 1,555,000 － 3,840,000 ＝ 35,000

備品減価償却累計額 1,920,000 ／ 備品　　　　　　 3,840,000

減価償却費　　　　　 400,000 ／ 固定資産売却益　 35,000

普通預金　　　　 1,555,000 ／

## 解答 04

| 問1 | ア | イ | ウ |
|---|---|---|---|
| | 480,000 | 900,000 | 869,000 |

| 問2 | ¥ 35,000 | （ 売却益 ・ 売却損 ） |
|---|---|---|

Chapter 4
問題 **05**

よく出る

答案用紙 P11
(A) 解答 P144
目標タイム 10分

# 固定資産台帳②

次の［資料］にもとづいて、当期（X7年4月1日からX8年3月31日までの1年間）の答案用紙の各勘定の空欄に、適切な語句または金額を記入しなさい。

［解答にあたっての注意事項］
・答案用紙の空欄はすべて記入するわけではない。
・答案用紙の空欄は取引の記録順に上から詰めて記入すること。
・答案用紙の空欄の日付は採点対象外であるため、記入しなくてもよい。
・備品に関する入出金はすべて普通預金口座で行っている。
・備品の減価償却は定額法、残存価額ゼロで間接法にて記帳している。
・減価償却費の計算はすべて月割計算している。
・固定資産台帳の？は各自計算すること。

［資料1］

固定資産台帳（備品・抜粋）

| 年月日 | 名称等 | 数量 | 耐用年数 | 取得原価 | 期首減価償却累計額 | 当期減価償却費 |
|---|---|---|---|---|---|---|
| X2/4/1 | 備品A | 1 | 6年 | 840,000 | 700,000 | ？ |
| X5/4/1 | 備品B | 1 | 4年 | 400,000 | ？ | ？ |
| X7/11/1 | 備品C | 1 | 5年 | 600,000 | ？ | ？ |

［資料2］
・備品Aは当期の決算で耐用年数をむかえるが、来期以降も使用する予定であり、帳簿価額￥1を残して減価償却を行う。
・備品Bは当期12月31日に￥150,000で売却し、ただちに代金を受け取っていたが、固定資産台帳に未記帳である。
・備品Cは当期に取得したものである。

## 解説 05

**ステップ1** 備品A〜Cについて仕訳を書きます。

### 備品A

減価償却費の決算整理仕訳を書きます。

> 1年あたりの減価償却費　840,000 ÷ 6年 = 140,000
> 期首減価償却累計額　700,000 ← [資料1]固定資産台帳より
> 当期の減価償却費　140,000 − 1 = 139,999
>
> 問題文の指示のとおり帳簿価額を1円とするため、減価償却費を1円減らした金額を計上する。そうすると840,000−700,000−139,999＝帳簿価額1となる。
>
> X8/3/31
> 　減価償却費 139,999 ｜ 備品減価償却累計額 139,999

### 備品B

備品Bを売却したときの仕訳を書きます。問題文に「入出金はすべて普通預金口座で行っている」と指示があるので、普通預金に入金したことがわかります。期中に売却してしまったので、期末の決算整理仕訳は必要ありません。

> 1年あたりの減価償却費　400,000 ÷ 4年 = 100,000
> 期首減価償却累計額　100,000 × 2年 = 200,000
> 当期の減価償却費　100,000 × $\frac{9か月}{12か月}$ = 75,000
>
> X7/12/31
> 　備品減価償却累計額 200,000 ｜ 備品　　400,000
> 　減価償却費　75,000 ｜ 固定資産売却益 25,000
> 　普通預金　150,000 ｜

**備品C**

備品Cを取得したときの仕訳を書きます。

X7/11/1
備品　600,000 / 普通預金　600,000

減価償却費の決算整理仕訳を書きます。期中に取得したので、当期に使用した期間（X7/11/1からX8/3/31の5か月）の月割計算をします。

1年あたりの減価償却費　　600,000 ÷ 5年 ＝ 120,000
期首減価償却累計額　　当期に取得したのでゼロ
当期の減価償却費　　$120,000 \times \dfrac{5か月}{12か月} = 50,000$

X8/3/31
減価償却費　50,000 / 備品減価償却累計額　50,000

**損益振替**

備品A〜Cで書いた仕訳のうち、収益・費用の勘定科目について損益振替をします。

X8/3/31
固定資産売却益　25,000 / 損益　25,000
　減価償却費
　139,999 + 75,000 + 50,000 = 264,999
損益　264,999　/ 減価償却費　264,999

**ステップ2** 固定資産台帳と下書きを見ながら、答案用紙の各勘定を記入します。

備　品

| | | | ❶ | | | | | ❸ | |
|---|---|---|---|---|---|---|---|---|---|
| X7/ 4/ 1 | 前 期 繰 越 | ( | 1,240,000) | (X7/12/31) | (諸 | 口) | ( | | 400,000) |
| | | ❷ | | | | | | ❹ | |
| (X7/11/ 1) | (普 通 預 金) | ( | 600,000) | (X8/ 3/31) | (次 期 繰 越) | ( | | 1,440,000) |
| | | ( | 1,840,000) | | | ( | | 1,840,000) |

❶前期繰越は、固定資産台帳より、備品Aと備品Bの取得原価を合計します。
　備品A 840,000 + 備品B 400,000 = 1,240,000

❷備品CのX7/11/1の取得の仕訳で、備品を借方（左側）に書いたので、借方（左側）に記入します。

❸備品BのX7/12/31の売却の仕訳で、備品を貸方（右側）に書いたので、貸方（右側）に記入します。売却の仕訳の相手勘定科目が複数あるため、「諸口」と記入します。

❹次期繰越は、借方と貸方の差額で計算します。
　1,240,000 + 600,000 − 400,000 = 1,440,000

備品減価償却累計額

| | | | ❻ | | | | | ❺ | |
|---|---|---|---|---|---|---|---|---|---|
| (X7/12/31) | (諸 | 口) | ( | 200,000) | (X7/ 4/ 1) | (前 期 繰 越) | ( | | 900,000) |
| | | | ❽ | | | | | ❼ | |
| (X8/ 3/31) | (次 期 繰 越) | ( | 889,999) | (X8/ 3/31) | (減 価 償 却 費) | ( | | 189,999) |
| ( | ) | ( | ) | ( | | ) | ( | ) | ( | ) |
| ( | ) | ( | ) | ( | 1,089,999) | ( | ) | ( | ) | ( | 1,089,999) |

❺前期繰越は、下書きより、備品Aと備品Bの期首減価償却累計額を合計します。
　備品A 700,000 + 備品B 200,000 = 900,000

❻備品BのX7/12/31の売却の仕訳で、備品Bの期首減価償却累計額を借方（左側）に書いたので、借方（左側）に記入します。売却の仕訳の相手勘定科目が複数あるため、「諸口」と記入します。

❼決算整理仕訳で備品減価償却累計額を貸方（右側）に書いたので、貸方（右

1 仕訳
2 現金預金・商品売買の処理
3 勘定の記入
4 補助簿
5 伝票会計
6 理論問題
7 試算表と精算表
8 損益計算書と貸借対照表
9 模擬問題

側）に記入します。

　備品 A 139,999 + 備品 C 50,000 = 189,999

❽次期繰越は、借方と貸方の差額で計算します。
　900,000 + 189,999 − 200,000 = 889,999

固定資産売却 （ 益 ）

| | | | | | |
|---|---|---|---|---|---|
| （X8/ 3/31）（損　　　益）❿（　　25,000） | （X7/12/31）（諸　　　口）❾（　　25,000） |

❾備品 B の X7/12/31 の売却の仕訳より、固定資産売却益が計上されるので、勘定の空欄は固定資産売却（益）と記入します。仕訳で固定資産売却益を貸方（右側）に書いたので、貸方（右側）に記入します。売却の仕訳の相手勘定科目が複数あるため「諸口」と記入します。

❿損益振替の仕訳で、固定資産売却益を借方（左側）に書いたので、借方（左側）に記入します。

## 解答 05

備　　　　　品

| | | | | | |
|---|---|---|---|---|---|
| X7/ 4/ 1　前 期 繰 越 （ 1,240,000） | （X7/12/31）（諸　　　口）（ 400,000） |
| （X7/11/ 1）（普 通 預 金）（ 600,000） | （X8/ 3/31）（次 期 繰 越）（ 1,440,000） |
| （ 1,840,000） | （ 1,840,000） |

備品減価償却累計額

| | | | | | |
|---|---|---|---|---|---|
| （X7/12/31）（諸　　　口）（ 200,000） | （X7/ 4/ 1）（前 期 繰 越）（ 900,000） |
| （X8/ 3/31）（次 期 繰 越）（ 889,999） | （X8/ 3/31）（減 価 償 却 費）（ 189,999） |
| （　　　　）（　　　　　） | （　　　　）（　　　　　） |
| （ 1,089,999） | （ 1,089,999） |

固定資産売却 （ 益 ）

| | | | | | |
|---|---|---|---|---|---|
| （X8/ 3/31）（損　　　益）（ 25,000） | （X7/12/31）（諸　　　口）（ 25,000） |

# 買掛金元帳

当社の９月中の買掛金に関する取引の勘定記録は以下のとおりである。下記勘定の空欄のうち、（ ① ）～（ ⑥ ）に適切な語句（下記の選択肢ア～キから選択）または適切な金額を記入しなさい。なお、仕入先は大阪商店と京都商店のみとし、各勘定は毎月末に締め切っている。

ア．前月繰越　イ．次月繰越　ウ．当座預金　エ．普通預金
オ．仕入　カ．買掛金　キ．電子記録債務

## 総 勘 定 元 帳
### 買 掛 金

| | | | | | | | |
|---|---|---|---|---|---|---|---|
| 9/9 | （ ① ） | （ ） | 9/1 | 前 月 繰 越 | 630,000 | | |
| 15 | （ ） | 250,000 | 7 | 仕　　入 | （ ） | | |
| 21 | 普 通 預 金 | （ ② ） | 18 | 仕　　入 | （ ） | | |
| 26 | （ ） | （ ） | | | | | |
| 30 | （ ） | 413,000 | | | | | |
| | | 1,288,000 | | | 1,288,000 | | |

## 買 掛 金 元 帳
### 大阪商店

| | | | | | |
|---|---|---|---|---|---|
| 9/9 | 返　　品 | （ ③ ） | 9/1 | 前 月 繰 越 | 380,000 |
| 21 | 普通預金払い | 325,000 | 7 | （ ） | 240,000 |
| 30 | （ ） | （ ④ ） | | | |
| | | 620,000 | | | 620,000 |

### 京都商店

| | | | | | |
|---|---|---|---|---|---|
| 9/15 | 小切手の振り出し | （ ） | 9/1 | 前 月 繰 越 | （ ⑥ ） |
| 26 | 電子記録債務払い | （ ） | 18 | 仕　入　れ | 418,000 |
| 30 | （ ⑤ ） | 198,000 | | | |
| | | （ ） | | | （ ） |

　総勘定元帳の買掛金と補助元帳の買掛金元帳の穴埋め問題です。買掛金元帳は、仕入先ごとに買掛金の発生・支払いを記録するものです。総勘定元帳の買掛金の内訳が買掛金元帳の大阪商店と京都商店に書いてあります。この性質を利用して問題を解くことになります。

**ステップ1** 総勘定元帳の買掛金の貸方（右側）と大阪商店、京都商店の貸方（右側）を比較して、空欄を記入します。

❶9月1日…買掛金の前月繰越630,000円の内訳は、大阪商店380,000円、京都商店（ ⑥ ）円です。このことから、京都商店の前月繰越は次のように計算できます。

　　京都商店の前月繰越　630,000 − 380,000 = 250,000

❷9月7日…買掛金の仕入の金額の内訳は、大阪商店240,000円です。京都商店は9月7日に取引をしていません。このことから、買掛金の仕入はすべて大阪商店から仕入れたものなので240,000円とわかります。大阪商店の9月7日の空欄に「仕入れ」と記入します。

❸9月18日…買掛金の仕入の金額の内訳は、京都商店418,000円です。大阪商店は9月18日に取引をしていません。このことから、買掛金の仕入はすべて京都商店から仕入れたものなので418,000円とわかります。

❹合計欄…京都商店の合計欄を記入します。

### 総 勘 定 元 帳
### 買 掛 金

| 日付 | 摘要 | 金額 | 日付 | 摘要 | 金額 | |
|---|---|---|---|---|---|---|
| 9/9 | （ ① ） | （ ） | 9/1 | 前 月 繰 越 | 630,000 | ❶ |
| 15 | （ ） | 250,000 | 7 | 仕 入 | （ 240,000 ） | ❷ |
| 21 | 普 通 預 金 | （ ② ） | 18 | 仕 入 | （ 418,000 ） | ❸ |
| 26 | （ ） | （ ） | | | | |
| 30 | （ ） | 413,000 | | | | |
| | | 1,288,000 | | | 1,288,000 | |

### 買 掛 金 元 帳

#### 大阪商店

| | | | | | | | |
|---|---|---|---|---|---|---|---|
| 9/9 | 返　品 | （　③　） | | 9/1 | 前 月 繰 越 | 380,000 | ❶ |
| 21 | 普通預金払い | 325,000 | | 7 | （仕 入 れ） | 240,000 | ❷ |
| 30 | （　　） | （　④　） | | | | | |
| | | 620,000 | | | | 620,000 | |

#### 京都商店

| | | | | | | | |
|---|---|---|---|---|---|---|---|
| 9/15 | 小切手の振り出し | （　　） | | 9/1 | 前 月 繰 越 | （⑥250,000） | ❶ |
| 26 | 電子記録債務払い | （　　） | | 18 | 仕 入 れ | 418,000 | ❸ |
| 30 | （　⑤　） | 198,000 | | | | | |
| | （　　） | | | | （ 668,000 ） | | ❹ |

**ステップ2** 総勘定元帳の買掛金の借方（左側）と大阪商店、京都商店の借方（左側）を比較して、空欄を記入します。

❶9月9日…買掛金の（①）の金額の内訳は、大阪商店の返品（③）円です。京都商店は9月9日に取引をしていません。買掛金の9月9日の空欄に「仕入」と記入します。金額は今の段階ではわからないので、空欄のままにしておき、最後に記入します。

❷9月15日…買掛金の（　　）250,000円の内訳は、京都商店の小切手の振り出しの金額です。大阪商店は9月15日に取引をしていません。買掛金の9月15日の空欄に「当座預金」と記入します。京都商店の小切手の振り出しの金額は250,000円とわかったので、記入します。

❸9月21日…買掛金の普通預金（②）円の内訳は、大阪商店の普通預金払い325,000円です。京都商店では9月21日に取引をしていません。買掛金の9月21日の（②）に325,000と記入します。

❹9月26日…買掛金の（　　）の金額の内訳は、京都商店の電子記録債務払いの金額です。大阪商店は9月26日に取引をしていません。このままではどちらの金額もわからない状況です。ここで、京都商店の勘定を見てみると金額の空欄は9月26日だけです。借方と貸方の差額から9月26日の空欄

147

を計算し、220,000円を記入します。

250,000 + 418,000 − 250,000 − 198,000 = 220,000

買掛金の9月26日の空欄には電子記録債務220,000と記入します。

❺9月30日…月末なので、「次月繰越」と記入します。買掛金の413,000円の内訳は、大阪商店（ ④ ）円、京都商店198,000円です。このことから、大阪商店の次月繰越は次のように計算できます。

大阪商店の次月繰越　413,000 − 198,000 = 215,000

❻合計欄…京都商店の合計欄を記入します。

## 総　勘　定　元　帳
### 買　掛　金

| | | | | | | | | |
|---|---|---|---|---|---|---|---|---|
| ❶ | 9/9 | （ ① 仕　入 ）（ | ） | 9/1 | 前 月 繰 越 | | | 630,000 |
| ❷ | 15 | （ 当 座 預 金 ） | 250,000 | 7 | 仕 | 入 | （ | **240,000** ） |
| ❸ | 21 | 普 通 預 金 （②325,000 ） | | 18 | 仕 | 入 | （ | **418,000** ） |
| ❹ | 26 | （ 電子記録債務 ）（ | 220,000 ） | | | | | |
| ❺ | 30 | （ 次 月 繰 越 ） | 413,000 | | | | | |
| | | | 1,288,000 | | | | | 1,288,000 |

## 買　掛　金　元　帳
### 大阪商店

| | | | | | | | | |
|---|---|---|---|---|---|---|---|---|
| ❶ | 9/9 | 返　　品 （ | ③ ） | 9/1 | 前 月 繰 越 | | | 380,000 |
| ❸ | 21 | 普通預金払い | 325,000 | 7 | （ **仕 入 れ** ） | | | 240,000 |
| ❺ | 30 | （ 次 月 繰 越 ）（④215,000 ） | | | | | | |
| | | | 620,000 | | | | | 620,000 |

### 京都商店

| | | | | | | | |
|---|---|---|---|---|---|---|---|
| ❷ | 9/15 | 小切手の振り出し | （ 250,000 ） | 9/1 | 前 月 繰 越 | （ ⑥**250,000** ） |
| ❹ | 26 | 電子記録債務払い | （ 220,000 ） | 18 | 仕 入 れ | 418,000 |
| ❺ | 30 | （ ⑤次月繰越 ） | 198,000 | | | |
| ❻ | | | （ 668,000 ） | | | （ **668,000** ） |

**ステップ3** 9月9日の返品の金額を計算します。買掛金の借方と貸方の差額で計算します。同様に大阪商店も借方と貸方の差額で計算します。

買掛金…貸方合計1,288,000 − 250,000 − 325,000 − 220,000 − 413,000 = 80,000

大阪商店…貸方合計620,000 − 325,000 − 215,000 = 80,000

1 仕訳
2 取引と訂正問題に慣れよう
3 勘定の記入
4 補助簿
5 伝票会計
6 理論問題
7 試算表と精算表
8 損益計算書と貸借対照表
9 模擬問題

### 総 勘 定 元 帳
#### 買 掛 金

| | | | | | | |
|---|---|---|---|---|---|---|
| 9/9 | （ ① **仕 入** ）（ | 80,000 ） | 9/1 | 前 月 繰 越 | | 630,000 |
| 15 | （ **当 座 預 金** ） | 250,000 | 7 | 仕 入 （ | | **240,000** ） |
| 21 | 普 通 預 金 （ | ②**325,000** ） | 18 | 仕 入 （ | | **418,000** ） |
| 26 | （ **電子記録債務** ）（ | **220,000** ） | | | | |
| 30 | （ **次 月 繰 越** ） | 413,000 | | | | |
| | | 1,288,000 | | | | 1,288,000 |

### 買 掛 金 元 帳
#### 大阪商店

| | | | | | | |
|---|---|---|---|---|---|---|
| 9/9 | 返 品 （ | ③80,000 ） | 9/1 | 前 月 繰 越 | | 380,000 |
| 21 | 普通預金払い | 325,000 | 7 | （ **仕 入 れ** ） | | 240,000 |
| 30 | （ **次 月 繰 越** ）（ | ④**215,000** ） | | | | |
| | | 620,000 | | | | 620,000 |

## 解答 06

| ① | ② | ③ |
|:---:|:---:|:---:|
| オ | 325,000 | 80,000 |
| ④ | ⑤ | ⑥ |
| 215,000 | イ | 250,000 |

## 試験問題で得点できない原因と対策

| 原因 | 対策 |
|------|------|
| ①問題文を読み飛ばす | 読み飛ばしがないよう、鉛筆などでなぞりながら正確に1文1文を1回で読む。<br>→読んだ問題は横線を引き、消し込みをする。 |
| ②どこから手を付けてよいのかわからない | 「1文読んで仕訳を書く」を繰り返す。<br>→わからない問題や時間がかかりそうな問題は、印をつけて飛ばし、最後まで解いてから戻る。 |
| ③時間が足りない | 問題文を何度も読まない。読んだ問題は横線で消し込みをして、再度読まないようにする。<br>→手が止まったら負け。仕訳を覚えていないということ。わからない問題は印をつけて飛ばし、手を動かし続ける。 |
| ④仕訳を覚えていない | Chapter1の仕訳問題を何度も解く。仕訳練習本や、スマホアプリ「パブロフ簿記」などで仕訳のトレーニングを行い、自力で仕訳を書けるようにする。 |
| ⑤特定の論点の仕訳パターンを覚えていない | 問題文の条件の違いにより、仕訳がどう変わっているのかを理解する。<br>→テキスト『パブロフ流でみんな合格　日商簿記3級』やスマホアプリ「パブロフ簿記」などを使い、条件の違いと仕訳の対応関係を理解する。 |
| ⑥試算表、精算表の問題になると解けない | 解き方の流れを意識する。まずは仕訳を書き、仕訳を集計して、答案用紙に記入する。<br>→Chapter7～8を何度も解く。 |
| ⑦苦手な分野がある | 間違った問題をメモしたミスノートを作り、ミスの傾向と苦手な分野を把握する。<br>→本書で苦手な分野の問題を何度も解く。 |

# 第1問・第2問対策
# 伝票会計

食わず嫌いの人が多い伝票会計ですが、内容はとても簡単です。
3伝票制と仕訳日計表をしっかりマスターしましょう。

# 伝票会計のまとめ

　伝票会計の問題を解くには、3伝票制と仕訳日計表の特徴を理解しておくことが必要です。

学習のコツ：第1問（45点）、第2問（20点）でたまに出題されます。伝票会計は内容が簡単でパターンも少ないため、短期間の学習で満点を狙えます。

**出題パターン**
・パターン1　伝票を見て仕訳日計表を書く問題
・パターン2　伝票を見て仕訳を書く問題
・パターン3　取引を分解して記帳する方法と、いったん全額を掛け取引とする方法の比較

ポイント
**3伝票制**
　「入金伝票」「出金伝票」「振替伝票」の3種類の伝票を使う伝票会計のことを3伝票制といいます。

| 入金伝票 |
| 売上　1,000 |

入金伝票の仕訳は借方が現金

現金1,000／売上1,000

| 出金伝票 |
| 仕入　2,000 |

出金伝票の仕訳は貸方が現金

仕入2,000／現金2,000

| 振替伝票 |
| 売掛金300／売上300 |

振替伝票の仕訳は、そのまま

売掛金300／売上300

## 仕訳日計表

　1日分の伝票を勘定科目ごとに集計する表のことを仕訳日計表といいます。仕訳日計表の書き方は、次のとおりです。

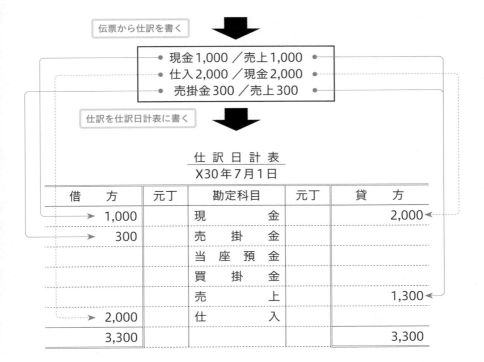

Chapter 5
問題 01
あまり出ない
答案用紙 P12
(A) 解答 P156
目標タイム 5分

# 伝票会計（3伝票制）

次の各取引について、答案用紙の各伝票に起票しなさい。ただし、当社は3伝票制を採用し、仕入取引・売上取引の起票は、いったん全額を掛け取引とする方法ではなく、取引を適切に分解して起票する方法を用いている。また、商品売買の記帳方法は3分法によること。

1．愛知商店から商品￥700,000を仕入れ、代金のうち￥200,000は掛けとし、残額は現金で支払った。

2．岐阜商店に商品￥400,000を売り上げ、代金のうち￥300,000は先に同店から受け取っていた手付金と相殺し、残額は同店振出しの小切手で受け取った。

ふぁー

## 解説 01

**1.**

**ステップ1** まずは仕訳を書きます。「取引を適切に分解して起票する方法」を用いているので、次のような仕訳を書きます。

仕入 200,000 ／ 買掛金 200,000 …A
仕入 500,000 ／ 現金　 500,000 …B

**ステップ2** 現金取引を起票します。Bの仕訳について、500,000は出金しているので出金伝票を使います。

```
        出金伝票
   仕入   500,000
```

**ステップ3** Aの仕訳について、振替伝票を使います。

| 振　替　伝　票 | | | |
|---|---|---|---|
| 借　方　科　目 | 金　　額 | 貸　方　科　目 | 金　　額 |
| 仕　　　　入 | 200,000 | 買　　掛　　金 | 200,000 |

**2.**

**ステップ1** まずは仕訳を書きます。「取引を適切に分解して起票する方法」を用いているので、次のような仕訳を書きます。

前受金 300,000 ／ 売上 300,000 …A
現金　 100,000 ／ 売上 100,000 …B

**ステップ2** 現金取引を起票します。Bの仕訳について、100,000は入金しているので入金伝票を使います。

```
        入金伝票
   売上   100,000
```

**ステップ3** Aの仕訳について、振替伝票を使います。

| 振　替　伝　票 | | | |
|---|---|---|---|
| 借　方　科　目 | 金　　額 | 貸　方　科　目 | 金　　額 |
| 前　　受　　金 | 300,000 | 売　　　　上 | 300,000 |

## 解答 01

1.

| 出 金 伝 票 | |
|---|---|
| 科　　　目 | 金　　額 |
| **仕　　　入** | **500,000** |

| 振 替 伝 票 | | | |
|---|---|---|---|
| 借方科目 | 金　　額 | 貸方科目 | 金　　額 |
| **仕　　　入** | **200,000** | **買　掛　金** | **200,000** |

2.

| 入 金 伝 票 | |
|---|---|
| 科　　　目 | 金　　額 |
| **売　　　上** | **100,000** |

| 振 替 伝 票 | | | |
|---|---|---|---|
| 借方科目 | 金　　額 | 貸方科目 | 金　　額 |
| **前　受　金** | **300,000** | **売　　　上** | **300,000** |

あまり出ない　｜　答案用紙 P12　｜　Ⓐ 解答 P159　｜　⏱ 目標タイム 5分

# 伝票会計（穴埋め）

次の各取引の伝票記入について、空欄①～⑤に当てはまる適切な語句または金額を答えなさい。ただし、当社では3伝票制を採用している。また、全額を掛け取引として起票する方法と取引を分解して起票する方法のどちらを採用しているかについては、取引ごとに異なるため、各伝票の記入から各自判断すること。

(1) 商品を¥400,000で仕入れ、代金のうち¥80,000については現金で支払い、残額は掛けとした。

| （　　　）伝票 | |
| --- | --- |
| 科　目 | 金　額 |
| 仕　入 | （　　　） |

| 振　替　伝　票 | | | |
| --- | --- | --- | --- |
| 借方科目 | 金　額 | 貸方科目 | 金　額 |
| （　①　） | （　　　） | （　　　） | （　②　） |

(2) 商品を¥600,000で売り上げ、代金のうち¥120,000については現金で受け取り、残額は掛けとした。

| （　③　）伝票 | |
| --- | --- |
| 科　目 | 金　額 |
| （　　　） | （　④　） |

| 振　替　伝　票 | | | |
| --- | --- | --- | --- |
| 借方科目 | 金　額 | 貸方科目 | 金　額 |
| （　⑤　） | 600,000 | 売　上 | 600,000 |

**(1)**

**ステップ1** 代金のうち80,000は現金で支払っているので、左側の伝票は「出金」伝票を使っていることがわかります。

**ステップ2** 問題文を読んで、仕訳を書きます。出金伝票に「仕入」と勘定科目が記入されているので、取引を分解して起票する方法を採用していることがわかります。

仕入　400,000 ／ 現金　　 80,000
　　　　　　　　　買掛金　320,000

仕入　 80,000 ／ 現金　　 80,000　→　出金伝票
仕入 320,000 ／ 買掛金 320,000　→　振替伝票

| （出　金）伝　票 | | | 振　替　伝　票 | | | |
|---|---|---|---|---|---|---|
| 科　　目 | 金　　額 | 借方科目 | 金　　額 | 貸方科目 | 金　　額 |
| 仕　　入 | （ 80,000 ） | （ ①仕入 ） | （ 320,000 ） | （ 買掛金 ） | （② 320,000 ） |

**参考** 全額を掛け取引として起票する方法の場合、出金伝票の勘定科目は「買掛金」となります。

仕入　　400,000 ／ 買掛金 400,000　→　振替伝票
買掛金　 80,000 ／ 現金　　 80,000　→　出金伝票

**(2)**

**ステップ1** 代金のうち120,000は現金で受け取っているので、左側の伝票は「入金」伝票を使っていることがわかります。

**ステップ2** 問題文を読んで、仕訳を書きます。振替伝票の貸方に「売上」「600,000」が記入されており、これは取引の全額なので、全額を掛け取引として起票する方法を採用していることがわかります。

現金　　 120,000 ／ 売上　600,000
売掛金　 480,000 ／

売掛金 600,000 ／ 売上　　600,000　→　振替伝票
現金　　120,000 ／ 売掛金 120,000　→　入金伝票

| （③入 金）伝 票 | |
| --- | --- |
| 科 目 | 金 額 |
| （ 売掛金 ） | （④120,000） |

| 振 替 伝 票 | | | |
| --- | --- | --- | --- |
| 借方科目 | 金 額 | 貸方科目 | 金 額 |
| （⑤売掛金 ） | 600,000 | 売 上 | 600,000 |

解答 02

| ① | ② | ③ | ④ | ⑤ |
| --- | --- | --- | --- | --- |
| 仕 入 | 320,000 | 入 金 | 120,000 | 売 掛 金 |

あまり出ない

答案用紙 P12

Ⓐ 解答 P162

⏱ 目標タイム 10分

# 仕訳日計表

株式会社九州商事は、日々の取引を入金伝票、出金伝票および振替伝票に記入し、これを1日分ずつ集計して仕訳日計表を作成している。

下記に示された株式会社九州商事の5月2日の伝票にもとづき、(1) 仕訳日計表を作成しなさい。また、(2) 出金伝票No.202および振替伝票No.301が1つの取引を記録したものだとした場合、この取引で仕入れた商品の金額を求めなさい。

| 入 金 伝 票 | No.101 |
|---|---|
| 売　上 | 30,000 |

| 入 金 伝 票 | No.102 |
|---|---|
| 受取手数料 | 20,000 |

| 出 金 伝 票 | No.201 |
|---|---|
| 仕　入 | 10,000 |

| 出 金 伝 票 | No.202 |
|---|---|
| 仕　入 | 16,000 |

| 振 替 伝 票 | No.301 |
|---|---|
| 仕　入 | 60,000 |
| 買掛金(長崎商店) | 60,000 |

| 振 替 伝 票 | No.302 |
|---|---|
| 売掛金(熊本商店) | 120,000 |
| 売　上 | 120,000 |

## 解説 03

伝票から仕訳日計表を作成する問題です。下書きに仕訳を書き、仕訳日計表に書き写す手順をマスターしましょう。

**ステップ1** 下書きに仕訳を書きます。

| 入金伝票 | No.101 | 現金 30,000 ／ 売上 30,000 |
| | No.102 | 現金 20,000 ／ 受取手数料 20,000 |
| 出金伝票 | No.201 | 仕入 10,000 ／ 現金 10,000 |
| | No.202 | 仕入 16,000 ／ 現金 16,000 |
| 振替伝票 | No.301 | 仕入 60,000 ／ 買掛金 60,000 |
| | No.302 | 売掛金 120,000 ／ 売上 120,000 |

**ステップ2** 下書きの仕訳の金額を仕訳日計表の横に写します（赤字部分）。

### 仕 訳 日 計 表
#### X01年5月2日

| 借 方 | 勘 定 科 目 | 貸 方 |
|---|---|---|
| +30,000 +20,000 | 現　　金 | +10,000 +16,000 |
| +120,000 | 売　掛　金 | |
| | 買　掛　金 | +60,000 |
| | 売　　上 | +30,000 +120,000 |
| | 受 取 手 数 料 | +20,000 |
| +10,000 +16,000 +60,000 | 仕　　入 | |

**ステップ3** メモした金額を合計して、（1）仕訳日計表の借方欄と貸方欄を記入します。

**ステップ4** 出金伝票No.202と振替伝票No.301の仕入を合計し、（2）を記入します。

16,000 + 60,000 = 76,000

（1）

仕 訳 日 計 表
X01年5月2日

| 借　　方 | 勘　定　科　目 | 貸　　方 |
|---:|:---|---:|
| 50,000 | 現　　　　　金 | 26,000 |
| 120,000 | 売　　掛　　金 | |
| | 買　　掛　　金 | 60,000 |
| | 売　　　　　上 | 150,000 |
| | 受　取　手　数　料 | 20,000 |
| 86,000 | 仕　　　　　入 | |
| 256,000 | | 256,000 |

（2）出金伝票No.202および振替伝票No.301で記録された取引において
　　仕入れた商品の金額

　¥（　　　　　　　76,000　）

# 6

## 第2問対策
# 理論問題

勘定科目や仕訳について、
穴埋め文章形式の理論問題が出題されることもあります。
理論問題はサラッと解いておけば十分です。

# 理論問題のまとめ

　日商簿記3級で出題される理論は、計算問題を理解していれば解くことができる問題がほとんどです。したがって、特別に対策しなくても大丈夫ですが、本書で取り扱っている問題については確実に得点できるようにしておきましょう。

学習のコツ：第2問（20点）でたまに出題されます。特に理論対策の学習は必要ありません。試験で見たことがない問題が出題されても部分点を狙いましょう。

**よく出る論点**
財務諸表や試算表の名称・補助簿の記帳方法・主要簿と補助簿の分類

**ポイント**

　選択肢の中から適当な語句を選ぶ問題で、答えがわからない場合は、選択肢の中から「絶対に答えではない語句」を除いて答えを探すことが大切です。

---

**問題** 次の文の（ア）に当てはまる最も適当な語句を語群から選び、答案用紙に記入しなさい。
（語群）

| 固定資産台帳 | 仕　　入　　帳 | 商品有高帳 | 支払手形記入帳 |
|---|---|---|---|

　売上については、売上帳と（　ア　）へ記入する。

**解答** 商品有高帳

**解説** 売上は商品を売る場面で使う勘定科目なので「固定資産台帳」は違います。「仕入帳」と「支払手形記入帳」は商品を買う（仕入れる）場面で使う帳簿なので不適当です。商品を売ると会社内の商品が減少するので「商品有高帳」へ記入します。

---

あまり出ない

答案用紙 P13

解答 P168

目標タイム 10分

# 理論問題①

次の問1と問2に答えなさい。

問1　次の文の（A）から（E）に当てはまる最も適当な語句を［語　群］から選び、記号で答えなさい。

［語　群］
ア．仕訳帳　イ．補助記入帳　ウ．売上　エ．受取手形
オ．主要簿　カ．補助元帳　キ．仕入　ク．支払手形
ケ．建物　コ．売掛金　サ．買掛金　シ．当座預金
ス．振替　セ．修繕費　ソ．現金　タ．総勘定元帳

1．3伝票制を採用している場合、入金伝票と出金伝票のほかに、通常、（A）伝票が利用される。
2．出金伝票には、仕入取引のうち（B）で支払った取引が起票される。
3．得意先元帳とは、得意先ごとの売掛金の増減を記録する（C）である。
4．主要簿は、仕訳帳と（D）のことである。
5．建物の修繕によってその機能が向上し価値が増加した場合、（E）勘定で処理する。

問2　次の文章の（　　　　）に当てはまる最も適当な語句を各文章の下の用
　　語から選び、答えなさい。

1．補助簿に該当するのは（　　　　）である。
　　仕訳帳　試算表　精算表　総勘定元帳　売上帳　小切手帳

2．次の取引の中で、仕訳の対象となる取引は（　　　　）である。
　　建物の賃貸借契約の締結　現金の紛失　当座借越契約を締結
　　商品の受注　商品の発注

3．決算整理後残高試算表の借方と貸方のどちらにも表示される可能性があ
　　る勘定科目は（　　　　）である。
　　前受収益　当座借越　貸倒引当金　未払配当金
　　現金過不足　繰越利益剰余金

4．次の選択肢の中で、英米式決算法の簿記一巡の手続きで最後に行う手続
　　きは（　　　　）である。
　　再振替仕訳　帳簿の締切　総勘定元帳へ転記
　　開始記入　決算振替仕訳

解説 01

　理論の問題です。試験ではあまり出題されませんが、基本的な用語の意味は覚えておきましょう。

問1

**1.** 3伝票制を採用している場合「入金伝票」「出金伝票」「振替伝票」が利用されます。

**2.** 出金伝票には、仕入取引のうち「現金」で支払った取引が起票されます。

**3.** および **4.**
　帳簿は次のように分類されています。

| 帳簿の名前 | | 内容 |
|---|---|---|
| 主要簿 | 仕訳帳 | 毎日の取引の仕訳を書くもの |
| | 総勘定元帳 | 勘定ごとの残高がわかるもの |
| 補助簿 補助記入帳 | 現金出納帳 | 現金の入金・出金を詳細に記録するもの |
| | 当座預金出納帳 | 当座預金の預入・引出を詳細に記録するもの |
| | 小口現金出納帳 | 小口現金の取引を詳細に記録するもの |
| | 仕入帳 | 仕入の取引を詳細に記録するもの |
| | 売上帳 | 売上の取引を詳細に記録するもの |
| | 支払手形記入帳 | 支払手形の明細と支払状況を記録するもの |
| | 受取手形記入帳 | 受取手形の明細と回収状況を記録するもの |
| 補助元帳 | 商品有高帳 | 商品ごとの入庫・出庫を詳細に記録するもの（簿記3級では先入先出法と移動平均法の2つの記録方法がある） |
| | 買掛金元帳（仕入先元帳） | 仕入先ごとに買掛金の発生・支払を記録するもの |
| | 売掛金元帳（得意先元帳） | 得意先ごとに売掛金の発生・回収を記録するもの |
| | 固定資産台帳 | 固定資産ごとの取得・減価償却・売却を記録するもの |

**5.** 建物の修繕は基本的に「修繕費」を使いますが、建物の修繕によって機能が向上し価値が増加した場合「建物」勘定を使います。これを資本的支出といいます。

問2

1. 補助簿に該当するのは「売上帳」です（P.167参照）。

2. 「現金の紛失」は現金の残高が減るため、仕訳の対象となります。契約の締結や商品の受注・発注は、現金やモノの移動がないので、仕訳の対象ではありません。

3. 決算整理後残高試算表の借方と貸方のどちらにも表示される可能性があるのは「繰越利益剰余金」です。繰越利益剰余金は、当期純損失（赤字）が発生した場合、残高がマイナスになることがあります。純資産である繰越利益剰余金は貸方の残高が通常ですが、残高がマイナスになる場合、借方の残高となります。前受収益、当座借越、貸倒引当金、未払配当金は決算整理後残高試算表の貸方の残高として表示されます。また、現金過不足は決算整理仕訳で残高がゼロになるので、決算整理後残高試算表には表示されません。

4. 簿記一巡の手続きは次のとおりです。選択肢の中で最後に行う手続きは「帳簿の締切」です。なお、簿記3級で学習している簿記の記帳方法は英米式決算法です。開始記入とは総勘定元帳の前期繰越を記入すること、帳簿の締切とは総勘定元帳の次期繰越を記入し帳簿を締め切ること、決算振替仕訳とは損益振替仕訳のことをイメージするとわかりやすいです。

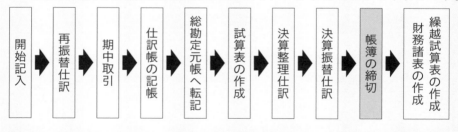

開始記入 ➡ 再振替仕訳 ➡ 期中取引 ➡ 仕訳帳の記帳 ➡ 総勘定元帳へ転記 ➡ 試算表の作成 ➡ 決算整理仕訳 ➡ 決算振替仕訳 ➡ 帳簿の締切 ➡ 財務諸表の作成 ➡ 繰越試算表の作成

## 解答 01

| 問1 | (A) | (B) | (C) | (D) | (E) |
|---|---|---|---|---|---|
| | ス | ソ | カ | タ | ケ |

| 問2 | 1 | 売上帳 | 3 | 繰越利益剰余金 |
|---|---|---|---|---|
| | 2 | 現金の紛失 | 4 | 帳簿の締切 |

あまり出ない

答案用紙 P13

解答 P171

目標タイム 6分

# 理論問題②

次の文の（ア）から（キ）に当てはまる最も適当な語句を［語　群］から選び、番号で答えなさい。

［語　群］

① 支 払 手 数 料　② 手 形 借 入 金　③ 費　　　　用　④ 補　　　助
⑤ 評　　　　価　⑥ 受 取 手 形　⑦ 借　　入　　金　⑧ 繰越利益剰余金
⑨ 支 払 手 形　⑩ 原　　　　価　⑪ 備　　　　品　⑫ 発　　送　　費
⑬ 売　　　　価　⑭ 資　　本　　金　⑮ 損　　　　益　⑯ 手 形 貸 付 金
⑰ 未　払　　金　⑱ 収　　　　益　⑲ 建　　　　物　⑳ 減価償却累計額

1．資金の借り入れのために約束手形を振り出した場合には、（ア）勘定に記入する。

2．商品有高帳の払出欄の単価欄には商品の（イ）が記入される。

3．減価償却の記帳方法として、建物の減価償却額を減価償却費勘定の借方と（ウ）勘定の貸方に記入する方法を間接法という。

4．貸倒引当金は売掛金から差し引く形で貸借対照表に表示する。これは、貸倒引当金勘定が売掛金勘定の（エ）勘定であるからである。

5．取得した備品を利用できるようにするために支払った手数料等や運搬費は（オ）勘定で処理する。

6．株式会社においては、決算振替仕訳により（カ）勘定にて当期純利益または当期純損失を計算し、（キ）勘定へ振り替える。

1 仕訳

2 現金預金と商品の売買

3 勘定の記入

4 補助簿

5 伝票会計

6 理論問題

7 試算表と精算表

8 損益計算書と貸借対照表

9 模擬問題

解説 02

　理論の穴埋め問題です。本問は用語を記入するのではなく、番号で答える必要がある点に注意しましょう。

**1.**「資金の借り入れのために」約束手形を振り出した場合には「⑫手形借入金」勘定を使います。なお「資金の貸し付けのために」約束手形を受け取った場合には「手形貸付金」勘定を使います。

**2.** 商品有高帳は、商品を仕入れた場合に、受入欄に単価・数量・金額を記入します。また、商品を販売した場合に、払出欄に単価・数量・金額を記入します。販売した場合に記入する払出欄の単価欄には、商品の「⑩原価」を記入します。なお、商品有高帳に「売価」は記入しないので、間違えないように注意しましょう。

**3.** 減価償却の仕訳を書くと次のようになります。貸方（右側）には「⑳減価償却累計額」を記入します。

減価償却費　10,000 ／ 減価償却累計額　10,000

**4.** 売掛金と貸倒引当金は、貸借対照表では次のように表示します。

売掛金　　　　　　500,000
　貸倒引当金　　△ 15,000　　　485,000

このように、売掛金からマイナスすることを目的として計上される貸倒引当金のような勘定科目のことを「⑤評価」勘定といいます。
売掛金、受取手形、電子記録債権などの評価勘定：貸倒引当金
建物、備品などの評価勘定：減価償却累計額

**5.** 備品を利用できるようにするために支払った手数料や運搬費、据付費などは「⑪備品」勘定に算入します。土地、建物などについても同じです。

**6.** 損益振替の問題です。損益振替の手順は、まず収益と費用を「⑮損益」勘定に振り替えることで、当期純利益または当期純損失を計算します。次に、損益勘定を「⑧繰越利益剰余金」勘定へ振り替えます。

# 解答 02

| （ア） | （イ） | （ウ） | （エ） | （オ） | （カ） | （キ） |
|------|------|------|------|------|------|------|
| ② | ⑩ | ⑳ | ⑤ | ⑪ | ⑮ | ⑧ |

**参考**

1．資金の借り入れのために約束手形を振り出した場合には、（**②手形借入金**）勘定に記入する。

2．商品有高帳の払出欄の単価欄には商品の（**⑩原価**）が記入される。

3．減価償却の記帳方法として、建物の減価償却額を減価償却費勘定の借方と（**⑳減価償却累計額**）勘定の貸方に記入する方法を間接法という。

4．貸倒引当金は売掛金から差し引く形で貸借対照表に表示する。これは、貸倒引当金勘定が売掛金勘定の（**⑤評価**）勘定であるからである。

5．取得した備品を利用できるようにするために支払った手数料等や運搬費は（**⑪備品**）勘定で処理する。

6．株式会社においては、決算振替仕訳により（**⑮損益**）勘定にて当期純利益または当期純損失を計算し、（**⑧繰越利益剰余金**）勘定へ振り替える。

Chapter 6
問題 **03**

あまり出ない

答案用紙 P13

Ⓐ解答 P178

⏱目標タイム 10分

# 理論問題③

次の問1と問2に答えなさい。

問1　次の文章の（　　）に当てはまる最も適当な語句を各文章の下の用語から選び、記号で答えなさい。

1．当社が代金を支払ったさいに受け取る証ひょうは（　　）である。

　　ア．通帳　イ．当座勘定照合表　ウ．領収書　エ．売上集計表

　　オ．納品書　カ．残高試算表

2．次のものの中で、受け取ったときに現金勘定に記入するものは（　　）である。

　　ア．納品書　イ．普通為替証書　ウ．収入印紙　エ．約束手形

　　オ．郵便切手　カ．振込依頼書

3．決算整理後残高試算表において、借方と貸方のどちらにも表示される可能性がある勘定科目は（　　）である。

　　ア．売上　イ．給料　ウ．資本金　エ．繰越利益剰余金

　　オ．貸倒引当金　カ．減価償却累計額

4．すべての勘定科目の残高を集計する表は（　　）である。

　　ア．貸借対照表　イ．当座勘定照合表　ウ．売上集計表　エ．試算表

5．複式簿記で必ずしも作らなくてよいものは（　　）である。

　　ア．貸借対照表　イ．損益計算書　ウ．仕訳帳　エ．総勘定元帳

　　オ．精算表

6．商品有高帳など、取引の詳細を記録する帳簿を（　　）という。

　　ア．試算表　イ．財務諸表　ウ．主要簿　エ．補助簿　オ．総勘定元帳

7．期末決算でしか行わない手続きは（　　）である。

　　ア．残高試算表の作成　イ．現金過不足の調査　ウ．減価償却費の計上

　　エ．当期純利益の繰越利益剰余金勘定への振り替え

8．決算整理前の繰越商品勘定の残高は（　　　）である。
　　ア．当期の売上高　イ．当期の売上原価　ウ．当期の仕入高
　　エ．期首の商品有高　オ．期末の商品有高

問2　次のア～カのうち、常に成り立たない式を選びなさい。
　ア　収益－費用＝利益
　イ　決算整理後の貸倒引当金－決算整理前の貸倒引当金＝貸倒引当金繰入
　ウ　資産－負債＝純資産
　エ　期末純資産－期首純資産＝利益
　オ　残高試算表の借方合計－残高試算表の貸方合計＝利益
　カ　期首の商品有高＋当期の仕入高－期末の商品有高＝売上原価

問1

**1.** 当社が代金を支払ったさいに受け取る証ひょうは【ウ．領収書】です。私たちの生活で商品を購入し、代金を支払ったさいにレシートや領収書を受け取ることと重ね合わせて考えるとわかりやすいです。

通帳は、普通預金などの入出金明細が書かれた証ひょうです。

当座勘定照合表は、当座預金の入出金明細が書かれた証ひょうです。当座預金は基本的に通帳がないため銀行から毎月、当座勘定照合表が送られてきます。

売上集計表は、当社が売上の金額を集計するために作成する証ひょうです。

納品書は、当社が取引先の会社から商品を受け取ったさいにもらう証ひょうです。

残高試算表は証ひょうではなく、各勘定科目の残高を集計する表です。

**2.** 受け取ったときに現金勘定に記入するものは【イ．普通為替証書】です。A会社（お金を送る人）がゆうちょ銀行や郵便局で普通為替証書を買い、B会社（お金を受け取る人）へ送ると、B会社は受け取った普通為替証書をゆうちょ銀行などへ持って行くとすぐに現金に換金できます。そのためB会社では普通為替証書を受け取ったときに現金を受け取ったものとして仕訳し、現金勘定へ記入します。

納品書は、当社が取引先の会社から商品を受け取ったさいにもらう証ひょうです。商品と一緒に受け取った場合、仕入勘定に記入することはありますが、現金勘定には記入しません。

収入印紙は印紙税を支払うために買う紙です。受け取ったときには租税公課または貯蔵品として勘定へ記入します。

約束手形は受け取った場合には受取手形、振り出した場合には支払手形として勘定へ記入します。

郵便切手は受け取ったときに通信費または貯蔵品として勘定へ記入します。

振込依頼書は当社が取引先の会社から代金の振り込みを依頼されるさいに受け取る書類です。たとえば家賃を支払ってください、という内容の振込依頼書を受け取ったさいには支払家賃の仕訳をします。

**3.** 仕訳ではどの勘定科目も借方と貸方どちらにも書かれる可能性はありますが、決算整理後残高試算表は各勘定科目の残高を表すので、借方と貸方のどちらにも表示される可能性がある勘定科目は、選択肢の中では【エ．繰越利益剰余金】しかありません。繰越利益剰余金は純資産の勘定科目なので基本的には残高は貸方（右）にあります。ただし、繰越利益剰余金は損益振替によって計上された、会社設立から当期末までの当期純利益の合計を表す勘定科目なので、毎期、当期純利益が出ていれば残高は貸方（右）になりますが、当期純損失が続くと残高が借方（左）になることもあります。

**例1**　毎期、当期純利益が続く場合の損益振替と繰越利益剰余金の残高。
第1期 損益 10,000 ／ 繰越利益剰余金 10,000
第2期 損益 25,000 ／ 繰越利益剰余金 25,000
第3期 損益　8,000 ／ 繰越利益剰余金　8,000
　繰越利益剰余金の処分をしていないと仮定すると、第3期末の繰越利益剰余金の残高は貸方（右）に43,000となる。

**例2**　当期純損失の計上があった場合の損益振替と繰越利益剰余金の残高。
第1期 損益 10,000 ／ 繰越利益剰余金 10,000
第2期 損益 25,000 ／ 繰越利益剰余金 25,000
第3期 繰越利益剰余金 97,000 ／ 損益 97,000
　繰越利益剰余金の処分をしていないと仮定すると、第3期末の繰越利益剰余金の残高は借方（左）に62,000となる。

　売上は収益の勘定科目なので、決算整理後残高試算表では必ず貸方（右）に表示されます。給料は費用の勘定科目なので、決算整理後残高試算表では必ず借方（左）に表示されます。資本金は純資産の勘定科目なので、決算整理後残高試算表では必ず貸方（右）に表示されます。
　貸倒引当金は資産の評価勘定なので、決算整理後残高試算表では必ず貸方（右）に表示されます。ただし、貸借対照表では売掛金や受取手形に関連させるので借方（左）に表示されることに注意が必要です。貸借対照表では借方（左）の資産の部に次のように表示されます。
　　売掛金　　　　 160,000
　　貸倒引当金　△3,000　157,000
減価償却累計額は資産の評価勘定なので、決算整理後残高試算表では必

ず貸方（右）に表示されます。ただし、貸借対照表では固定資産に関連させるので借方（左）に表示されることに注意が必要です。貸借対照表では借方（左）の資産の部に次のように表示されます。

　備品　　　　　　　370,000
　減価償却累計額　△5,000　365,000

**4.** すべての勘定科目の残高を集計する表は【エ．試算表】です。試算表は、残高試算表・決算整理後残高試算表・合計試算表・合計残高試算表の総称です。これらどの試算表でも、すべての勘定科目の残高を集計します。貸借対照表は、資産・負債・純資産の勘定科目の残高を表示するので「すべての勘定科目」ではありません。

当座勘定照合表は、当座預金の入出金明細が書かれた証ひょうです。当座預金についてのみ書かれています。

売上集計表は、当社が売上の金額を集計するために作成する書類です。売上についてのみ書かれています。

**5.** 選択肢の中で、複式簿記で必ずしも作らなくてよいものは【オ．精算表】です。複式簿記で必ず作るか、必ずしも作らなくてよいかは次のような考え方をすると理解しやすいです。

・主要簿と補助簿
主要簿がなければ取引を記帳できないので必ず作らなければならない帳簿です。仕訳帳と総勘定元帳が主要簿です。一方、現金出納帳や仕入帳などの補助簿は、現金や仕入の詳細を把握するのに便利ですが、仕訳帳や総勘定元帳に一度書いた内容を詳しく書いているだけなので必ずしも作らなくてよいです。

・財務諸表
3級で学習する財務諸表は、貸借対照表と損益計算書です。複式簿記の最終的な目的は主要簿で記録した取引を財務諸表として会社外部へ公表することで、また、財務諸表は法律で作成が義務付けられていることもあり、必ず作成しなければいけません。

精算表は財務諸表を作るために便利なので作成する会社が多いですが、簿記の問題でもあるように、試算表から直接、貸借対照表や損益計算書

を作成することもあるので、精算表は必ずしも作らなくてよいものです。

**6.** 商品有高帳など、取引の詳細を記録する帳簿は【エ．補助簿】です。
取引を記録するために必ず作る帳簿が主要簿、さらに取引の詳細を記録
するために必要に応じて作る帳簿が補助簿です。補助簿は、取引の内容
を詳しく書くための補助記入帳と、勘定科目を取引先別や商品別に把握
するための補助元帳に分かれます。なお、選択肢の総勘定元帳は主要簿
に含まれます。

**7.** 期末決算でしか行わない手続きは【エ．当期純利益の繰越利益剰余金勘
定への振り替え】です。
決算には期末決算と月次決算があります。期末決算では決算整理前残高
試算表の作成、決算整理仕訳、決算整理後残高試算表の作成、精算表の
作成、財務諸表の作成などを行います。期末決算のことを年次決算や、
たんに決算ということもあります。月次決算は1か月の取引やおおまか
な利益の動向を把握するために簡易的に行う決算です。
残高試算表の作成は月次決算でも行います。
現金過不足の調査は決算でなくても行います。毎日行う会社もあります。
減価償却費の計上は月次決算でも行います。
当期純利益の繰越利益剰余金勘定への振り替えは期末決算でしか行いま
せん。

**8.** 決算整理前の繰越商品勘定の残高は【エ．期首の商品有高】を表していま
す。本問は売上原価を計算する次の仕訳を理解していればわかる問題です。
仕入　　　 40,000 ／ 繰越商品 40,000
繰越商品 30,000 ／ 仕入　　　30,000
繰越商品は前期から引き継がれてきた商品の金額を表しています。わか
りやすくいうと、前期に売れ残って倉庫に保管されている商品のことで
す。簿記3級で学習する3分法では、期中にこの商品を売ったときに「繰
越商品」や「商品」を使って仕訳をしません。期中の仕訳では、商品を
買ったときには仕入を使います。
仕入　500 ／ 現金　500
商品を売ったときには売上を使います。

現金　600 ／ 売上　600

普段は意識していませんが、期中に商品を買ったり売ったりしているにもかかわらず「繰越商品」や「商品」の勘定科目は変動させないのです。したがって、前期から引き継がれてきた繰越商品勘定は、当期末の決算整理前の時点では【エ．期首の商品有高】を表しており、決算整理仕訳で次の仕訳をすることで、期首の繰越商品40,000を減らし、当期末にある商品の金額30,000を繰越商品の金額とします。

仕入　　　40,000 ／ 繰越商品 40,000

繰越商品 30,000 ／ 仕入　　　30,000

こうすることで、決算整理後の繰越商品勘定の残高は期末の商品有高となります。


問2

　残高試算表には収益と費用だけでなく、資産・負債・純資産の勘定科目もあります。したがって残高試算表の借方合計は資産と費用の合計、残高試算表の貸方合計は負債・純資産・収益の合計となり、差額は利益にはなりません。

　【オ．残高試算表の借方合計 − 残高試算表の貸方合計 ＝ 利益】は常に成り立ちません。

## 解答 03

問1

| 1 | 2 | 3 | 4 | 5 | 6 | 7 | 8 |
|---|---|---|---|---|---|---|---|
| ウ | イ | エ | エ | オ | エ | エ | エ |

問2　　　オ

# 第3問対策
# 試算表と精算表

仕訳を書く能力と仕訳を集計する能力の2つが求められます。
何度も解いてマスターしましょう。

# 試算表と精算表のまとめ

　問題で与えられた情報から仕訳を書き、**試算表**を作成する問題です。試算表にはいろいろな種類がありますが、2021年度から「決算整理後残高試算表」以外の試算表の出題頻度がかなり下がりました。したがって、計算問題は「決算整理後残高試算表」を中心に練習しましょう。

　ただし、試算表は実務でよく使われるだけでなく、引き続き簿記3級の学習範囲に含まれているので、試算表の種類や役割を理解しましょう。また、Chapter6の理論問題でも試算表に関する出題をしています。

学習のコツ：決算整理後残高試算表は、第3問（35点）でよく出題されます。仕訳を書き、集計する作業をスムーズに行うことができるように練習しましょう。

**ポイント 1**

**試算表の種類**

　試算表の種類をまとめると次のようになります。

| 種類 | 内容 | 使う時期 |
|---|---|---|
| 合計試算表 | 借方と貸方、それぞれの合計を書く | 月末 |
| 残高試算表 | 借方合計と貸方合計を合算させて、どちらか一方に残高を書く | 月末 |
| 合計残高試算表 | 合計試算表と残高試算表を合体させた試算表。合計欄と残高欄がある | 月末 |

**ポイント 2**

**決算前後の流れ**

　3月末決算の会社の場合、決算前後の残高試算表の名称は次のようになります。

3月末　　決算整理前残高試算表を作成

↓

決算　　　決算整理仕訳

↓

決算整理後残高試算表を作成

問題文の決算整理事項から決算整理仕訳を行い、**精算表**に記入させる問題です。最初は戸惑うかもしれませんが、簿記の特有の作業なので慣れていくしかありません。決算整理特有の経過勘定（未払費用、前払費用、未収収益、前受収益）が苦手な人が多いですが、状況を整理すれば自然に仕訳を書けるようになります。

学習のコツ：第3問（35点）でよく出題されます。簿記3級試験に合格するためには8～9割を得点できるレベルまで何度も演習が必要です。精算表の書き方は簡単なので学習時間はそれほどかかりません。

ポイント

**決算整理仕訳のパターン**
①決算整理前に判明した事項
・期中の仕訳の訂正（勘定の間違え、金額の誤り）
・期中の仕訳の追加
・現金過不足の原因判明
・仮受金、仮払金の原因判明
②決算整理事項
・繰越商品の振替（仕入の場合と売上原価の場合がある）
・貸倒引当金の繰入れ
・減価償却
・当座預金の貸方から借入金（当座借越）へ振替
・未使用の切手、収入印紙を貯蔵品へ振替
・経過勘定（未払費用、前払費用、未収収益、前受収益）
・消費税の確定
・法人税等の確定

よく出る

答案用紙 P14  A 解答 P188  目標タイム 25分

# 決算整理後残高試算表

当社（会計期間はX7年4月1日からX8年3月31日までの1年間）の（1）決算整理前残高試算表および（2）決算整理事項等にもとづいて、下記の設問に答えなさい。なお、出題の便宜上、解答に影響しない費用は「その他の費用」に合計額を示している。

（1）決算整理前残高試算表

### 決算整理前残高試算表
### X8年3月31日

| 借　　方 | 勘 定 科 目 | 貸　　方 |
|---:|:---:|---:|
| 953,500 | 現　　　　　金 | |
| 2,308,000 | 当 座 預 金 | |
| 9,462,000 | 売 　 掛 　 金 | |
| 3,359,000 | 仮 払 消 費 税 | |
| 5,357,000 | 繰 越 商 品 | |
| 4,500,000 | 備　　　　　品 | |
| | 買 　 掛 　 金 | 4,457,000 |
| | 仮 受 消 費 税 | 5,200,000 |
| | 貸 倒 引 当 金 | 20,000 |
| | 備品減価償却累計額 | 300,000 |
| | 資 　 本 　 金 | 5,000,000 |
| | 繰越利益剰余金 | 4,750,000 |
| | 売　　　　　上 | 64,700,000 |
| | 受 取 手 数 料 | 300,000 |
| 34,375,000 | 仕　　　　　入 | |
| 6,500,000 | 支 払 家 賃 | |
| 487,500 | 租 税 公 課 | |
| 17,425,000 | その他の費用 | |
| 84,727,000 | | 84,727,000 |

(2) 決算整理事項等

1. 現金の手許有高は¥952,000である。なお、帳簿残高との差異の原因は不明であるため、適切に処理する。

2. 売掛金の期末残高に対して3%の貸倒れを見積もる。貸倒引当金の設定は差額補充法による。

3. 期末商品棚卸高は¥5,652,000である。

4. 備品について、定額法（耐用年数9年、残存価額ゼロ）により減価償却を行う。

5. 購入時に費用処理した収入印紙の未使用高が¥20,000あるため、貯蔵品へ振り替える。

6. 消費税の処理（税抜方式）を行う。

7. (1)の支払家賃の残高は13か月分であるため、1か月分を前払い計上する。

8. 未払法人税等¥1,900,000を計上する。

設問

問1　答案用紙の決算整理後残高試算表を完成しなさい。

問2　当期純利益または当期純損失の金額を答えなさい。なお、当期純損失の場合は金額の頭に△を付すこと。

　決算整理前残高試算表と決算整理仕訳から決算整理後残高試算表を作成する基本問題です。試験では第3問で出題されます。次の流れを意識して問題を解きましょう。

　決算整理前残高試算表→決算整理仕訳→決算整理後残高試算表

**ステップ1** 問1について、（2）決算整理事項等を見て、下書きに仕訳を書きます。決算整理事項等には、期中に未処理だった仕訳、訂正仕訳、決算整理仕訳が含まれます。

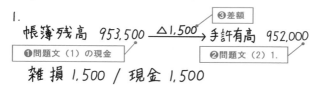

1.

帳簿残高　953,500 ——△1,500→ 手許有高　952,000
- ❶問題文（1）の現金
- ❸差額
- ❷問題文（2）1.

　雑損 1,500 / 現金 1,500

2. 売掛金 9,462,000×3％＝283,860 ← ❷書き写す

　貸倒引当金 20,000 —+263,860→ 283,860
- ❸差額
- ❶問題文（1）の貸倒引当金

　貸倒引当金繰入 263,860 / 貸倒引当金 263,860

3. 仕入 5,357,000/繰越商品 5,357,000 ← 問題文（1）の繰越商品
　繰越商品 5,652,000/仕入 5,652,000 ← 期末商品棚卸高

4. 減価償却費 4,500,000÷9年＝500,000
　減価償却費 500,000/備品減価償却累計額 500,000

5. 貯蔵品 20,000 / 租税公課 20,000

**1.** 決算で現金実査を行う場合には、現金過不足は計上されず、決算で「帳簿上の現金残高」と「手許現金の金額」の差を雑損または雑益にする仕訳を書くことになります。本問では、現金の帳簿残高が953,500だったが、実際には952,000しかなかったので、現金を1,500減らし、雑損を計上します。または、次のように考えてもよいでしょう。

現金過不足 1,500 ／ 現金 1,500
雑損 1,500 ／ 現金過不足 1,500
　　　　↓　2つの仕訳を合算すると現金過不足が相殺される
雑損 1,500 ／ 現金 1,500

**2〜4.** 基本的な決算整理仕訳です。

**5.** 収入印紙を購入時に費用処理したとき、次のような仕訳をしていました。
租税公課　487,500 ／ 現金など　487,500
このうち、未使用の収入印紙が¥20,000あるので、20,000を貯蔵品へ
振り替えます。租税公課（費用）が減り、貯蔵品（資産）が増えます。

6. 仮受消費税 5,200,000 ｜ 仮払消費税 3,359,000
　　　　　　　　　　　　｜ 未払消費税 1,841,000

7. 6,500,000÷13か月＝500,000（1か月分）
　　前払家賃 500,000 ／ 支払家賃 500,000

8. 法人税等 1,900,000 ／ 未払法人税等 1,900,000

**6.** 消費税の決算整理仕訳です。

**7.** 「支払家賃の残高6,500,000は13か月分で、1か月分を前払い計上する」
という指示のとおりに仕訳を書きます。1か月分は前払い、つまり当期
に払いすぎているので、支払家賃を減らします。また、答案用紙の決算
整理後残高試算表に（　）家賃という勘定科目があるので、前払費用で
はなく前払家賃を使うことがわかります。

**8.** 本問では決算整理前残高試算表に仮払法人税等がないので、中間納付は
していないことがわかります。したがって未払法人税等1,900,000が法
人税等の金額になります。

**ステップ2** 答案用紙に、決算整理前残高試算表の金額（黒字）とステップ1決算整理仕訳の金額（赤字）を書き込みます。決算整理前残高試算表や決算整理仕訳で借方（左側）にある金額は借方に、貸方（右側）にある金額は貸方に書くのがポイントです。

決算整理後残高試算表
X8年3月31日

| 借　　方 | 勘 定 科 目 | 貸　　方 |
|---|---|---|
| 953,500 | 現　　　　金 | + 1,500 |
| 2,308,000 | 当 座 預 金 | |
| 9,462,000 | 売 　掛 　金 | |
| 5,357,000<br>+ 5,652,000 | 繰 越 商 品 | + 5,357,000 |
| + 20,000 | 貯 蔵 品 | |
| + 500,000 | （前 払）家 賃 | |
| 4,500,000 | 備　　　　品 | |
| | 買 掛 金 | 4,457,000 |
| | （未 払）消費税 | + 1,841,000 |
| | 未 払 法 人 税 等 | + 1,900,000 |
| | 貸 倒 引 当 金 | 20,000<br>+ 263,860 |
| | 備品減価償却累計額 | 300,000<br>+ 500,000 |
| | 資 　本 　金 | 5,000,000 |
| | 繰越利益剰余金 | 4,750,000 |
| | 売　　　　上 | 64,700,000 |
| | 受 取 手 数 料 | 300,000 |
| 34,375,000<br>+ 5,357,000 | 仕　　　　入 | + 5,652,000 |
| 6,500,000 | 支 払 家 賃 | + 500,000 |
| 487,500 | 租 税 公 課 | + 20,000 |
| + 500,000 | 減 価 償 却 費 | |
| + 263,860 | 貸倒引当金繰入 | |
| + 1,500 | 雑 （　損　） | |
| + 1,900,000 | 法 人 税 等 | |
| 17,425,000 | そ の 他 の 費 用 | |

**ステップ3** ステップ2の金額を集計します。これが決算整理後残高試算表の金額です。次のように計算します。

現金　953,500 − 1,500 = 952,000（借方）

繰越商品　5,357,000 + 5,652,000 − 5,357,000 = 5,652,000（借方）

貯蔵品　20,000（借方）

前払家賃　500,000（借方）

未払消費税　1,841,000（貸方）

未払法人税等　1,900,000（貸方）

貸倒引当金　20,000 + 263,860 = 283,860（貸方）

備品減価償却累計額　300,000 + 500,000 = 800,000（貸方）

繰越利益剰余金　4,750,000（貸方）

仕入　34,375,000 + 5,357,000 − 5,652,000 = 34,080,000（借方）

支払家賃　6,500,000 − 500,000 = 6,000,000（借方）

租税公課　487,500 − 20,000 = 467,500（借方）

減価償却費　500,000（借方）

貸倒引当金繰入　263,860（借方）

雑損　1,500（借方）

法人税等　1,900,000（借方）

**ステップ4** 問2について、収益と費用の勘定科目を集計し、当期純利益または当期純損失を計算します。収益の金額が費用の金額より大きいので、差額は当期純利益となります。

❶収益　売上64,700,000 + 受取手数料300,000 = 65,000,000

❷費用　仕入34,080,000 + 支払家賃6,000,000 + 租税公課467,500 + 減価償却費500,000 + 貸倒引当金繰入263,860 + 雑損1,500 + 法人税等1,900,000 + その他の費用17,425,000 = 60,637,860

❸当期純利益　収益65,000,000 − 費用60,637,860 = 4,362,140

**ワンポイント**

決算整理後残高試算表の問題は、精算表やChapter8損益計算書と貸借対照表と同じ流れで解くことができます。

問1

### 決算整理後残高試算表
#### X8年3月31日

| 借　方 | 勘　定　科　目 | 貸　方 |
|---:|:---|---:|
| **952,000** | 現　　　　　金 | |
| 2,308,000 | 当　座　預　金 | |
| 9,462,000 | 売　　掛　　金 | |
| **5,652,000** | 繰　越　商　品 | |
| **20,000** | 貯　蔵　品 | |
| **500,000** | （**前払**）家賃 | |
| 4,500,000 | 備　　　　　品 | |
| | 買　　掛　　金 | 4,457,000 |
| | （**未払**）消費税 | **1,841,000** |
| | 未払法人税等 | **1,900,000** |
| | 貸　倒　引　当　金 | **283,860** |
| | 備品減価償却累計額 | **800,000** |
| | 資　　本　　金 | 5,000,000 |
| | 繰越利益剰余金 | **4,750,000** |
| | 売　　　　　上 | 64,700,000 |
| | 受　取　手　数　料 | 300,000 |
| **34,080,000** | 仕　　　　　入 | |
| **6,000,000** | 支　払　家　賃 | |
| **467,500** | 租　税　公　課 | |
| **500,000** | 減　価　償　却　費 | |
| **263,860** | 貸倒引当金繰入 | |
| **1,500** | 雑　（**損**） | |
| **1,900,000** | 法　人　税　等 | |
| 17,425,000 | そ　の　他　の　費　用 | |
| **84,031,860** | | **84,031,860** |

**別解** 「雑損」は「雑損失」でもよい。

問2　（　　**4,362,140**　）円

188

よく出る

答案
用紙
P15

Ⓐ 解答
P196

⏱ 目標
タイム
25分

# 精算表①

次の［決算整理事項その他］にもとづいて、答案用紙の精算表を完成しなさい。会計期間は1年、決算日は3月31日である。

［決算整理事項その他］

1. 現金過不足のうち¥600は、広告料の記帳漏れによるものであることが判明した。しかし、残額については原因が不明であるので、適切に処理することにした。

2. 仮受金¥30,000は、得意先より売掛金の代金が当座預金の口座に振り込まれていた取引を記帳したものであった。

3. 受取手形と売掛金の期末残高に対して3%の貸倒れを見積もる。貸倒引当金の設定は差額補充法により行う。

4. 商品の期末棚卸高は¥24,000である。売上原価は「仕入」の行で計算する。

5. 通信費に含まれている郵便切手の未使用高が¥800あったので適切に処理する。

6. 建物（耐用年数：25年、残存価額：ゼロ）および備品（耐用年数：10年、残存価額：ゼロ）について、それぞれ定額法を用いて減価償却を行う。

7. 支払保険料¥1,800は、当期の12月1日に保険に加入し、向こう1年分（12か月分）の保険料を一括して支払ったものである。支払保険料の前払分を計上する。

8. 支払利息については、当期に計上すべき金額は¥3,600であるので、期中支払額¥2,300との差額を未払い計上する。

1 仕訳

2 現金預金と商品の類

3 勘定の記入

4 補助簿

5 伝票会計

6 理論問題

7 試算表と精算表

8 損益計算書と貸借対照表

9 模擬問題

　精算表の作成問題です。精算表はこの形式の問題が主に出題されます。精算表は第3問でよく出題されるので、必ず解けるようになっておきましょう。

**ステップ1** 下書きに仕訳を書きます。精算表を解くときは下書きの書き方が重要です。

1、広告料 600 ／ 現金過不足 1,500
　　雑　損　900 ／

答案用紙の残高試算表「現金過不足」

2、仮受金 30,000 ／ 売掛金 30,000

3、受取手形 97,000 × 3% = 2,910
　　売掛金 (205,000△30,000) × 3% = 5,250 ｝8,160

2.の修正を反映させる

差額

2,600 ——+5,560—→ 8,160 ←

答案用紙の残高試算表「貸倒引当金」

貸倒引当金繰入 5,560 ／ 貸倒引当金 5,560

4、仕入 21,000 ／ 繰越商品 21,000

答案用紙の残高試算表「繰越商品」

　　繰越商品 24,000 ／ 仕入 24,000

期末棚卸高

5、貯蔵品 800 / 通信費 800

6、建物 ( 750,000 − 0 ) ÷ 25年 = 30,000

備品 ( 200,000 − 0 ) ÷ 10年 = 20,000

減価償却費 50,000 | 建物 減価償却累計額 30,000
　　　　　　　　　 | 備品 減価償却累計額 20,000

7、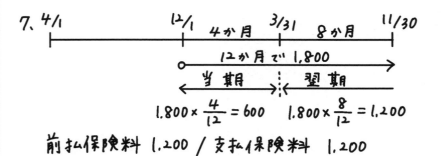

　　前払保険料 1,200 / 支払保険料 1,200

8、

　　2,300 ──── +1,300 ──→ 3,600　　差額

　　支払利息 1,300 / 未払利息 1,300

精算表の「整理記入」欄に下書きの仕訳金額を写します。

精　算　表

| 勘 定 科 目 | 残 高 試 算 表 | | 整 理 記 入 | | 損 益 計 算 書 | | 貸 借 対 照 表 | |
|---|---|---|---|---|---|---|---|---|
| | 借　方 | 貸　方 | 借　方 | 貸　方 | 借　方 | 貸　方 | 借　方 | 貸　方 |
| 現　　　　　金 | 108,540 | | | | | | | |
| 現 金 過 不 足 | 1,500 | | | 1,500 | | | | |
| 当 座 預 金 | 374,680 | | | | | | | |
| 受 取 手 形 | 97,000 | | | | | | | |
| 売 　掛　 金 | 205,000 | | | 30,000 | | | | |
| 繰 越 商 品 | 21,000 | | 24,000 | 21,000 | | | | |
| 建　　　　　物 | 750,000 | | | | | | | |
| 備　　　　　品 | 200,000 | | | | | | | |
| 支 払 手 形 | | 75,000 | | | | | | |
| 買 　掛　 金 | | 158,000 | | | | | | |
| 借 　入　 金 | | 275,000 | | | | | | |
| 仮 　受　 金 | | 30,000 | 30,000 | | | | | |
| 貸 倒 引 当 金 | | 2,600 | | 5,560 | | | | |
| 建物減価償却累計額 | | 90,000 | | 30,000 | | | | |
| 備品減価償却累計額 | | 40,000 | | 20,000 | | | | |
| 資 　本　 金 | | 800,000 | | | | | | |
| 繰越利益剰余金 | | 180,200 | | | | | | |
| 売　　　　　上 | | 784,000 | | | | | | |
| 受 取 手 数 料 | | 5,200 | | | | | | |
| 仕　　　　　入 | 578,800 | | 21,000 | 24,000 | | | | |
| 給　　　　　料 | 89,600 | | | | | | | |
| 支 払 保 険 料 | 1,800 | | | 1,200 | | | | |
| 広 　告　 料 | 4,300 | | 600 | | | | | |
| 通 　信　 費 | 5,480 | | | 800 | | | | |
| 支 払 利 息 | 2,300 | | 1,300 | | | | | |
| | 2,440,000 | 2,440,000 | | | | | | |
| 雑 （ 損 ） | | | 900 | | | | | |
| 貸倒引当金(繰入) | | | 5,560 | | | | | |
| （ 貯 蔵 品 ） | | | 800 | | | | | |
| 減 価 償 却 費 | | | 50,000 | | | | | |
| （ 前払 ） 保険料 | | | 1,200 | | | | | |
| （ 未払 ） 利 息 | | | | 1,300 | | | | |
| 当 期 純 （ 　 ） | | | | | | | | |
| | | | 135,360 | 135,360 | | | | |

**ステップ3** 精算表の「貸借対照表」欄と「損益計算書」欄を記入します。

精　算　表

| 勘 定 科 目 | 残 高 試 算 表 | | 整 理 記 入 | | 損 益 計 算 書 | | 貸 借 対 照 表 | |
|---|---|---|---|---|---|---|---|---|
| | 借 方 | 貸 方 | 借 方 | 貸 方 | 借 方 | 貸 方 | 借 方 | 貸 方 |
| 現　　　　金 | 108,540 | | | | | | 108,540 | |
| 現 金 過 不 足 | 1,500 | | | 1,500 | | | | |
| 当 座 預 金 | 374,680 | | | | | | 374,680 | |
| 受 取 手 形 | 97,000 | | | | | | 97,000 | |
| 売　　掛　　金 | 205,000 | | | 30,000 | | | 175,000 | |
| 繰 越 商 品 | 21,000 | | 24,000 | 21,000 | | | 24,000 | |
| 建　　　　物 | 750,000 | | | | | | 750,000 | |
| 備　　　　品 | 200,000 | | | | | | 200,000 | |
| 支 払 手 形 | | 75,000 | | | | | | 75,000 |
| 買　　掛　　金 | | 158,000 | | | | | | 158,000 |
| 借　　入　　金 | | 275,000 | | | | | | 275,000 |
| 仮　　受　　金 | | 30,000 | 30,000 | | | | | |
| 貸 倒 引 当 金 | | 2,600 | | 5,560 | | | | 8,160 |
| 建物減価償却累計額 | | 90,000 | | 30,000 | | | | 120,000 |
| 備品減価償却累計額 | | 40,000 | | 20,000 | | | | 60,000 |
| 資　　本　　金 | | 800,000 | | | | | | 800,000 |
| 繰越利益剰余金 | | 180,200 | | | | | | 180,200 |
| 売　　　　上 | | 784,000 | | | | 784,000 | | |
| 受 取 手 数 料 | | 5,200 | | | | 5,200 | | |
| 仕　　　　入 | 578,800 | | 21,000 | 24,000 | 575,800 | | | |
| 給　　　　料 | 89,600 | | | | 89,600 | | | |
| 支 払 保 険 料 | 1,800 | | | 1,200 | 600 | | | |
| 広　　告　　料 | 4,300 | | 600 | | 4,900 | | | |
| 通　　信　　費 | 5,480 | | | 800 | 4,680 | | | |
| 支 払 利 息 | 2,300 | | 1,300 | | 3,600 | | | |
| | 2,440,000 | 2,440,000 | | | | | | |
| 雑 （ 損 ） | | | 900 | | 900 | | | |
| 貸倒引当金(繰入) | | | 5,560 | | 5,560 | | | |
| （ 貯 蔵 品 ） | | | 800 | | | | 800 | |
| 減 価 償 却 費 | | | 50,000 | | 50,000 | | | |
| （ 前払 ） 保険料 | | | 1,200 | | | | 1,200 | |
| （ 未払 ） 利 息 | | | | 1,300 | | | | 1,300 |
| 当 期 純 （ ） | | | | | | | | |
| | | | 135,360 | 135,360 | | | | |

①上から順に「貸借対照表」欄をうめます（現金から繰越利益剰余金まで）。
　記入の仕方は次のとおりです。
　　例：売掛金

売掛金は貸借対照表の勘定科目

精　算　表

| 勘 定 科 目 | 残 高 試 算 表 | | 整 理 記 入 | | 損 益 計 算 書 | | 貸 借 対 照 表 | |
|---|---|---|---|---|---|---|---|---|
| | 借　方 | 貸　方 | 借　方 | 貸　方 | 借　方 | 貸　方 | 借　方 | 貸　方 |
| 売　掛　金 | 205,000 | | | 30,000 | | | 175,000 | |

205,000 − 30,000 = 175,000（借方）

②上から順に「損益計算書」欄をうめます（売上から支払利息まで）。
　記入の仕方は次のとおりです。
　　例：仕入

仕入は損益計算書の勘定科目

精　算　表

| 勘 定 科 目 | 残 高 試 算 表 | | 整 理 記 入 | | 損 益 計 算 書 | | 貸 借 対 照 表 | |
|---|---|---|---|---|---|---|---|---|
| | 借　方 | 貸　方 | 借　方 | 貸　方 | 借　方 | 貸　方 | 借　方 | 貸　方 |
| 仕　　　　入 | 578,800 | | 21,000 | 24,000 | 575,800 | | | |

578,800 + 21,000 − 24,000 = 575,800（借方）

③「勘定科目」欄の雑（　　）から（　　）利息までのカッコの中をうめ、上から順に「貸借対照表」「損益計算書」欄をうめます。
④当期純利益を「損益計算書」欄に記入し、次に「貸借対照表」欄に記入します。

### 精 算 表

| 勘 定 科 目 | 残高試算表 借方 | 残高試算表 貸方 | 整理記入 借方 | 整理記入 貸方 | 損益計算書 借方 | 損益計算書 貸方 | 貸借対照表 借方 | 貸借対照表 貸方 |
|---|---|---|---|---|---|---|---|---|
| 現　　　　金 | 108,540 | | | | | | 108,540 | |
| 現 金 過 不 足 | 1,500 | | | 1,500 | | | | |
| 当 座 預 金 | 374,680 | | | | | | 374,680 | |
| 受 取 手 形 | 97,000 | | | | | | 97,000 | |
| 売 　掛 　金 | 205,000 | | | 30,000 | | | 175,000 | |
| 繰 越 商 品 | 21,000 | | 24,000 | 21,000 | | | 24,000 | |
| 建　　　　物 | 750,000 | | | | | | 750,000 | |
| 備　　　　品 | 200,000 | | | | | | 200,000 | |
| 支 払 手 形 | | 75,000 | | | | | | 75,000 |
| 買 　掛 　金 | | 158,000 | | | | | | 158,000 |
| 借 　入 　金 | | 275,000 | | | | | | 275,000 |
| 仮 　受 　金 | | 30,000 | 30,000 | | | | | |
| 貸 倒 引 当 金 | | 2,600 | | 5,560 | | | | 8,160 |
| 建物減価償却累計額 | | 90,000 | | 30,000 | | | | 120,000 |
| 備品減価償却累計額 | | 40,000 | | 20,000 | | | | 60,000 |
| 資 　本 　金 | | 800,000 | | | | | | 800,000 |
| 繰越利益剰余金 | | 180,200 | | | ① | | | 180,200 |
| 売 　　　上 | | 784,000 | | | | 784,000 | | |
| 受 取 手 数 料 | | 5,200 | | | ② | 5,200 | | |
| 仕 　　　入 | 578,800 | | 21,000 | 24,000 | 575,800 | | | |
| 給 　　　料 | 89,600 | | | | 89,600 | | | |
| 支 払 保 険 料 | 1,800 | | | 1,200 | 600 | | | |
| 広 　告 　料 | 4,300 | | 600 | | 4,900 | | | |
| 通 　信 　費 | 5,480 | | | 800 | 4,680 | | | |
| 支 払 利 息 | 2,300 | | 1,300 | | 3,600 | | | |
| | 2,440,000 | 2,440,000 | | | | | | |
| 雑 （ 損 ） | | | 900 | | 900 | | | |
| 貸倒引当金(繰入) | | | 5,560 | | 5,560 | | | |
| （ 貯 蔵 品 ） | | | 800 | | | | 800 | |
| 減 価 償 却 費 | | | 50,000 | | 50,000 | | | |
| （前払）保険料 | | | 1,200 | | | | 1,200 | |
| （未払）利息 | | | | 1,300 | ③ | | | 1,300 |
| 当期純（利益） | | | | | 53,560 | | ④ 53,560 | |
| | | | 135,360 | 135,360 | 789,200 | 789,200 | 1,731,220 | 1,731,220 |

収益－費用で計算する。
①789,200 －②735,640 ＝ 53,560
今回はプラスなので、当期純利益とわかり、借方に書く

当期純利益の場合、繰越利益剰余金が増加するので貸方に書く

⑤「貸借対照表」欄の借方合計、貸方合計を計算します。不一致の場合、どこかでミスが起きているということです。

195

精　算　表

| 勘 定 科 目 | 残 高 試 算 表 借 方 | 残 高 試 算 表 貸 方 | 整 理 記 入 借 方 | 整 理 記 入 貸 方 | 損 益 計 算 書 借 方 | 損 益 計 算 書 貸 方 | 貸 借 対 照 表 借 方 | 貸 借 対 照 表 貸 方 |
|---|---|---|---|---|---|---|---|---|
| 現　　　　　金 | 108,540 | | | | | | 108,540 | |
| 現 金 過 不 足 | 1,500 | | | 1,500 | | | | |
| 当 座 預 金 | 374,680 | | | | | | 374,680 | |
| 受 取 手 形 | 97,000 | | | | | | 97,000 | |
| 売 　 掛 　 金 | 205,000 | | | 30,000 | | | 175,000 | |
| 繰 越 商 品 | 21,000 | | 24,000 | 21,000 | | | 24,000 | |
| 建　　　　　物 | 750,000 | | | | | | 750,000 | |
| 備　　　　　品 | 200,000 | | | | | | 200,000 | |
| 支 払 手 形 | | 75,000 | | | | | | 75,000 |
| 買 　 掛 　 金 | | 158,000 | | | | | | 158,000 |
| 借 　 入 　 金 | | 275,000 | | | | | | 275,000 |
| 仮 　 受 　 金 | | 30,000 | 30,000 | | | | | |
| 貸 倒 引 当 金 | | 2,600 | | 5,560 | | | | 8,160 |
| 建物減価償却累計額 | | 90,000 | | 30,000 | | | | 120,000 |
| 備品減価償却累計額 | | 40,000 | | 20,000 | | | | 60,000 |
| 資 　 本 　 金 | | 800,000 | | | | | | 800,000 |
| 繰越利益剰余金 | | 180,200 | | | | | | 180,200 |
| 売 　 　 　 上 | | 784,000 | | | | 784,000 | | |
| 受 取 手 数 料 | | 5,200 | | | | 5,200 | | |
| 仕 　 　 　 入 | 578,800 | | 21,000 | 24,000 | 575,800 | | | |
| 給 　 　 　 料 | 89,600 | | | | 89,600 | | | |
| 支 払 保 険 料 | 1,800 | | | 1,200 | 600 | | | |
| 広 　 告 　 料 | 4,300 | | 600 | | 4,900 | | | |
| 通 　 信 　 費 | 5,480 | | | 800 | 4,680 | | | |
| 支 払 利 息 | 2,300 | | 1,300 | | 3,600 | | | |
| | 2,440,000 | 2,440,000 | | | | | | |
| 雑 　 （ 損 　 ） | | | 900 | | 900 | | | |
| 貸倒引当金(繰入) | | | 5,560 | | 5,560 | | | |
| （ 貯 蔵 品 ） | | | 800 | | | | 800 | |
| 減 価 償 却 費 | | | 50,000 | | 50,000 | | | |
| （前払） 保険料 | | | 1,200 | | | | 1,200 | |
| （未払） 利　息 | | | | 1,300 | | | | 1,300 |
| 当 期 純 （ 利 益 ） | | | | | 53,560 | | | 53,560 |
| | | | 135,360 | 135,360 | 789,200 | 789,200 | 1,731,220 | 1,731,220 |

**別解**　「雑損」は「雑損失」でもよい。

よく出る

答案
用紙
P16

(A) 解答
P204

目標
タイム
26分

# 精算表②

次に示した、（1）決算日までに判明した未記帳事項、および（2）期末整理事項にもとづいて、答案用紙の精算表を完成しなさい。なお、会計期間は20X8年4月1日から20X9年3月31日までの1年間である。

（1）決算日までに判明した未記帳事項

1. 仮払金は、当期に備品を発注したさいに購入代金の一部を頭金として支払ったものである。なお、この備品¥210,000は20X9年3月1日に引き渡しを受け、すでに使用を始めているが、代金の残額を20X9年4月末に支払うこととなっているため、未記帳となっている。

2. 受取手形の期日到来による回収額¥120,000が当座預金口座へ振り込まれたと銀行より通知があったことが判明した。

（2）期末整理事項

1. 受取手形および売掛金の期末残高に対して2%の貸倒れを見積もる。引当金の設定は差額補充法による。

2. 期末商品の棚卸高は¥65,000である。売上原価は「仕入」の行で計算すること。

3. 建物および備品については定額法により減価償却を行う。

    建物　耐用年数：20年、残存価額：ゼロ

    備品　耐用年数：5年、残存価額：ゼロ

    なお、20X9年3月1日から使用している備品（（1）1参照）についても、従来の備品と同様に減価償却を行うが、月割計算による。

4. 貸付金は、20X8年5月1日に貸付期間1年、年利率5%の条件で貸し付けたもので、利息は元金とともに返済時に受け取ることになっている。

197

5．保険料は、全額建物に対する火災保険料で、毎年同額を12月1日に12か月分として支払っている。前払分を計上する。

6．購入時に費用に計上していた郵便はがきの未使用分が¥6,000あったので、適切な勘定へ振り替える。

7．受取家賃は、所有する建物の一部の賃貸によるもので、毎回同額を7月1日と1月1日に向こう半年分として受け取っている。前受分を計上する。

## 解説 03

　精算表の作成問題です。間違いやすい部分は当座預金、備品の減価償却、前払保険料、前受家賃です。しっかり復習しておきましょう。

**ステップ1** 下書きに仕訳を書きます。

(1) 1.　備品 210,000 ／ 仮払金 50,000
　　　　　　　　　　　未払金 160,000

> 減価償却を忘れないように

　　2.　当座預金 120,000 ／ 受取手形 120,000

> (1) 2. の修正を反映させる

(2) 1.　受取手形 (260,000 △ 120,000) × 2% = 2,800　⎫
　　　　売掛金　　225,000 × 2% = 4,500　　　　　⎬ 7,300
　　　　　　　　　　　　　　　　　　　　　　　⎭

　　　　2,000 $\xrightarrow{+5,300}$ 7,300

　　貸倒引当金繰入 5,300 ／ 貸倒引当金 5,300

　　2.　仕入 55,000 ／ 繰越商品 55,000
　　　　繰越商品 65,000 ／ 仕入 65,000

3. 建物 ㊞20年 ㊞0円 定額法

  $(950,000 - 0) \div 20年 = 47,500$

  備品 ㊞5年 ㊞0円 定額法

  旧 $(200,000 - 0) \div 5年 = 40,000$ ⎫
  $\phantom{aaaaaaaaaaaaaaaaaaaaaaaaaaaaa}$ ⎬ 43,500
  新 $(210,000 - 0) \div 5年 \times \dfrac{1か月}{12か月} = 3,500$ ⎭

┌─────────────────────┐
│ (1) 1. で購入した備品 │
└─────────────────────┘

減価償却費 91,000 | 建物減価償却累計額 47,500
$\phantom{aaaaaaaaaaaaaaaaaaaaaaa}$ | 備品減価償却累計額 43,500

4.

4/1   5/1                      3/31        4/30

$12か月で 480,000 \times 5\% = 24,000$
$11か月で 22,000$

$24,000 \times \dfrac{11か月}{12か月} = 22,000$

未収利息 22,000 / 受取利息 22,000

**5.** 毎年同額の前払費用（前払保険料）の問題です。毎年同額の契約ですので、①期首の再振替仕訳、②期中の保険料の支払いの仕訳、③期末の決算整理仕訳の3つの仕訳を当期に行います。本問は精算表の作成ですので、③の仕訳が問われています。解き方のポイントは、決算整理前の保険料は何か月分の金額が計上されているのか、何か月分が前払いか、を下書きの線表で把握することです。なお、ひとつ前に学習したChapter7-02の精算表①の7の問題文には「当期の12月1日に保険に加入し」と書いてありますので、毎期ではなく当期から契約していることがわかり、①期首の再振替仕訳は出てきません。問題文の違いに注意しましょう。

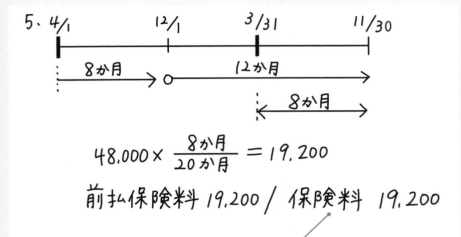

5、
$$48,000 \times \frac{8か月}{20か月} = 19,200$$

前払保険料 19,200 ／ 保険料 19,200

①4/1に再振替仕訳で20X8年4月〜11月分が仕訳済み。
　保険料8か月／前払保険料8か月
②12/1に12か月分を仕訳済み。
　保険料12か月／現金12か月
③精算表の「保険料」は①と②の合計20か月分が¥48,000と計上されている。当期は12か月なので8か月分を決算整理仕訳で前払保険料に振り替える。
　前払保険料8か月／保険料8か月
本問では③の仕訳が問われている。

6、貯蔵品 6,000 ／ 通信費 6,000

**7.** 受取家賃は毎年同額ではなく、半年ごとに同額を受け取っています。下書きに線表を書いて、状況を整理しましょう。

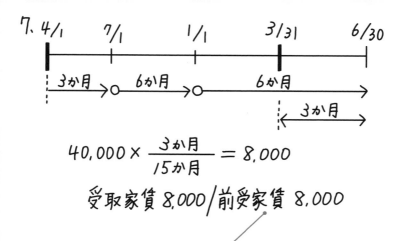

$$40,000 \times \frac{3か月}{15か月} = 8,000$$

受取家賃 8,000／前受家賃 8,000

①4/1に再振替仕訳で20X8年4月〜6月分が仕訳済み。
　前受家賃3か月／受取家賃3か月
②7/1に6か月分を仕訳済み。
　現金6か月／受取家賃6か月
③1/1に6か月分を仕訳済み。
　現金6か月／受取家賃6か月
④精算表の「受取家賃」は①〜③の合計15か月分が￥40,000
と計上されている。当期は12か月なので3か月分を決算整理
仕訳で前受家賃に振り替える。
　受取家賃3か月／前受家賃3か月
本問では④の仕訳が問われている。

**ステップ2** 精算表の「整理記入」欄に下書きの仕訳金額を写します。

**ステップ3** 精算表の「貸借対照表」欄と「損益計算書」欄を記入します。

① 上から順に「貸借対照表」欄をうめます（現金から繰越利益剰余金まで）。

② 上から順に「損益計算書」欄をうめます（売上から保険料まで）。

③ 貸倒引当金繰入から（　　　）家賃までをうめます。

④ 当期純利益を「損益計算書」欄に記入し、次に「貸借対照表」欄に記入します。

　収益合計4,832,500 − 費用合計3,966,600 ＝ 当期純利益865,900

⑤「貸借対照表」欄の借方合計、貸方合計を計算します。不一致の場合、ミスが起きているということです。

精 算 表

| 勘 定 科 目 | 残高試算表 借方 | 残高試算表 貸方 | 整 理 記 入 借方 | 整 理 記 入 貸方 | 損 益 計 算 書 借方 | 損 益 計 算 書 貸方 | 貸 借 対 照 表 借方 | 貸 借 対 照 表 貸方 |
|---|---|---|---|---|---|---|---|---|
| 現　　　　　金 | 472,000 | | | | | | 472,000 | |
| 当 座 預 金 | | 41,000 | 120,000 | | | | 79,000 | |
| 受 取 手 形 | 260,000 | | | 120,000 | | | 140,000 | |
| 売 掛 金 | 225,000 | | | | | | 225,000 | |
| 仮 払 金 | 50,000 | | | 50,000 | | | | |
| 繰 越 商 品 | 55,000 | | 65,000 | 55,000 | | | 65,000 | |
| 貸 付 金 | 480,000 | | | | | | 480,000 | |
| 建　　　　　物 | 950,000 | | | | | | 950,000 | |
| 備　　　　　品 | 200,000 | | 210,000 | | | | 410,000 | |
| 買 掛 金 | | 64,000 | | | | | | 64,000 |
| 未 払 金 | | 10,000 | | 160,000 | | | | 170,000 |
| 貸 倒 引 当 金 | | 2,000 | | 5,300 | | | | 7,300 |
| 建物減価償却累計額 | | 513,000 | | 47,500 | | | | 560,500 |
| 備品減価償却累計額 | | 108,000 | | 43,500 | | | | 151,500 |
| 資 本 金 | | 800,000 | | | | | | 800,000 |
| 繰 越 利 益 剰 余 金 | | 241,000 | | | | | | 241,000 |
| 売　　　　　上 | | 4,776,000 | | | | 4,776,000 | | |
| 受 取 家 賃 | | 40,000 | 8,000 | | | 32,000 | | |
| 受 取 利 息 | | 2,500 | | 22,000 | | 24,500 | | |
| 仕　　　　　入 | 3,371,500 | | 55,000 | 65,000 | 3,361,500 | | | |
| 給　　　　　料 | 440,000 | | | | 440,000 | | | |
| 通 信 費 | 46,000 | | | 6,000 | 40,000 | | | |
| 保 険 料 | 48,000 | | | 19,200 | 28,800 | | | |
| | 6,597,500 | 6,597,500 | | | | | | |
| 貸倒引当金繰入 | | | 5,300 | | 5,300 | | | |
| 減 価 償 却 費 | | | 91,000 | | 91,000 | | | |
| （未 収）利 息 | | | 22,000 | | | | 22,000 | |
| （前 払）保 険 料 | | | 19,200 | | | | 19,200 | |
| 貯 蔵 品 | | | 6,000 | | | | 6,000 | |
| （前 受）家 賃 | | | | 8,000 | | | | 8,000 |
| 当 期 純（利 益） | | | | | 865,900 | | | 865,900 |
| | | | 601,500 | 601,500 | 4,832,500 | 4,832,500 | 2,868,200 | 2,868,200 |

# 第3問対策
# 損益計算書と貸借対照表

試験でよく出題されますが、解き方は精算表と同じです。
勘定科目名や表の形式が精算表と少し違うので、
慣れておきましょう。

# 損益計算書と貸借対照表のまとめ

　問題文の決算整理事項から決算整理仕訳を行い、損益計算書と貸借対照表に記入させる問題です。精算表と同じように解きますが、表の形式と勘定科目名が若干異なります。損益計算書と貸借対照表を作るために簿記を学んでいるので、しっかりと学習するべき内容です。

学習のコツ：第3問（35点）でよく出題されます。答案用紙の形式が若干違うだけなので、Chapter 7を学習した人は学習済みの内容ばかりです。

**ポイント**

仕入ではなく「売上原価」と書く

売上ではなく「売上高」と書く

### 損　益　計　算　書
X30年4月1日〜X31年3月31日　　　　　（単位：円）

| 費　　用 | 金　　額 | 収　　益 | 金　　額 |
|---|---|---|---|
| 売　上　原　価 | 580,000 | 売　　上　　高 | 700,000 |
| 通　　信　　費 | 6,500 |  |  |
| 減　価　償　却　費 | 36,000 |  |  |
| 貸倒引当金繰入 | 500 |  |  |
| 支　払　利　息 | 10,000 |  |  |
| 法　人　税　等 | 20,000 |  |  |
| 当　期　純　利　益 | 47,000 |  |  |
|  | 700,000 |  | 700,000 |

左側なら、当期純利益
右側なら、当期純損失

合計は必ず一致

**100,000 − 2,000 = 98,000**
売掛金　　貸倒引当金

### 貸　借　対　照　表
### X31年3月31日
（単位：円）

| 資　　産 | 金　　額 | | 負債・純資産 | 金　　額 |
|---|---|---|---|---|
| 現　　　　　金 | | 77,500 | 買　　掛　　金 | 80,000 |
| 売　　掛　　金 | 100,000 | | 未払法人税等 | 20,000 |
| 貸倒引当金 | △ 2,000 | 98,000 | 借　　入　　金 | 100,000 |
| 商　　　　　品 | | 80,000 | 資　　本　　金 | 100,000 |
| 貯　　蔵　　品 | | 1,500 | 繰越利益剰余金 | 87,000 |
| 前　払　利　息 | | 2,000 | | |
| 備　　　　　品 | 200,000 | | | |
| 減価償却累計額 | △ 72,000 | 128,000 | | |
| | | 387,000 | | 387,000 |

繰越商品ではなく「商品」と書く

**200,000 − 72,000 = 128,000**
備　品　　減価償却累計額

合計は必ず一致

 貸倒引当金と減価償却累計額の書き方が不思議だね

 貸借対照表の書き方として決まっていることだから、しっかり覚えようね

 はーい

よく出る

答案用紙 P17

A 解答 P216

目標タイム 30分

# 損益計算書と貸借対照表①

次の（1）決算整理前残高試算表、（2）決算までに判明した未処理事項および（3）決算整理事項にもとづいて、答案用紙の（　　）内に適当な語句または金額を記入して、貸借対照表と損益計算書を完成しなさい。なお、当会計期間はX30年4月1日からX31年3月31日までの1年間である。

（1）決算整理前残高試算表

決算整理前残高試算表
X31年3月31日

| 借　　方 | 勘　定　科　目 | 貸　　方 |
|---:|:---:|---:|
| 343,300 | 現　　　　　金 | |
| 637,200 | 当　座　預　金 | |
| 380,000 | 受　取　手　形 | |
| 374,000 | 売　　掛　　金 | |
| 250,000 | 仮 払 法 人 税 等 | |
| 80,000 | 繰　越　商　品 | |
| 2,000,000 | 建　　　　　物 | |
| 1,000,000 | 備　　　　　品 | |
| 4,320,000 | 土　　　　　地 | |
| | 支　払　手　形 | 247,000 |
| | 買　　掛　　金 | 293,000 |
| | 借　　入　　金 | 300,000 |
| | 貸 倒 引 当 金 | 3,000 |
| | 建物減価償却累計額 | 1,080,000 |
| | 備品減価償却累計額 | 412,500 |
| | 資　　本　　金 | 4,000,000 |
| | 繰 越 利 益 剰 余 金 | 1,250,000 |
| | 売　　　　　上 | 9,921,000 |
| | 受　取　家　賃 | 180,000 |
| | 受　取　地　代 | 27,000 |
| 7,135,000 | 仕　　　　　入 | |
| 698,000 | 給　　　　　料 | |
| 191,000 | 水 道 光 熱 費 | |
| 207,000 | 保　　険　　料 | |
| 60,000 | 租　税　公　課 | |
| 8,000 | 支　払　利　息 | |
| 30,000 | 固 定 資 産 売 却 損 | |
| 17,713,500 | | 17,713,500 |

（2）決算までに判明した未処理事項

1．決算直前に掛けで販売した商品の一部￥4,000に品違いがあったため返品を承諾した。

2．当期3月分の地代として紙幣￥19,000が送付されてきたが、この取引が未記帳となっている。

3．備品のうち、X26年4月1日に購入したノートパソコン2台（取得原価：@￥300,000、減価償却方法は他の備品と同じである）が老朽化したため、X31年1月31日に￥217,500で売却し、代金はX31年5月に受け取ることとなっているが、この取引が未記帳である。なお、当期の減価償却費の計算は月割計算による。

（3）決算整理事項

1．期末商品棚卸高は￥62,000である。

2．受取手形および売掛金の期末残高に対して、2%の貸倒引当金を差額補充法により設定する。

3．備品および建物について、以下の要領で定額法により減価償却を行う。
建物　耐用年数：25年、残存価額：ゼロ
備品　耐用年数：8年、残存価額：ゼロ

4．購入時に費用処理した収入印紙の未使用高は￥4,500である。

5．借入金は、X31年1月1日に年利率4%、期間8か月の条件で借り入れたものであり、決算にあたって利息の未払分を計上する。

6．保険料は毎年10月1日に向こう1年分を支払っている。本年度も昨年度と同額を支払っており、前払分を計上する。

7．家賃の未収分が￥18,000ある。

8．法人税等が￥581,000と計算されたので、仮払法人税等との差額を未払法人税等として計上する。

損益計算書と貸借対照表の作成問題です。出題頻度が高く、重要な内容なのでしっかり復習して解けるようになっておきましょう。解き方は精算表の問題と同じですが、表の形式が少しだけ違うので、書き方に慣れる必要があります。

**ステップ1** 下書きに仕訳を書きます。

(2) 1. 売上 4,000 / 売掛金 4,000

2. 現金 19,000 / 受取地代 19,000

3. 備品減価償却累計額

   $(600,000 - 0) \div 8年 \times 4年 = 300,000$

   減価償却費
   $(600,000 - 0) \div 8年 \times \dfrac{10か月}{12か月} = 62,500$

| | |
|---|---|
| 備品減価償却累計額 300,000 | 備品 600,000 |
| 減価償却費 62,500 | |
| 未収入金 217,500 | |
| 固定資産売却損 20,000 | |

[(2)3. 備品の期中売却の仕訳]

①備品@￥300,000×2台を売却したので、備品が600,000→0となります。

/ 備品　600,000

②備品の備品減価償却累計額と減価償却費を計算します。(3)3.に減価償却の要領が書いてあります。

備品減価償却累計額　X26年4月1日〜X30年3月31日の4年分

（600,000 − 0）÷ 8年 × 4年 = 300,000

減価償却費　X30年4月1日〜X31年1月31日の10か月分

（600,000 − 0）÷ 8年 × 10か月 ÷ 12か月 = 62,500

③売却により備品減価償却累計額300,000→0となります。

備品減価償却累計額　300,000 / 備品　600,000

④当期の減価償却費62,500を費用とします。

備品減価償却累計額　300,000 / 備品　600,000
減価償却費　　　　　　62,500 /

⑤売却額を「X31年5月に受け取る」ので「未収入金」と書きます。

備品減価償却累計額　300,000 / 備品　600,000
減価償却費　　　　　　62,500 /
未収入金　　　　　　 217,500 /

⑥差額が借方（費用）なので「固定資産売却損」と書きます。

600,000 − 300,000 − 62,500 − 217,500 = 20,000

備品減価償却累計額　300,000 / 備品　600,000
減価償却費　　　　　　62,500 /
未収入金　　　　　　 217,500 /
固定資産売却損　　　　20,000 /

《▶ ワンポイント》

備品を期中に売却していますが、期首から売却までの10か月間は備品を使っているので、10か月分の減価償却費62,500が発生します。

最終的に損益計算書には次の3つを合計した減価償却費192,500が計上されます。

・売却した備品の減価償却費62,500
・売却していない備品の減価償却費50,000（P.212）
・建物の減価償却費80,000（P.212）

(3) 1. 仕入 80,000 / 繰越商品 80,000 ← 残高試算表「繰越商品」80,000より

繰越商品 62,000 / 仕入 62,000 ← 仕入勘定で求めた売上原価は、損益計算書では「売上原価」として表示する

2. 受取手形　380,000 × 2% = 7,600
　　売掛金 (374,000 △4,000) × 2% = 7,400 } 15,000

貸倒引当金 3,000 ──+12,000──→ 15,000 ← 損益計算書「貸倒引当金繰入」／貸借対照表「貸倒引当金」

貸倒引当金繰入 12,000 / 貸倒引当金 12,000

3. 建物 (2,000,000 − 0) ÷ 25年 = 80,000
　　備品 (2) 3.で売却した備品は除く

　　残高試算表の備品 1,000,000 { 売却済 600,000
　　　　　　　　　　　　　　　　残り 400,000

(400,000 − 0) ÷ 8年 = 50,000

減価償却費 130,000 / 建物減価償却累計額 80,000
　　　　　　　　　　　　備品減価償却累計額 50,000

4. 貯蔵品 4,500 / 租税公課 4,500

5、利息の未払分　$300,000 \times 4\% \times \dfrac{3か月}{12か月} = 3,000$

支払利息　3,000 / 未払費用　3,000

> 答案用紙に「未払利息」ではなく「未払費用」があるので「未払費用」を使う

6、

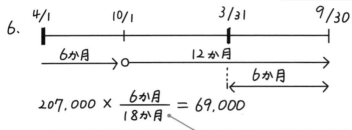

$207,000 \times \dfrac{6か月}{18か月} = 69,000$

> 「本年度も昨年度と同額を支払っている」ので期首に再振替仕訳
> 　保険料 69,000 ／ 前払費用 69,000
> をしている（6か月）。また、X30年10月1日に
> 　保険料 138,000 ／ 現金など 138,000
> をしている（12か月分）。したがって（1）残高試算表「保険料」
> 207,000は18か月分計上されているので、18か月で割ることになる

前払費用　69,000 / 保険料　69,000

> 答案用紙に「前払保険料」ではなく「前払費用」があるので「前払費用」を使う

7、未収収益　18,000 / 受取家賃　18,000

> 答案用紙に「未収家賃」ではなく「未収収益」があるので「未収収益」を使う

8、法人税等581,000 / 仮払法人税等　250,000
　　　　　　　　　/ 未払法人税等　331,000

**ステップ2** 残高試算表の金額を貸借対照表と損益計算書の横に写します（黒字部分）。建物2,000,000のように金額がすでに記入されている勘定については、写す必要はありません。

**ステップ3** 下書きの仕訳の金額を貸借対照表と損益計算書の横に写します（赤字部分）。繰越利益剰余金はステップ5で計算するので、飛ばします。

貸 借 対 照 表

X31年3月31日　　　　　　　　（単位：円）

| | | | | | | | | |
|---|---|---|---|---|---|---|---|---|
| 343,300＋19,000 | 現　　金 | | （　　　） | 支 払 手 形 | 247,000 | | |
| 637,200 | 当 座 預 金 | | （　　　） | 買 掛 金 | 293,000 | | |
| 380,000 | 受 取 手 形 | （　　） | | 借 入 金 | 300,000 | | |
| 374,000△4,000 | 売 掛 金 | （　　） | | 未 払 費 用 | （　　　）＋3,000 | | |
| 3,000＋12,000 | （貸倒引当金）△（　　） | | （　　） | 未払法人税等 | （　　　）＋331,000 | | |
| 80,000 △80,000＋62,000 | 商　　品 | | （　　　） | 資 本 金 | 4,000,000 | | |
| ＋4,500 | 貯 蔵 品 | | （　　　） | 繰越利益剰余金 | （　　　）1,250,000 | | |
| ＋217,500 | （未 収 入 金） | | （　　　） | | | | |
| ＋69,000 | 前 払 費 用 | | （　　　） | | | | |
| ＋18,000 | 未 収 収 益 | | （　　　） | | | | |
| | 建　　物 | 2,000,000 | | | | | |
| 1,080,000＋80,000 | （減価償却累計額）△（　　） | | （　　　） | | | | |
| 1,000,000 △600,000 | 備　　品 | （　　） | | | | | |
| 412,500 △300,000＋50,000 | （減価償却累計額）△（　　） | | （　　　） | | | | |
| | 土　　地 | 4,320,000 | | | | | |
| | | （　　　） | | | （　　　） | | |

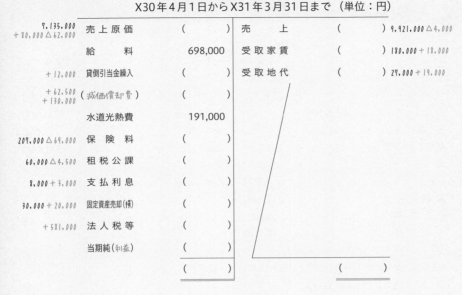

損 益 計 算 書

X30年4月1日からX31年3月31日まで（単位：円）

| | | | | | | |
|---|---|---|---|---|---|---|
| 7,135,000<br>+80,000 △62,000 | 売 上 原 価 | ( ) | 売 上 | ( | ) 9,921,000 △4,000 |
| | 給 料 | 698,000 | 受 取 家 賃 | ( | ) 180,000 +18,000 |
| +12,000 | 貸倒引当金繰入 | ( ) | 受 取 地 代 | ( | ) 27,000 +19,000 |
| +62,500<br>+130,000 | (減価償却費) | ( ) | | | |
| | 水道光熱費 | 191,000 | | | |
| 207,000 △69,000 | 保 険 料 | ( ) | | | |
| 60,000 △4,500 | 租 税 公 課 | ( ) | | | |
| 8,000 +3,000 | 支 払 利 息 | ( ) | | | |
| 30,000 +20,000 | 固定資産売却(損) | ( ) | | | |
| +581,000 | 法 人 税 等 | ( ) | | | |
| | 当期純(利益) | ( ) | | | |
| | | ( ) | | ( ) | |

**ステップ4** 上から順にメモを計算し、カッコの中をうめます。当期純利益は損益計算書の貸借差額で計算します。そして、損益計算書の当期純利益を記入します。

　①収益　9,917,000 + 198,000 + 46,000 = 10,161,000

　②費用　7,153,000 + 698,000 + 12,000 + 192,500 + 191,000
　　　　　+ 138,000 + 55,500 + 11,000 + 50,000 + 581,000
　　　　　= 9,082,000

　③当期純利益　10,161,000 − 9,082,000 = 1,079,000

**ステップ5** 当期純利益の金額を繰越利益剰余金に加算し、貸借対照表の繰越利益剰余金の金額を記入します。

　　　1,250,000 + 1,079,000 = 2,329,000

**ステップ6** 最後に借方合計、貸方合計を計算します。不一致の場合、どこかでミスが起きているということです。

### 貸 借 対 照 表

X31年3月31日　　　　　　　　　　　　（単位：円）

| | | | | | |
|---|---|---|---:|---|---:|
| 現　　　金 | | （ | 362,300 ） | 支 払 手 形 | 247,000 |
| 当 座 預 金 | | （ | 637,200 ） | 買 掛 金 | 293,000 |
| 受 取 手 形 | （ 380,000 ） | | | 借 入 金 | 300,000 |
| 売 掛 金 | （ 370,000 ） | | | 未 払 費 用 | （ 3,000 ） |
| （ 貸倒引当金 ）△（ 15,000 ） | | （ | 735,000 ） | 未払法人税等 | （ 331,000 ） |
| 商　　　品 | | （ | 62,000 ） | 資 本 金 | 4,000,000 |
| 貯 蔵 品 | | （ | 4,500 ） | 繰越利益剰余金 | （ 2,329,000 ） |
| （ 未 収 入 金 ） | | （ | 217,500 ） | | |
| 前 払 費 用 | | （ | 69,000 ） | | |
| 未 収 収 益 | | （ | 18,000 ） | | |
| 建　　　物 | 2,000,000 | | | | |
| （ 減価償却累計額 ）△（ 1,160,000 ） | | （ | 840,000 ） | | |
| 備　　　品 | （ 400,000 ） | | | | |
| （ 減価償却累計額 ）△（ 162,500 ） | | （ | 237,500 ） | | |
| 土　　　地 | 4,320,000 | | | | |
| | | （ | 7,503,000 ） | | （ 7,503,000 ） |

### 損 益 計 算 書

X30年4月1日からX31年3月31日まで　　　　　（単位：円）

| | | | | |
|---|---|---:|---|---:|
| 売 上 原 価 | （ | 7,153,000 ） | 売 上 高 | （ 9,917,000 ） |
| 給 料 | | 698,000 | 受 取 家 賃 | （ 198,000 ） |
| 貸倒引当金繰入 | （ | 12,000 ） | 受 取 地 代 | （ 46,000 ） |
| （ 減価償却費 ） | （ | 192,500 ） | | |
| 水道光熱費 | | 191,000 | | |
| 保 険 料 | （ | 138,000 ） | | |
| 租 税 公 課 | （ | 55,500 ） | | |
| 支 払 利 息 | （ | 11,000 ） | | |
| 固定資産売却（損） | （ | 50,000 ） | | |
| 法 人 税 等 | （ | 581,000 ） | | |
| 当期純（利益） | （ | 1,079,000 ） | | |
| | （ | 10,161,000 ） | | （ 10,161,000 ） |

Chapter 8
問題 **02**

| よく出る | 📄 答案用紙 P18 | Ⓐ 解答 P222 | ⏱ 目標タイム 30分 |

# 損益計算書と貸借対照表②

次の［資料1］と［資料2］にもとづいて、答案用紙の貸借対照表と損益計算書を完成しなさい。なお、会計期間は20X1年4月1日から20X2年3月31日までの1年間である。

[資料1] 決算整理前残高試算表

| 借　方 | 勘 定 科 目 | 貸　方 |
|---:|:---|---:|
| 68,750 | 現　　　　金 | |
| | 当 座 預 金 | 56,500 |
| 163,250 | 普 通 預 金 | |
| 73,000 | 売 　掛　 金 | |
| 50,000 | 電 子 記 録 債 権 | |
| 57,000 | 仮 払 消 費 税 | |
| 11,500 | 仮 払 法 人 税 等 | |
| 35,250 | 繰 越 商 品 | |
| 225,000 | 建　　　　物 | |
| | 買 　掛　 金 | 80,000 |
| | 前 　受　 金 | 6,000 |
| | 仮 受 消 費 税 | 83,000 |
| | 社会保険料預り金 | 3,250 |
| | 貸 倒 引 当 金 | 1,250 |
| | 建物減価償却累計額 | 45,000 |
| | 資 　本　 金 | 225,000 |
| | 繰 越 利 益 剰 余 金 | 62,250 |
| | 売　　　　上 | 830,000 |
| | 受 取 手 数 料 | 20,000 |
| 475,000 | 仕　　　　入 | |
| 120,000 | 給　　　　料 | |
| 73,000 | 広 告 宣 伝 費 | |
| 4,500 | 保 　険　 料 | |
| 21,000 | 水 道 光 熱 費 | |
| 35,000 | 法 定 福 利 費 | |
| 1,412,250 | | 1,412,250 |

217

[資料2] 決算整理事項等

1．前受金￥6,000については手付金であり、注文を受けた商品￥30,000
（本体価格）を売り上げ、消費税10％を含めた残額は掛けとしたが、こ
の取引が未処理であった。

2．現金の実際有高は￥66,000であった。帳簿残高との差額のうち￥
2,500については水道光熱費の記入漏れであることが判明したが、残額
については原因不明なので、雑損または雑益として処理する。

3．当座預金勘定の貸方残高全額を借入金勘定に振り替える。なお、取引銀
行とは当座借越限度額を￥250,000とする当座借越契約を結んでいる。

4．売上債権（売掛金、電子記録債権）の期末残高に対して2％の貸倒引当
金を、差額補充法により設定する。

5．期末商品棚卸高は￥27,250である（上記1．は反映済み）。

6．建物について、残存価額ゼロ、耐用年数30年として定額法で減価償却
を行う。

7．消費税の処理を行う。

8．保険料￥4,500は当期10月1日に向こう1年分を支払ったものであっ
たが、2月下旬に解約し、保険会社から3月1日以降の保険料を月割で
返金する旨の連絡を受けた。返金される保険料について未収入金に振り
替える。

9．手数料の未収分が￥3,000ある。

10．法定福利費の未払分￥3,250を計上する。

11．法人税等が￥28,500と計算されたので、仮払法人税等との差額を未払
法人税等として計上する。

## 解説 02

　損益計算書と貸借対照表の作成問題です。[資料2] 8．は応用的な内容ですがその他は基本的な内容です。決算整理事項等には、期中に未処理だった仕訳、訂正仕訳、決算整理仕訳が含まれます。

**ステップ1** 下書きに仕訳を書きます。

1、前受金 6,000　 ／ 売上　　30,000
　 売掛金 27,000 ／ 仮受消費税 3,000

2、
　帳簿残高 68,750 $\xrightarrow{\triangle 2,750}$ 実際有高 66,000　　［差額］

　水道光熱費 2,500 ／ 現金 2,750
　雑損　　　　250

差額2,750のうち2,500は
水道光熱費の記入漏れ
残り250が雑損

［資料1］決算整理前残高試算表

3、当座預金 56,500 ／ 借入金 56,500

1. で増えた売掛金27,000

4、売掛金 (73,000＋27,000) ×2% = 2,000 ⎫
　 電子記録債権 50,000 × 2% = 1,000 ⎬ 3,000
　　貸倒引当金 1,250 $\xrightarrow{+1,750}$ 3,000　　［差額］

　　貸倒引当金繰入 1,750 ／ 貸倒引当金 1,750

5、仕入 35,250 ／ 繰越商品 35,250
　 繰越商品 27,250 ／ 仕入　27,250

6、建物 (225,000－0) ÷30年 = 7,500
　減価償却費 7,500 ／ 建物減価償却累計額 7,500

決算整理前残高試算表83,000＋1. で増えた仮受消費税3,000

7、仮受消費税 86,000 ／ 仮払消費税 57,000　　［差額］
　　　　　　　　　　 ／ 未払消費税 29,000

219

8、

$$4,500 \times \frac{7か月}{12か月} = 2,625$$

7か月分が返ってくる

未収入金 2,625 / 保険料 2,625

9、 未収収益 3,000 / 受取手数料 3,000

10、 法定福利費 3,250 / 未払費用 3,250

[資料1]決算整理前残高試算表

11、 法人税等 28,500 / 仮払法人税等 11,500
　　　　　　　　　　/ 未払法人税等 17,000

**ステップ2** 残高試算表の金額を貸借対照表と損益計算書の横に写します（黒字部分）。金額がすでに記入されている勘定については、写す必要はありません。

**ステップ3** 下書きの仕訳の金額を貸借対照表と損益計算書の横に写します（赤字部分）。

貸　借　対　照　表
20X2年3月31日　　　　　　　　　　　（単位：円）

| | | | | | | |
|---|---|---|---|---|---|---|
| 68,750 △2,750 | 現　　金 | ( | ) | 買　掛　金 | ( | ) 80,000 |
| 163,250 | 普通預金 | ( | ) | 社会保険料預り金 | ( | ) 3,250 |
| 73,000 + 24,000 | 売　掛　金 | ( | ) | 借　入　金 | ( | ) + 56,500 |
| ※2,000 | (貸倒引当金) △( | ) ( | ) | 未　払　費　用 | ( | ) + 3,250 |
| 50,000 | 電子記録債権 | ( | ) | 未払消費税 | ( | ) + 29,000 |
| ※1,000 | (貸倒引当金) △( | ) | | 未払法人税等 | ( | ) + 17,000 |
| 35,250 △35,250 + 24,250 | 商　　品 | ( | ) | 資　本　金 | 225,000 | |
| + 2,625 | 未 収 入 金 | ( | ) | 繰越利益剰余金 | ( | ) 62,250 |
| + 3,000 | (未収) 収益 | ( | ) | | | |
| 225,000 | 建　　物 | ( | ) | | | |
| 45,000 + 4,500 | 減価償却累計額 | △( | ) ( | ) | | |
| | | ( | ) | | ( | ) |

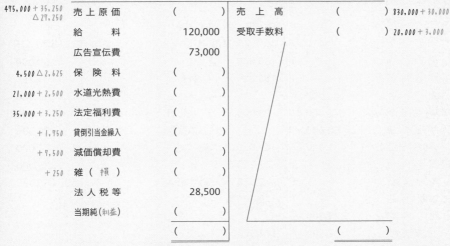

損　益　計　算　書

20X1年4月1日から20X2年3月31日まで（単位：円）

475,000 + 35,250
△ 29,250

| 売 上 原 価 | （ 　 ） | 売 上 高 | （ 　 ） | 830,000 + 30,000 |
| 給 料 | 120,000 | 受取手数料 | （ 　 ） | 20,000 + 3,000 |
| 広告宣伝費 | 73,000 | | | |
| 保 険 料 | （ 　 ） | | | |
| 水道光熱費 | （ 　 ） | | | |
| 法定福利費 | （ 　 ） | | | |
| 貸倒引当金繰入 | （ 　 ） | | | |
| 減価償却費 | （ 　 ） | | | |
| 雑 （ 損 ） | （ 　 ） | | | |
| 法 人 税 等 | 28,500 | | | |
| 当期純（利益） | （ 　 ） | | | |
| | （ 　 ） | | （ 　 ） | |

4,500 △ 2,625　保 険 料
21,000 + 2,500　水道光熱費
35,000 + 3,250　法定福利費
+ 1,750　貸倒引当金繰入
+ 7,500　減価償却費
+ 250　雑 （ 損 ）

※貸倒引当金は残高の2%なので、売掛金100,000 × 2% = 2,000、電子記録債権50,000 × 2% = 1,000が貸倒引当金の金額となります。貸倒引当金の合計2,000 + 1,000 = 3,000は「決算整理前残高試算表の貸倒引当金1,250と決算整理仕訳の貸倒引当金1,750の合計3,000」と一致します。

**ステップ4** 上から順にメモを計算し、カッコの中をうめます。繰越利益剰余金はステップ5で計算するので、飛ばします。当期純利益は次のように計算します。

①収益　860,000 + 23,000 = 883,000

②費用　483,000 + 120,000 + 73,000 + 1,875 + 23,500 + 38,250 + 1,750 + 7,500 + 250 + 28,500 = 777,625

③当期純利益　883,000 − 777,625 = 105,375

**ステップ5** 当期純利益の金額を繰越利益剰余金に加算し、貸借対照表の繰越利益剰余金の金額を記入します。

62,250 + 105,375 = 167,625

**ステップ6** 最後に借方合計、貸方合計を計算します。不一致の場合、どこかでミスが起きているということです。

## 解答 02

### 貸 借 対 照 表
#### 20X2年3月31日　　　　　　　　　　（単位：円）

| | | | | | |
|---|---|---|---|---|---|
| 現　　　金 | | （ 66,000 ） | 買 掛 金 | | （ 80,000 ） |
| 普 通 預 金 | | （ 163,250 ） | 社会保険料預り金 | | （ 3,250 ） |
| 売 掛 金 | （ 100,000 ） | | 借 入 金 | | （ 56,500 ） |
| （貸倒引当金）△（ 2,000 ） | | （ 98,000 ） | 未 払 費 用 | | （ 3,250 ） |
| 電子記録債権 | （ 50,000 ） | | 未払消費税 | | （ 29,000 ） |
| （貸倒引当金）△（ 1,000 ） | | （ 49,000 ） | 未払法人税等 | | （ 17,000 ） |
| 商　　　品 | | （ 27,250 ） | 資 本 金 | | 225,000 |
| 未 収 入 金 | | （ 2,625 ） | 繰越利益剰余金 | | （ 167,625 ） |
| （未収）収 益 | | （ 3,000 ） | | | |
| 建　　　物 | （ 225,000 ） | | | | |
| 減価償却累計額 △（ 52,500 ） | | （ 172,500 ） | | | |
| | | （ 581,625 ） | | | （ 581,625 ） |

### 損 益 計 算 書
#### 20X1年4月1日から20X2年3月31日まで　　　（単位：円）

| | | | |
|---|---|---|---|
| 売 上 原 価 | （ 483,000 ） | 売 上 高 | （ 860,000 ） |
| 給　　　料 | 120,000 | 受取手数料 | （ 23,000 ） |
| 広告宣伝費 | 73,000 | | |
| 保 険 料 | （ 1,875 ） | | |
| 水道光熱費 | （ 23,500 ） | | |
| 法定福利費 | （ 38,250 ） | | |
| 貸倒引当金繰入 | （ 1,750 ） | | |
| 減価償却費 | （ 7,500 ） | | |
| 雑 （損） | （ 250 ） | | |
| 法 人 税 等 | 28,500 | | |
| 当期純（利益） | （ 105,375 ） | | |
| | （ 883,000 ） | | （ 883,000 ） |

222

# 模擬問題

いよいよ、本試験と同じ60分の問題を解きましょう。
時間配分が重要になってきますので、慣れておきましょう。

# 模擬問題 第1回

答案用紙 P19　解答 P229　制限時間 全問60分

**第1問**（45点）

　下記の各取引について仕訳しなさい。ただし、勘定科目は、設問ごとに最も適当と思われるものを選び、答案用紙の（　　）内に記号で解答すること。なお、消費税は指示された問題のみ考慮すること。

1. 先週、掛けで仕入れた商品40個（@¥10,000）のうち、品違いにより本日、4分の1を戻し、代金は掛代金から控除した。
　　ア．仕入　イ．現金　ウ．支払利息　エ．支払手数料
　　オ．売掛金　カ．買掛金　キ．受取利息　ク．受取手数料

2. 今月分の従業員に対する給料¥2,000,000を、所得税の源泉徴収分¥148,000および健康保険・厚生年金・雇用保険の保険料合計¥186,000を控除し、各従業員の指定する銀行口座へ当社の普通預金口座から振り込んで支給した。
　　ア．当座預金　イ．普通預金　ウ．現金　エ．社会保険料預り金
　　オ．支払保険料　カ．法定福利費　キ．給料　ク．所得税預り金

3. 仕入先との商談のため、従業員を北海道まで出張させることとし、旅費の概算額¥80,000を現金で渡した。
　　ア．現金　イ．未払金　ウ．未払費用　エ．未収収益
　　オ．前受金　カ．仮受金　キ．仮払金　ク．未収入金

4. 新店舗を開設する目的で、土地500㎡を1㎡あたり¥25,000で購入した。購入手数料¥300,000は普通預金口座から仲介業者に支払い、土地代金は月末に支払うことにした。
　　ア．当座預金　イ．建物　ウ．土地　エ．未収入金
　　オ．普通預金　カ．受取手数料　キ．支払手数料　ク．未払金

5. 商品¥5,000を仕入れ、代金のうち¥3,000はすでに支払ってある手付金で充当し、残額は掛けとした。
　　ア．売掛金　イ．仕入　ウ．現金　エ．前払金
　　オ．買掛金　カ．支払手数料　キ．未払金　ク．前受金

6．仕入勘定において算定された売上原価￥934,500を損益勘定へ振り替えた。
　　ア．商品　イ．繰越商品　ウ．損益　エ．雑損
　　オ．仕入　カ．売上原価　キ．売上　ク．雑益

7．中間申告を行い、法人税￥500,000、住民税￥140,000および事業税￥250,000を現金で納付した。
　　ア．仮払法人税等　イ．仮受法人税等　ウ．当座預金　エ．雑損
　　オ．未払法人税等　カ．仮受消費税　キ．租税公課　ク．現金

8．秋田株式会社に対する買掛金￥160,000の決済として、同社あての約束手形を振り出した。
　　ア．受取手形　イ．売掛金　ウ．支払手形　エ．買掛金

9．商品￥80,000を売り上げ、消費税￥8,000を含めた合計額のうち、￥38,000は現金で受け取り、残額は共通商品券を受け取った。なお、消費税は税抜方式で記帳する。
　　ア．未払消費税　イ．受取商品券　ウ．受取手形　エ．売上
　　オ．仮払消費税　カ．現金　キ．受取手数料　ク．仮受消費税

10．備品（取得原価￥560,000、残存価額ゼロ、耐用年数5年）を2年間使用してきたが、3年目の期首に￥280,000で売却し、代金は売却先振出しの小切手を受け取った。減価償却費は定額法で計算し、記帳は間接法を用いている。
　　ア．現金　イ．当座預金　ウ．受取手形　エ．備品減価償却累計額
　　オ．固定資産売却損　カ．固定資産売却益　キ．備品　ク．減価償却費

11．普通預金口座に利息￥500が入金された。
　　ア．当座預金　イ．普通預金　ウ．受取利息　エ．支払利息

12．得意先T株式会社に期間9か月、年利率4％で￥300,000を借用証書にて貸し付けていたが、本日満期日のため利息とともに同社振出しの小切手で返済を受けたので、ただちに当座預金口座に預け入れた。
　　ア．現金　イ．当座預金　ウ．貸付金　エ．借入金
　　オ．支払利息　カ．受取利息　キ．受取手数料

13. 前期に発生した電子記録債権￥140,000が貸倒れた。売上債権に対する
    貸倒引当金の残高は￥200,000である。
    ア．電子記録債権　イ．電子記録債務　ウ．売掛金　エ．買掛金
    オ．貸倒引当金繰入　カ．貸倒引当金　キ．貸倒損失

14. 収入印紙￥10,000を購入し、代金は現金で支払った。なお、この収入
    印紙はただちに使用した。
    ア．通信費　イ．租税公課　ウ．消耗品　エ．現金

15. 売掛金￥260,000が取引先振出しの小切手により回収された。
    ア．売掛金　イ．現金　ウ．当座預金　エ．受取手形


**第2問**（20点）

問1　北海道株式会社の当期（X2年4月1日からX3年3月31日までの1年
間）における次の取引にもとづいて、答案用紙の勘定を記入しなさい。


[解答にあたっての注意事項]
・答案用紙の空欄はすべて記入するわけではない。
・答案用紙の空欄は取引の記録順に上から詰めて記入すること。
・答案用紙の空欄の日付は採点対象外であるため、記入しなくてもよい。
・利息の計算はすべて月割計算とする。


　X2年　4月　1日　A銀行から￥2,400,000（利率年1.0％、期間1年、利
　　　　　　　　　　払日は9月末と3月末）を借り入れ、同額が普通預金口
　　　　　　　　　　座に振り込まれた。
　X2年　9月30日　A銀行からの借入金について、利息を普通預金口座か
　　　　　　　　　　ら支払った。
　X2年12月　1日　B銀行から￥4,000,000（利率年1.5％、期間1年）を
　　　　　　　　　　借り入れ、同額が普通預金口座に振り込まれた。なお、
　　　　　　　　　　利息は元本返済時に一括で支払う契約である。
　X3年　3月31日　A銀行からの借入金について、利息を普通預金口座か
　　　　　　　　　　ら支払った。B銀行からの借入金について、未払分の
　　　　　　　　　　利息を計上した。

問2　北海道株式会社における4月中の当座預金に関する取引は次のとおりである。これらの取引にもとづいて、（1）と（2）に答えなさい。なお、同社は、借越限度額を¥200,000とする当座借越契約を取引銀行と結んでいる。

　1日　当座借越の前期繰越高¥150,000について、再振替仕訳を行う。

　4日　売掛金¥400,000が当座預金口座へ振り込まれた。

　10日　貸付金¥300,000を回収し、利息¥900とともに当座預金口座へ振り込まれた。

　15日　商品¥620,000を仕入れ、代金のうち半額は小切手を振り出し、残額は掛けとした。

　21日　小口現金係から、次のような支払いの報告を受けたため、ただちに小切手を振り出して資金を補給した。なお、当社では、定額資金前渡制度（インプレスト・システム）により、小口現金係から毎週金曜日に一週間の支払報告を受け、これにもとづいて資金を補給している。

　　　　通信費¥7,200　消耗品費¥5,300

（1）4日と15日と21日の取引について、記帳する補助簿を下記の中から選び、記帳する補助簿の数を算用数字で答えよ。

現金出納帳　　　　売掛金元帳　　　　仕入帳
当座預金出納帳　　買掛金元帳　　　　売上帳
小口現金出納帳　　受取手形記入帳　　固定資産台帳
商品有高帳　　　　支払手形記入帳

（2）①4月末の当座預金の残高を答えなさい。②当座預金の残高が借方残高か貸方残高か、○を付けて答えなさい。

227

**第3問**（35点）

次の［決算整理事項等］にもとづいて、問に答えなさい。当期はX7年4月1日からX8年3月31日までの1年間である。なお、消費税は売上取引と仕入取引からしか発生しないこととする。

［決算整理事項等］

1. 仮払金は全額、2月27日に支払った備品購入に係るものである。この備品は3月1日に納入され、同日から使用しているが、この記帳はまだ行われていない。
2. 前期に発生した売掛金¥10,000が貸倒れたが、この記帳はまだ行われていない。
3. 当座預金勘定の貸方残高全額を当座借越勘定に振り替える。なお、当社は取引銀行との間に¥2,000,000を借越限度額とする当座借越契約を締結している。
4. 期末商品棚卸高は¥580,000である。売上原価は「仕入」の行で計算する。
5. 売掛金の期末残高に対して2%の貸倒引当金を差額補充法で設定する。
6. 建物および備品について、以下の要領で定額法による減価償却を行う。3月1日から使用している備品（上記1参照）についても同様に減価償却を行うが、減価償却費は月割計算する。

   建物：残存価額ゼロ　耐用年数30年

   備品：残存価額ゼロ　耐用年数5年
7. 消費税の処理（税抜方式）で行う。
8. 借入金のうち¥1,500,000は期間1年間、利率年3%、利息は元本返済時に1年分を支払う条件で、当期の12月1日に借り入れたものである。したがって、当期にすでに発生している利息を月割で計上する。
9. 購入時に費用処理した収入印紙の未使用高が¥3,000あったので、適切な勘定に振り替える。
10. 未払法人税等¥150,000を計上する。なお、当期に中間納付はしていない。

問1　答案用紙の精算表を完成しなさい。

問2　決算整理後の建物の帳簿価額を答えなさい。

# 解答 第1回

**第1問**（45点）　　　　　　　　　　仕訳1組につき3点×15か所

| | 仕 | | 訳 | |
|---|---|---|---|---|
| | 借 方 | | 貸 方 | |
| | 記　号 | 金　額 | 記　号 | 金　額 |
| 1 | カ | 100,000 | ア | 100,000 |
| 2 | キ | 2,000,000 | ク<br>エ<br>イ | 148,000<br>186,000<br>1,666,000 |
| 3 | キ | 80,000 | ア | 80,000 |
| 4 | ウ | 12,800,000 | オ<br>ク | 300,000<br>12,500,000 |
| 5 | イ | 5,000 | エ<br>オ | 3,000<br>2,000 |
| 6 | ウ | 934,500 | オ | 934,500 |
| 7 | ア | 890,000 | ク | 890,000 |
| 8 | エ | 160,000 | ウ | 160,000 |
| 9 | カ<br>イ | 38,000<br>50,000 | エ<br>ク | 80,000<br>8,000 |
| 10 | エ<br>ア<br>オ | 224,000<br>280,000<br>56,000 | キ | 560,000 |
| 11 | イ | 500 | ウ | 500 |
| 12 | イ | 309,000 | ウ<br>カ | 300,000<br>9,000 |
| 13 | カ | 140,000 | ア | 140,000 |
| 14 | イ | 10,000 | エ | 10,000 |
| 15 | イ | 260,000 | ア | 260,000 |

**第2問**（20点）

問1　　　　　　　　　　　　　　　　　　　　　　　　　各2点×5か所

支　払　利　息

| （ 9/30） | （普通預金） | （12,000） | （3/31） | （損　　　益） | （44,000） |
| （ 3/31） | （普通預金） | （12,000） | | | |
| （ 3/31） | （未払利息） | （20,000） | | | |
| | | （44,000） | | | （44,000） |

（未　払）利　息

| （ 3/31） | （次期繰越） | （20,000） | （3/31） | （支払利息） | （20,000） |
| | | | （4/ 1） | （前期繰越） | （20,000） |

問2　　　　　　　　　　　　　　　　　　　　　　　　　各2点×5か所

（1）

| 4日 | （ **2** ）つ | 15日 | （ **4** ）つ | 21日 | （ **2** ）つ |

（2）

① 当座預金の残高　¥　　**228,400**　　② 借方残高・貸方残高

# 第3問（35点）

勘定科目と金額、両方合って正解

問1　　各2点×16か所

問2　　3点

## 問1

### 精　算　表

| 勘 定 科 目 | 残 高 試 算 表 | | 修 正 記 入 | | 損 益 計 算 書 | | 貸 借 対 照 表 | |
|---|---|---|---|---|---|---|---|---|
| | 借 方 | 貸 方 | 借 方 | 貸 方 | 借 方 | 貸 方 | 借 方 | 貸 方 |
| 現　　　　　金 | 96,200 | | | | | | 96,200 | |
| 当 座 預 金 | | 527,000 | 527,000 | | | | | |
| 売 掛 金 | 980,000 | | | 10,000 | | | 970,000 | |
| 仮 払 金 | 510,000 | | | 510,000 | | | | |
| 仮 払 消 費 税 | 594,000 | | | 594,000 | | | | |
| 繰 越 商 品 | 630,000 | | 580,000 | 630,000 | | | 580,000 | |
| 建　　　　物 | 4,500,000 | | | | | | 4,500,000 | |
| 備　　　　品 | 600,000 | | 510,000 | | | | 1,110,000 | |
| 土　　　　地 | 5,000,000 | | | | | | 5,000,000 | |
| 買 掛 金 | | 845,000 | | | | | | 845,000 |
| 仮 受 消 費 税 | | 974,000 | 974,000 | | | | | |
| 借 入 金 | | 3,500,000 | | | | | | 3,500,000 |
| 貸 倒 引 当 金 | | 12,000 | 10,000 | 17,400 | | | | 19,400 |
| 建物減価償却累計額 | | 900,000 | | 150,000 | | | | 1,050,000 |
| 備品減価償却累計額 | | 240,000 | | 128,500 | | | | 368,500 |
| 資 本 金 | | 3,000,000 | | | | | | 3,000,000 |
| 繰越利益剰余金 | | 2,054,300 | | | | | | 2,054,300 |
| 売　　　　上 | | 9,740,000 | | | | 9,740,000 | | |
| 仕　　　　入 | 5,940,000 | | 630,000 | 580,000 | 5,990,000 | | | |
| 給　　　　料 | 2,700,000 | | | | 2,700,000 | | | |
| 通 信 費 | 151,100 | | | | 151,100 | | | |
| 租 税 公 課 | 41,000 | | | 3,000 | 38,000 | | | |
| 支 払 利 息 | 50,000 | | 15,000 | | 65,000 | | | |
| | 21,792,300 | 21,792,300 | | | | | | |
| 当 座 借 越 | | | | 527,000 | | | | 527,000 |
| 貸倒引当金繰入 | | | 17,400 | | 17,400 | | | |
| 減 価 償 却 費 | | | 278,500 | | 278,500 | | | |
| 未 払 消 費 税 | | | | 380,000 | | | | 380,000 |
| （ 未払 ） 利 息 | | | | 15,000 | | | | 15,000 |
| （ 貯蔵品 ） | | | 3,000 | | | | 3,000 | |
| 未払法人税等 | | | | 150,000 | | | | 150,000 |
| 法 人 税 等 | | | 150,000 | | 150,000 | | | |
| 当期純（ 利益 ） | | | | 350,000 | | | | 350,000 |
| | | | 3,694,900 | 3,694,900 | 9,740,000 | 9,740,000 | 12,259,200 | 12,259,200 |

## 問2　¥（　**3,450,000**）

## 模擬問題 第1回について

　制限時間60分で70点以上を得点する必要があります。簿記3級の試験は問題の量が多いため、正確に素早く解く練習をすることが重要です。たとえば、第1問の仕訳問題の場合、小問1つにつき1分以内に答えるスピードを目標にする必要があります。問題文を読み仕訳を書くスピードを鍛えることが簿記3級の合格への近道です。本書の各問題の解説に書いてある＜目標時間＞を目安にして、問題を解くスピードを身につけましょう。

### 〈目標点数・目標時間〉

　簿記3級は試験時間が短いため、見直しをする時間はありません。見直しができないため、素早くかつ正確に解答する必要があります。問題を解くスピードは繰り返し問題を解くことで少しずつ早くなっていきます。

|  |  | 出題 | 配点 | 目標点 | 目標時間 |
|---|---|---|---|---|---|
| 第1問 | 仕訳問題 |  | 45点 | 36点 | 15分 |
| 第2問 | 問1 | 総勘定元帳の記入 | 10点 | 6点 | 10分 |
|  | 問2 | 補助簿の問題 | 10点 | 6点 | 9分 |
| 第3問 | 精算表 |  | 35点 | 26点 | 26分 |

### 〈解く順番〉

　前から順番に解きましょう。過去の簿記3級の制限時間は120分だったため、全体を見て解きやすい問題から順番に解くのがオススメでした。しかし、現在の簿記3級の制限時間は60分しかありませんので、配点が多い第1問と第3問を先に解くのがオススメです。

　解く順番：第1問→第3問→第2問

## 第1問　仕訳問題＜目標時間＞15分
## 1．仕入の返品

**ステップ** 仕入れた商品の返品なので次の仕訳になります。

40個×@￥10,000÷4＝100,000

　　　　買掛金　100,000 ／ 仕入　100,000

---

**◆ ワンポイント**

・返品→仕入の取り消し（逆仕訳）　買掛金 ／ 仕入

---

## 2．給料の支払い

**ステップ1** 給料を支給したので「給料」が増えます。給料は費用（ホームポジション左）なので、増えるときは左に書きます。

　　　　給料　2,000,000 ／

**ステップ2** 所得税の源泉徴収を行ったので「所得税預り金」が増えます。所得税預り金は負債（ホームポジション右）なので、増えるときは右に書きます。

　　　　給料　2,000,000 ／ 所得税預り金　148,000

**ステップ3** 健康保険・厚生年金・雇用保険の保険料を控除したので「社会保険料預り金」が増えます。社会保険料預り金は負債（ホームポジション右）なので、増えるときは右に書きます。

　　　　給料　2,000,000 ／ 所得税預り金　　　148,000
　　　　　　　　　　　　　　社会保険料預り金　186,000

**ステップ4** 差額を普通預金口座から振り込んだので「普通預金」が減ります。普通預金は資産（ホームポジション左）なので、減るときは右に書きます。

　　　　2,000,000 − 148,000 − 186,000 = 1,666,000

　　　　給料　2,000,000 ／ 所得税預り金　　　148,000
　　　　　　　　　　　　　　社会保険料預り金　186,000
　　　　　　　　　　　　　　普通預金　　　　1,666,000

## 3．旅費の概算払い

**ステップ** 「旅費の概算額￥80,000を現金で渡した」ので「仮払金」が増え「現金」が減ります。

　　　　仮払金　80,000 ／ 現金　80,000

## 4．土地の取得

**ステップ1** 土地を購入したので「土地」が増えます。土地は資産（ホームポジション左）なので、増えるときは左に書きます。購入手数料は、土

地の取得原価に含めます。

**土地の取得原価** @ 25,000 × 500 + 300,000 = 12,800,000

土地 12,800,000 ／

**ステップ2** 購入手数料は普通預金口座から支払ったので「普通預金」が減ります。

土地 12,800,000 ／ 普通預金 300,000

**ステップ3** 土地代金は月末に支払うので「未払金」が増えます。未払金は負債（ホームポジション右）なので、増えるときは右に書きます。

**土地代金** @ 25,000 × 500 = 12,500,000

土地 12,800,000 ／ 普通預金 　 300,000
　　　　　　　　 ／ 未払金 　 12,500,000

## 5．仕入（前払金、買掛金）

**ステップ1** 商品を仕入れたので「仕入」が増えます。仕入は費用（ホームポジション左）なので、増えるときは左に書きます。

仕入 5,000 ／

**ステップ2** 3,000は「前払金」を取り崩し、残額は「買掛金」を増やします。

5,000 − 3,000 = 2,000

仕入 5,000 ／ 前払金 3,000
　　　　　 ／ 買掛金 2,000

## 6．損益振替

**ステップ1** 売上原価を仕入勘定で算定しているので、借方（左側）に934,500残高があります。損益勘定へ振り替えるので貸方（右側）に「仕入」と書きます。

／ 仕入 934,500

**ステップ2** 左側には「損益」と書きます。

損益 934,500 ／ 仕入 934,500

## 7．法人税等の中間納付

**ステップ1** 法人税等の中間納付を行ったので「仮払法人税等」が増えます。仮払法人税等は資産（ホームポジション左）なので、増えるときは左に書きます。

$$500{,}000 + 140{,}000 + 250{,}000 = 890{,}000$$

仮払法人税等　890,000　／

**ステップ2** 現金で納付したので「現金」が減ります。現金は資産（ホームポジション左）なので、減るときは右に書きます。

仮払法人税等　890,000　／　現金　890,000

## 8．買掛金の決済

**ステップ** 買掛金を決済するので「買掛金」が減ります。買掛金は負債（ホームポジション右）なので、減るときは左に書きます。約束手形を振り出して支払ったので「支払手形」が増えます。支払手形は負債（ホームポジション右）なので、増えるときは右に書きます。

買掛金　160,000　／　支払手形　160,000

## 9．受取商品券と消費税

**ステップ1** 商品を売り上げたので「売上」が増えます。売上は収益（ホームポジション右）なので、増えるときは右に書きます。

／　売上　80,000

**ステップ2** 消費税を受け取ったので「仮受消費税」が増えます。仮受消費税は負債（ホームポジション右）なので、増えるときは右に書きます。

／　売上　　　　80,000
／　仮受消費税　8,000

**ステップ3** 現金を受け取ったので「現金」が増えます。左に書きます。

現金　38,000　／　売上　　　　80,000
　　　　　　　／　仮受消費税　8,000

**ステップ4** 残額は共通商品券を受け取ったので「受取商品券」が増えます。受取商品券は資産（ホームポジション左）なので、増えるときは左に書きます。

$$80{,}000 + 8{,}000 - 38{,}000 = 50{,}000$$

現金　　　　　38,000　／　売上　　　　80,000
受取商品券　50,000　／　仮受消費税　8,000

## 10．固定資産の売却

**ステップ1** 備品を売却したので、備品がなくなります。「備品」と「備品減価償

235

却累計額」を全額減らします。備品減価償却累計額は次のように計算します。

$$560,000 ÷ 5 年 × 2 年 = 224,000$$

備品減価償却累計額　224,000 ／ 備品　560,000

**ステップ2** 期首に売却しているので、当期の減価償却費の仕訳は不要です。

**ステップ3** 売却先振出しの小切手を受け取ったので「現金」が増えます。左に書きます。

備品減価償却累計額　224,000 ／ 備品　560,000
現金　　　　　　　　280,000 ／

**ステップ4** 差額が左側ということは、費用（損）が発生している状況なので「固定資産売却損」と書きます。

$$560,000 - 224,000 - 280,000 = 56,000$$

備品減価償却累計額　224,000 ／ 備品　560,000
現金　　　　　　　　280,000 ／
固定資産売却損　　　 56,000 ／

## 11. 利息の入金

**ステップ** 利息を受け取ったので「受取利息」が増えます。受取利息は収益（ホームポジション右）なので、増えるときは右に書きます。普通預金口座に入金されたので「普通預金」が増えます。左に書きます。

普通預金　500 ／ 受取利息　500

## 12. 貸付金の回収

**ステップ1** 貸付金を回収したので「貸付金」を減らします。貸付金は資産（ホームポジション左）なので、減るときは右に書きます。借用証書というのは、貸し付けたことを証明する書類のことです。

／ 貸付金　300,000

**ステップ2** お金を貸し付けていたので9か月分の「受取利息」をもらえます。受取利息は収益（ホームポジション右）なので、増えるときは右に書きます。

$$300,000 × 4\% × 9 か月 ÷ 12 か月 = 9,000$$

／ 貸付金　　300,000
／ 受取利息　　 9,000

**ステップ3** 小切手を受け取ったときには「現金」を増やす仕訳をしますが、本問では「ただちに当座預金口座に預け入れた」と指示があるので「当座預金」を増やす仕訳をします。

当座預金 309,000 ／ 貸付金 300,000
　　　　　　　　　　／ 受取利息 9,000

## 13. 電子記録債権の貸倒れ

**ステップ1** 電子記録債権が貸倒れたので「電子記録債権」が減ります。電子記録債権は資産（ホームポジション左）なので、減るときは右に書きます。

／ 電子記録債権 140,000

**ステップ2** 売上債権とは、売掛金や受取手形、電子記録債権など売上によって発生した債権のことなので、前期末に電子記録債権についても貸倒引当金を設定していることがわかります。貸倒引当金を取り崩すので「貸倒引当金」が減ります。貸倒引当金は資産のマイナス（ホームポジション右）なので、減るときは左に書きます。

貸倒引当金 140,000 ／ 電子記録債権 140,000

## 14. 収入印紙

**ステップ1** 収入印紙を購入後、ただちに使用したので「租税公課」を使います。租税公課は費用（ホームポジション左）なので、増えるときは左に書きます。

租税公課 10,000 ／

**ステップ2** 現金で支払ったので「現金」が減ります。右に書きます。

租税公課 10,000 ／ 現金 10,000

## 15. 他店振出小切手

**ステップ1** 売掛金を回収したので「売掛金」が減ります。売掛金は資産（ホームポジション左）なので、減るときは右に書きます。

／ 売掛金 260,000

**ステップ2** 取引先振出しの小切手を受け取ったので「現金」が増えます。左に書きます。

現金 260,000 ／ 売掛金 260,000

237

## 第2問
### 問1　総勘定元帳の記入 ＜目標時間＞10分

**ステップ1** 下書きを書きます。A銀行は④、B銀行は⑧とメモしておくとわかりやすいです。

4月1日 ④ 普通預金 2,400,000 / 借入金 2,400,000

9月30日 ④ 2,400,000 × 1.0% × $\frac{6か月}{12か月}$ = 12,000

　　　　支払利息 12,000 / 普通預金 12,000

12月1日 ⑧ 普通預金 4,000,000 / 借入金 4,000,000

3月31日 ④ 2,400,000 × 1.0% × $\frac{6か月}{12か月}$ = 12,000

　　　　支払利息 12,000 / 普通預金 12,000

決算整理　⑧ 4,000,000 × 1.5% × $\frac{4か月}{12か月}$ = 20,000

　　　　支払利息 20,000 / 未払利息 20,000

　　　　④⑧ 損益振替

　　　　12,000 + 12,000 + 20,000 = 44,000

　　　　損益 44,000 / 支払利息 44,000

**ステップ2** 下書きを見ながら支払利息勘定と（　）利息勘定を記入します。空欄が多いので書きにくいですが、仕訳を上から順に勘定へ転記すればすべての空欄をうめることができます。問題文の指示より、日付欄は空欄でも正解です。総勘定元帳の記入が苦手な人はChapter3を復習しておきましょう。

支　払　利　息

| ( 9/30 )( 普 通 預 金 )( | 12,000 ) | ( 3/31 )( 損　　益 )( | 44,000 ) |
|---|---|---|---|
| ( 3/31 )( 普 通 預 金 )( | 12,000 ) | | |
| ( 3/31 )( 未 払 利 息 )( | 20,000 ) | | |
| | ( 44,000 ) | | ( 44,000 ) |

（未 払）利 息

| | | | | | | |
|---|---|---|---|---|---|---|
| (3/31) | (次 期 繰 越) | ( 20,000 ) | (3/31) | (支 払 利 息) | ( 20,000 ) | |
| | | | (4/ 1) | (前 期 繰 越) | ( 20,000 ) | |

## 問2　補助簿の問題 ＜目標時間＞9分

補助簿と当座預金の問題です。まずは下書きに仕訳を書いて、（1）と（2）に解答します。

**ステップ1** 下書きに仕訳を書きます。21日の小口現金の仕訳は、小口現金の支払い報告と小口現金の資金の補給の2つの取引が行われていますので、それぞれ仕訳を書きます。合算して仕訳を書くと小口現金出納帳に記帳することを忘れてしまう可能性がありますので、注意が必要です。

借入金でもよい

| 1日 | 当 座 借 越 | 150,000 | 当 座 預 金 | 150,000 |
|---|---|---|---|---|
| 4日 | 当 座 預 金 | 400,000 | 売 掛 金 | 400,000 |
| 10日 | 当 座 預 金 | 300,900 | 貸 付 金<br>受 取 利 息 | 300,000<br>900 |
| 15日 | 仕 入 | 620,000 | 当 座 預 金<br>買 掛 金 | 310,000<br>310,000 |
| 21日 | 通 信 費<br>消 耗 品 費<br>小 口 現 金 | 7,200<br>5,300<br>12,500 | 小 口 現 金<br><br>当 座 預 金 | 12,500<br><br>12,500 |

**ステップ2** 下書きの仕訳を見て、（1）を記入します。

4日の仕訳は、当座預金出納帳と売掛金元帳の2つに記帳します。

| 4日 | 当 座 預 金 | 400,000 | 売 掛 金 | 400,000 |
|---|---|---|---|---|

当座預金出納帳　◄　　　　　　　　　　　　　　►　売掛金元帳

15日の仕訳は、仕入帳、商品有高帳、当座預金出納帳、買掛金元帳の4つに記帳します。

239

21日の仕訳は、小口現金出納帳、当座預金出納帳の2つに記帳します。

**ステップ3** 下書きの仕訳の当座預金を集計して、（2）①4月末の当座預金の残高を計算します。当座預金は資産の勘定科目で、ホームポジションは左側（借方）です。下書きの仕訳で左側に「当座預金」と書いてある場合、当座預金が増加します。また、右側（貸方）に「当座預金」と書いてある場合、当座預金が減少します。

①4月末の当座預金の残高

$$\underset{4日}{400,000} + \underset{10日}{300,900} - \underset{1日}{150,000} - \underset{15日}{310,000} - \underset{21日}{12,500}$$

$$= 228,400円$$

残高を計算した結果、4月末の当座預金の残高は228,400円で、マイナスではありません。つまり、当座預金のホームポジションの左側（借方）に残高があることがわかります。②は「借方残高」に〇を付けます。

## 第3問 精算表 ＜目標時間＞26分

問1で精算表の作成、問2で決算整理後の建物の帳簿価額を問われています。精算表は記入する箇所が多いので、解くスピードが重要です。問2は決算整理後の建物の帳簿価額を答える問題で、初めて解くと難しい問題です。試験で出題されますので、2回目以降は解けるように理解しておきましょう。

**ステップ 1** 下書きに仕訳を書きます。

1、備品 510,000 / 仮払金 510,000

2、貸倒引当金 10,000 / 売掛金 10,000

3、当座預金 527,000 / 当座借越 527,000

4、仕入 630,000 / 繰越商品 630,000
　繰越商品 580,000 / 仕入 580,000

> 2の修正を反映させる

5、売掛金 (980,000 △10,000) ×2% = 19,400

貸引 12,000 △10,000　　繰入
　　　 = 2,000 ————+17,400————→ 19,400

貸倒引当金繰入 17,400 / 貸倒引当金 17,400

6、
建物 (4,500,000 − 0) ÷30年 = 150,000
備品 旧 (600,000 − 0) ÷5年 = 120,000 ⎫
　　　新 (510,000 − 0) ÷5年 × $\frac{1か月}{12か月}$ = 8,500 ⎬ 128,500

> 1で購入した備品

減価償却費 278,500 / 建物減価償却累計額 150,000
　　　　　　　　　　 / 備品減価償却累計額 128,500

7、仮受消費税 974,000 / 仮払消費税 594,000
　　　　　　　　　　　　 / 未払消費税 380,000

8、

当期

×7 4/1　　×7 12/1　×8 3/31　　×8 11/30
　　　　　　　　4か月
　　　　　　　　　　12か月

$$1,500,000 \times 3\% \times \frac{4か月}{12か月} = 15,000$$

支払利息 15,000 / 未払利息 15,000

9、貯蔵品 3,000 / 租税公課 3,000

10、法人税等 150,000 / 未払法人税等 150,000

**ステップ2** 精算表の「修正記入」欄に下書きの仕訳金額を写します。

**ステップ3** 精算表の「貸借対照表」欄と「損益計算書」欄を記入します。

① 上から順に「貸借対照表」欄をうめます（現金から繰越利益剰余金まで）。

② 上から順に「損益計算書」欄をうめます（売上から支払利息まで）。

③ 当座借越から法人税等までをうめます。

④ 当期純利益を「損益計算書」欄に記入し、次に「貸借対照表」欄に記入します。

　収益合計9,740,000 − 費用合計9,390,000 = 当期純利益350,000

⑤ 「損益計算書」「貸借対照表」欄の借方合計、貸方合計を計算します。不一致の場合、どこかでミスが起きているということです。

**ステップ4** 問2について、精算表の「貸借対照表」欄の「建物」と「建物減価償却累計額」を使い、建物の帳簿価額を計算します。

　建物4,500,000 − 建物減価償却累計額1,050,000 = 3,450,000

# Chapter 9 模擬問題 第2回

答案用紙 P22 　解答 P250 　制限時間 全問60分

## 第1問（45点）

下記の各取引について仕訳しなさい。ただし、勘定科目は、設問ごとに最も適当と思われるものを選び、答案用紙の（　）内に記号で解答すること。なお、消費税は指示された問題のみ考慮すること。

1．商品（本体価格¥400,000）を¥1,000,000で販売し、代金は10％の消費税を含めて掛けとした。なお、消費税については、税抜方式で記帳する。
　　ア．仕入　イ．売上　ウ．未払消費税　エ．仮払消費税
　　オ．買掛金　カ．売掛金　キ．仮受消費税　ク．未収入金

2．当期首に備品（取得原価¥700,000、減価償却累計額¥550,000）を¥200,000で売却し、代金を小切手で受け取った。なお、減価償却は間接法により処理されているものとする。
　　ア．備品　イ．現金　ウ．固定資産売却損　エ．固定資産売却益
　　オ．備品減価償却累計額　カ．減価償却費　キ．当座預金

3．得意先から受け取っていた約束手形¥160,000が支払期日に決済され、当座預金口座へ入金が確認された。
　　ア．電子記録債権　イ．売上　ウ．売掛金　エ．買掛金　オ．受取手形
　　カ．当座預金　キ．支払手形

4．本日、従業員が出張から戻り、あらかじめ概算額で仮払いしていた旅費¥36,000を精算した。
　　ア．現金　イ．仮払金　ウ．給料　エ．旅費交通費　オ．従業員立替金
　　カ．従業員預り金　キ．未払金

5．決算にあたり、決算整理後の受取手数料勘定の貸方残高¥180,000を損益勘定へ振り替えた。
　　ア．繰越利益剰余金　イ．利益準備金　ウ．受取手数料　エ．損益

6．月末に現金の実査を行ったところ、現金の実際有高が帳簿残高より￥2,400過剰であることが判明した。帳簿残高と実際有高を一致させる処理を行うとともに、引き続き調査することとした。

　　ア．未収入金　イ．現金　ウ．現金過不足　エ．繰越利益剰余金

7．得意先が倒産したため、当期に発生した売掛金￥17,000と前期に発生した売掛金￥45,000の合計￥62,000が貸倒れとなった。貸倒引当金の残高は￥250,000である。

　　ア．貸倒損失　イ．償却債権取立益　ウ．受取手形　エ．売掛金

　　オ．未収入金　カ．貸倒引当金　キ．貸倒引当金繰入　ク．未払金

8．6月23日に開催された株主総会で決議された配当額￥394,000について、本日、当座預金口座から振り込みを行った。

　　ア．繰越利益剰余金　イ．利益準備金　ウ．未払配当金　エ．現金

　　オ．当座預金　カ．支払手数料　キ．支払利息

9．従業員にかかる健康保険料￥450,000を普通預金口座から納付した。このうち従業員負担分￥225,000は、社会保険料預り金からの支出であり、残額は会社負担分である。

　　ア．普通預金　イ．現金　ウ．社会保険料預り金　エ．立替金

　　オ．当座預金　カ．法定福利費　キ．給料　ク．支払手数料

10．従業員負担の昼食代を立て替えていたが、本日、従業員から現金￥15,000の支払いを受けた。

　　ア．現金　イ．従業員預り金　ウ．給料　エ．従業員立替金　オ．売掛金

11．取引銀行から借り入れていた￥5,000,000の支払期日が到来したため、元利合計を当座預金口座から返済した。なお、借り入れにともなう利率は年2.19％であり、借入期間は120日であった。利息は1年を365日として日割計算する。

　　ア．借入金　イ．当座預金　ウ．受取利息　エ．支払利息

12．オフィスのデスクセットを購入し、据付作業ののち、次の請求書を受け取り、代金は後日支払うこととした。

```
                    請  求  書
 日商株式会社  御中
                                      銀座家具株式会社
```

| 品        物 | 数量 | 単    価 | 金      額 |
|---|---|---|---|
| オフィスデスクセット | 1 | ¥   3,000,000 | ¥   3,000,000 |
| 配送料 |  |  | ¥      50,000 |
| 据付費 |  |  | ¥     100,000 |
|  |  | 合     計 | ¥   3,150,000 |

X4年9月30日までに合計額を下記口座へお振り込み下さい。
銀座銀行銀座支店　普通　1234567　ギンザカグ（カ

　　ア．建物　イ．支払手数料　ウ．買掛金　エ．備品　オ．未払金

13. 決算にあたり、C銀行の当座預金口座が当座借越¥40,000の状態となっているので、適切な勘定に振り替える。ただし、当社は複数の金融機関を利用しており、他の銀行にも当座預金口座を開設しているため、口座ごとの勘定を設定している。なお、当社は当座借越勘定を用いていない。
　　ア．借入金　イ．貸付金　ウ．当座預金C銀行　エ．未払金

14. 株主総会で繰越利益剰余金¥840,700の一部を次のとおり処分することが承認された。
　　　株主配当金¥56,000
　　　利益準備金の積み立て¥5,600
　　ア．損益　イ．普通預金　ウ．利益準備金　エ．当座預金
　　オ．繰越利益剰余金　カ．現金　キ．未払配当金　ク．資本金

15. 商品を売り上げ、品物とともに次の納品書兼請求書の原本を発送し、代金の全額を掛代金として処理した。なお、消費税については、税抜方式で記帳する。

## 納品書兼請求書（控）

株式会社心斎橋　御中

株式会社大阪商事

| 品物 | 数量 | 単価 | 金額 |
|---|---|---|---|
| 冷凍お好み焼き（豚） | 48 | 300 | ￥ 14,400 |
| 冷凍お好み焼き（海鮮） | 24 | 400 | ￥ 9,600 |
| 冷凍お好み焼き（デラックス） | 24 | 500 | ￥ 12,000 |
| | 小　計 | | ￥ 36,000 |
| | 消費税 | | ￥ 3,600 |
| | 合　計 | | ￥ 39,600 |

XX19年6月30日までに合計額を下記口座へお振込み下さい。
　関西銀行なんば支店　普通　654321　カ）オオサカショウジ

　　ア．仕入　イ．売上　ウ．買掛金　エ．売掛金　オ．仮払消費税
　　カ．当座預金　キ．仮受消費税

## 第2問（20点）

問1　株式会社関東商事のX3年8月の取引（一部）は次のとおりである。
それぞれの日付の取引が答案用紙に示されたどの補助簿に記入されるか答え
なさい。解答にあたっては、該当するすべての補助簿の欄に〇印を付すこと。

　2日　熊本商店より商品を￥240,000で仕入れ、代金の半額は約束手形
　　　　を振り出し、残額は掛けとした。

　9日　宮崎商店から先月受け取った約束手形￥320,000の支払期日が到
　　　　来し、同額が当社の普通預金口座へ振り込まれた。

14日　仕入先福岡商店に対する先月分の掛代金￥180,000について、小
　　　　切手を振り出して支払った。

19日　かねて長崎商店へ売り上げていた商品￥390,000について不良品
　　　　が見つかったため返品を受け、掛代金から差し引くこととした。

23日　先月に大分モーターより自動車￥2,000,000を購入する契約をし
　　　　ていたが、本日その引き渡しを受けた。代金は当座預金口座から
　　　　振り込んだ。

問2　当社の下記の固定資産台帳にもとづいて、答案用紙の勘定を記入しなさい。なお、空欄について、（　　）は日付、[　　]は勘定科目、〈　　〉は金額を記入しなさい。当期はX7年4月1日からX8年3月31日である。

【解答にあたっての留意事項】
・備品に関する入出金はすべて普通預金口座で行っている。
・固定資産台帳の？は各自計算すること。
・備品の減価償却は定額法、残存価額ゼロ、間接法にて記帳している。
・減価償却費はすべて月割りで計算する。
・答案用紙の空欄はすべて記入するわけではない。
・答案用紙の空欄は取引の記録順に上から詰めて記入すること。
・答案用紙の空欄の日付は採点対象外であるため、記入しなくてもよい。
・勘定科目は次の中から適切なものを選ぶこと。複数回使用してもよい。

| 前　期　繰　越 | 次　期　繰　越 | 現　　　　　　金 | 普　通　預　金 |
|---|---|---|---|
| 備　　　　　品 | 備品減価償却累計額 | 減　価　償　却　費 | 損　　　　　　益 |
| 繰越利益剰余金 | 資　　本　　金 | 修　　繕　　費 | 諸　　　　　口 |

固 定 資 産 台 帳

| | 取得日 | 耐用年数 | 期首（期中取得）取得原価 | 期首減価償却累計額 | 当期減価償却費 |
|---|---|---|---|---|---|
| 備品A | X4年4月1日 | 8年 | 4,000,000 | 1,500,000 | 500,000 |
| 備品B | X6年11月1日 | 5年 | 3,600,000 | ? | 720,000 |
| 備品C | X7年10月1日 | 6年 | 4,800,000 | 0 | 400,000 |

**第3問**（35点）

次の［資料］にもとづいて、貸借対照表と損益計算書を完成しなさい。なお、当会計期間はX04年4月1日からX05年3月31日までの1年間である。

［資料Ⅰ］決算整理前残高試算表

残 高 試 算 表
X05年3月31日

| 借　　　方 | 勘 定 科 目 | 貸　　　方 |
|---:|:---:|---:|
| 1,180,000 | 現　　　　　金 | |
| 100,000 | 小 口 現 金 | |
| 7,540,000 | 当 座 預 金 | |
| 1,300,000 | 受 取 手 形 | |
| 1,600,000 | 売 　掛　 金 | |
| | 貸 倒 引 当 金 | 20,000 |
| 740,000 | 繰 越 商 品 | |
| 2,000,000 | 仮 払 消 費 税 | |
| 3,250,000 | 備　　　　　品 | |
| 2,800,000 | 土　　　　　地 | |
| | 支 払 手 形 | 800,000 |
| | 買 　掛　 金 | 1,200,000 |
| | 仮 　受　 金 | 1,500,000 |
| | 仮 受 消 費 税 | 2,720,000 |
| | 備品減価償却累計額 | 650,000 |
| | 借 　入　 金 | 4,000,000 |
| | 資 　本　 金 | 6,400,000 |
| | 繰越利益剰余金 | 2,870,000 |
| | 売　　　　　上 | 34,000,000 |
| | 受 取 手 数 料 | 60,000 |
| 25,000,000 | 仕　　　　　入 | |
| 5,600,000 | 給　　　　　料 | |
| 1,800,000 | 支 払 家 賃 | |
| 580,000 | 水 道 光 熱 費 | |
| 348,000 | 保 　険　 料 | |
| 39,000 | 消 耗 品 費 | |
| 303,000 | 通 　信　 費 | |
| 40,000 | 支 払 利 息 | |
| 54,220,000 | | 54,220,000 |

248

[資料Ⅱ] 未処理事項

1. 小口現金係から、次の支払報告を受けたが未処理であった。なお、小口現金は翌期に補給する。

消耗品費（使用済み）¥8,000　　通信費¥14,000

2. 決算日までに、得意先から掛け代金¥100,000の回収として取引銀行の当座預金口座に振り込みがあったが未処理である。

3. 仮受金は3月中旬に土地の半分を売却したさいに受け取ったものであったが、土地の売却について未処理である。


[資料Ⅲ] 決算整理事項

1. 期末日に実施した現金実査の結果、現金の実際有高は¥1,160,000である。なお、現金勘定残高との差額の原因は不明である。

2. 受取手形および売掛金の期末残高に対して1%の貸倒れを見積もり、差額補充法により貸倒引当金を設定する。

3. 期末商品の棚卸高は¥840,000である。

4. 備品について、減価償却（定額法で計算し、間接法で記帳する）を行う。残存価額はゼロ、耐用年数は5年とする。なお、備品はすべて前期の期首に取得したものである。

5. 消費税（税抜方式）の処理を行う。

6. 支払利息は、当期首からX05年1月31日（利払日）までの借入金に対する利息である。借入金の金額は、期首から変動はなく年利率1.2%である。決算日までの利息の未払高を月割計算により計上する。

7. 保険料のうち¥288,000は、当期の7月1日に支払った店舗に対する向こう1年分の損害保険料である。よって、前払分を月割計算により計上する。

**第1問**（45点）　　　　　　　　　　　　仕訳1組につき3点×15か所

| | 仕 | | 訳 | | |
|---|---|---|---|---|---|
| | 借　方 | | | 貸　方 | |
| | 記　号 | 金　額 | 記　号 | 金　額 | |
| 1 | カ | 1,100,000 | イ<br>キ | 1,000,000<br>100,000 | |
| 2 | オ<br>イ | 550,000<br>200,000 | ア<br>エ | 700,000<br>50,000 | |
| 3 | カ | 160,000 | オ | 160,000 | |
| 4 | エ | 36,000 | イ | 36,000 | |
| 5 | ウ | 180,000 | エ | 180,000 | |
| 6 | イ | 2,400 | ウ | 2,400 | |
| 7 | カ<br>ア | 45,000<br>17,000 | エ | 62,000 | |
| 8 | ウ | 394,000 | オ | 394,000 | |
| 9 | ウ<br>カ | 225,000<br>225,000 | ア | 450,000 | |
| 10 | ア | 15,000 | エ | 15,000 | |
| 11 | ア<br>エ | 5,000,000<br>36,000 | イ | 5,036,000 | |
| 12 | エ | 3,150,000 | オ | 3,150,000 | |
| 13 | ウ | 40,000 | ア | 40,000 | |
| 14 | オ | 61,600 | キ<br>ウ | 56,000<br>5,600 | |
| 15 | エ | 39,600 | イ<br>キ | 36,000<br>3,600 | |

## 第2問（20点）

### 問1

日付につき各2点×5か所

| 帳簿<br>日付 | 当座預金<br>出納帳 | 商品有高帳 | 売掛金元帳<br>（得意先元帳） | 買掛金元帳<br>（仕入先元帳） | 受取手形<br>記入帳 | 支払手形<br>記入帳 | 仕入帳 | 売上帳 | 固定資産<br>台帳 |
|---|---|---|---|---|---|---|---|---|---|
| 2 | | ○ | | ○ | | ○ | ○ | | |
| 9 | | | | ○ | | | | | |
| 14 | ○ | | | ○ | | | | | |
| 19 | | ○ | ○ | | | | | ○ | |
| 23 | ○ | | | | | | | | ○ |

### 問2

▨1つにつき各2点×5か所

備　品

| ( | 4/1) | [ 前 期 繰 越 ] | 〈 7,600,000〉 | ( | 3/31) | [ 次 期 繰 越 ] | 〈 12,400,000〉 |
|---|---|---|---|---|---|---|---|
| ( | 10/1) | [ 普 通 預 金 ] | 〈 4,800,000〉 | ( | ) | [ ] | 〈 〉 |
| | | | 〈 12,400,000〉 | | | | 〈 12,400,000〉 |

備品減価償却累計額

| ( | 3/31) | [ 次 期 繰 越 ] | 〈 3,420,000〉 | ( | 4/1) | [ 前 期 繰 越 ] | 〈 1,800,000〉 |
|---|---|---|---|---|---|---|---|
| ( | ) | [ ] | 〈 〉 | ( | 3/31) | [ 減 価 償 却 費 ] | 〈 1,620,000〉 |
| | | | 〈 3,420,000〉 | | | | 〈 3,420,000〉 |

減価償却費

| ( | 3/31) | [ 備品減価償却累計額 ] | 〈 1,620,000〉 | ( | 3/31) | [ 損　　益 ] | 〈 1,620,000〉 |
|---|---|---|---|---|---|---|---|

**第3問**（35点）　　　勘定科目と金額が合って　　　　1つにつき各3点×5か所

　　　　　　　　　　　　　　　　　　　　　　1つにつき各2点×10か所

貸 借 対 照 表

X05年3月31日　　　　　　　　　　　　　　（単位：円）

| | | | | |
|---|---|---|---|---|
| 現　　　　　金 | （ 1,160,000 ） | 支 払 手 形 | （ 800,000 ） |
| 小 口 現 金 | （ 78,000 ） | 買 　掛 　金 | （ 1,200,000 ） |
| 当 座 預 金 | （ 7,640,000 ） | 借 　入 　金 | （ 4,000,000 ） |
| 受 取 手 形 （ 1,300,000 ） | | 未 払 消 費 税 | （ 720,000 ） |
| 貸倒引当金（△ 13,000）（ 1,287,000 ） | | 未 払 費 用 | （ 8,000 ） |
| 売 　掛 　金 （ 1,500,000 ） | | 資 　本 　金 | （ 6,400,000 ） |
| 貸倒引当金（△ 15,000）（ 1,485,000 ） | | 繰越利益剰余金 | （ 2,784,000 ） |
| 商　　　　　品 | （ 840,000 ） | | |
| 前 払 費 用 | （ 72,000 ） | | |
| 備　　　　　品 （ 3,250,000 ） | | | |
| 減価償却累計額（△1,300,000）（ 1,950,000 ） | | | |
| 土 　　　　地 | （ 1,400,000 ） | | |
| | （ 15,912,000 ） | | （ 15,912,000 ） |

損 益 計 算 書

X04年4月1日からX05年3月31日まで　　　　（単位：円）

| | | | | |
|---|---|---|---|---|
| 売 上 原 価 | （ 24,900,000 ） | 売 　上 　高 | （ 34,000,000 ） |
| 給 　　　料 | （ 5,600,000 ） | 受 取 手 数 料 | （ 60,000 ） |
| 貸倒引当金繰入 | （ 8,000 ） | 土 地 売 却（**益**） | （ 100,000 ） |
| （**減 価 償 却 費**） | （ 650,000 ） | 当 期 純（**損失**） | （ 86,000 ） |
| 支 払 家 賃 | （ 1,800,000 ） | | |
| 水 道 光 熱 費 | （ 580,000 ） | | |
| 保 　険 　料 | （ 276,000 ） | | |
| 消 耗 品 費 | （ 47,000 ） | | |
| 通 　信 　費 | （ 317,000 ） | | |
| 支 払 利 息 | （ 48,000 ） | | |
| 雑 　　　損 | （ 20,000 ） | | |
| | （ 34,246,000 ） | | （ 34,246,000 ） |

# 解説 第2回

## 模擬問題 第2回について

　今回は第2問の量が少なく、第3問の量が多い問題を出題しています。第1問と第2問を素早く解き、時間のかかる第3問に時間を使うことが重要になります。簿記3級合格のためには、問題を解くスピードを身につけることが大切です。また、簿記3級の試験は第1問の仕訳でミスしてしまうと合格が厳しくなります。簿記の基本は仕訳ですので、仕訳対策はしっかりしておきましょう。

## 〈目標点数・目標時間〉

　問題の量が多く、すべてを解くのが難しかった方も多かったと思います。時間が足りなくなり、第3問の途中で制限時間が近づいたとしても、試験終了前にできる限り答案用紙をうめることが大切です。答案用紙に書かなければ得点はありませんが、書けば得点を伸ばす可能性があります。

| | 出題 | 配点 | 目標点 | 目標時間 |
|---|---|---|---|---|
| 第1問 | 仕訳問題 | 45点 | 36点 | 15分 |
| 第2問 | 問1　補助簿の選択問題 | 10点 | 8点 | 6分 |
| | 問2　固定資産台帳と勘定記入 | 10点 | 8点 | 9分 |
| 第3問 | 損益計算書と貸借対照表 | 35点 | 22点 | 30分 |

## 〈解く順番〉

　配点が多い第1問と第3問を先に解きましょう。

　解く順番：第1問→第3問→第2問

**第1問　仕訳問題**＜目標時間＞15分

**1．売上と消費税**

ステップ1 商品を販売したので「売上」が増えます。売上は収益（ホームポジション右）なので、増えるときは右に書きます。

　　　　　　　／　売上　1,000,000

ステップ2 消費税を受け取るので「仮受消費税」が増えます。仮受消費税は負債（ホームポジション右）なので、増えるときは右に書きます。

　　　1,000,000 × 10% = 100,000

　　　　　　／　売上　　　　　1,000,000
　　　　　　／　仮受消費税　　　100,000

ステップ3 代金は掛けなので「売掛金」が増えます。売掛金は資産（ホームポジション左）なので、増えるときは左に書きます。

売掛金　1,100,000 ／　売上　　　　　1,000,000
　　　　　　　　　　／　仮受消費税　　　100,000


**2．備品の売却**

ステップ1 備品を売却したので、備品がなくなります。「備品」と「備品減価償却累計額」を全額減らします。

備品減価償却累計額　550,000 ／ 備品　700,000

ステップ2 代金を小切手で受け取ったので「現金」が増えます。現金は資産（ホームポジション左）なので、増えるときは左に書きます。

備品減価償却累計額　550,000 ／ 備品　700,000
現金　　　　　　　　200,000 ／

ステップ3 差額が右側ということは、収益（益）が発生している状況なので「固定資産売却益」と書きます。

備品減価償却累計額　550,000 ／ 備品　　　　　　　700,000
現金　　　　　　　　200,000 ／ 固定資産売却益　　50,000


**3．受取手形の決済**

ステップ1 得意先から受け取っていた約束手形とは、受取手形のことです。受取手形が決済されたので「受取手形」が減ります。受取手形は資産（ホームポジション左）なので、減るときは右に書きます。

　　　　　　　／　受取手形　160,000

**ステップ2** 当座預金口座へ入金されたので「当座預金」が増えます。当座預金は資産（ホームポジション左）なので、増えるときは左に書きます。

当座預金 160,000 ／ 受取手形 160,000

### 4．旅費の精算

**ステップ1** あらかじめ概算額を支払ったときに、仮払金を計上しています。本日、旅費の金額が確定したので「仮払金」を取り崩します。仮払金は資産（ホームポジション左）なので、減るときは右に書きます。

／ 仮払金 36,000

**ステップ2** 旅費が発生したので「旅費交通費」が増えます。旅費交通費は費用（ホームポジション左）なので、増えるときは左に書きます。

旅費交通費 36,000 ／ 仮払金 36,000

### 5．損益振替

**ステップ1** 受取手数料を損益に振り替えるので「受取手数料」を減らします。受取手数料は収益（ホームポジション右）なので、減るときは左に書きます。

受取手数料 180,000 ／

**ステップ2** 右に「損益」と書きます。

受取手数料 180,000 ／ 損益 180,000

### 6．現金過不足

**ステップ1** 帳簿残高が実際有高と一致するように調整します。帳簿残高を2,400増やせば実際有高と一致するので「現金」を増やします。

現金 2,400 ／

**ステップ2** 現金過不足が発生したので、右に「現金過不足」と書きます。

現金 2,400 ／ 現金過不足 2,400

### 7．前期発生と当期発生の売掛金の貸倒れ

**ステップ1** 売掛金が貸倒れたので「売掛金」を減らします。売掛金は資産（ホームポジション左）なので、減るときは右に書きます。

／ 売掛金 62,000

**ステップ2** 前期に発生した売掛金が貸倒れたので「貸倒引当金」を取り崩しま

255

す。貸倒引当金は資産のマイナス（ホームポジション右）なので、
減るときは左に書きます。

貸倒引当金　45,000 ／ 売掛金　62,000

**ステップ3** 当期に発生した売掛金が貸倒れたので「貸倒損失」が増えます。貸
倒損失は費用（ホームポジション左）なので、増えるときは左に書
きます。

貸倒引当金　45,000 ／ 売掛金　62,000
貸倒損失　　17,000 ／

## 8．未払配当金の支払い

**ステップ1** 当座預金口座から振り込みを行ったので「当座預金」が減ります。
当座預金は資産（ホームポジション左）なので、減るときは右に書
きます。

／ 当座預金　394,000

**ステップ2** 未払いだった配当金を支払ったので「未払配当金」が減ります。未
払配当金は負債（ホームポジション右）なので、減るときは左に書
きます。

未払配当金　394,000 ／ 当座預金　394,000

## 9．社会保険料の納付

**ステップ1** 普通預金口座から納付したので「普通預金」が減ります。普通預金
は資産（ホームポジション左）なので、減るときは右に書きます。

／ 普通預金　450,000

**ステップ2** 社会保険料には健康保険料が含まれます。従業員負担分については、
「社会保険料預り金からの支出」と指示があるので「社会保険料預
り金」が減ります。社会保険料預り金は負債（ホームポジション右）
なので、減るときは左に書きます。会社負担分については、会社が
社会保険料を負担するので「法定福利費」が増えます。法定福利費
は費用（ホームポジション左）なので、増えるときは左に書きます。

450,000 − 225,000 = 225,000

社会保険料預り金　225,000 ／ 普通預金　450,000
法定福利費　　　　225,000 ／

## 10. 従業員立替金

**ステップ1** 現金を受け取ったので「現金」が増えます。現金は資産（ホームポジション左）なので、増えるときは左に書きます。

現金　15,000 ／

**ステップ2** 立て替えていた金額の支払いを受けたので「従業員立替金」が減ります。従業員立替金は資産（ホームポジション左）なので、減るときは右に書きます。

現金　15,000 ／ 従業員立替金　15,000

## 11. 借入金の返済と利息の支払い

**ステップ1** 支払期日が到来し、元利合計を返済したので「支払利息」が増えます。支払利息は費用（ホームポジション左）なので、増えるときは左に書きます。利息は日割計算と指示があるので、日数で計算します。

5,000,000 × 2.19% × 120日 ÷ 365日 = 36,000

支払利息　36,000 ／

**ステップ2** 借入金を返済したので「借入金」が減ります。借入金は負債（ホームポジション右）なので、減るときは左に書きます。当座預金口座から返済したので「当座預金」が減ります。当座預金は資産（ホームポジション左）なので、減るときは右に書きます。元利合計というのは、借入金5,000,000と支払利息36,000の合計という意味です。

当座預金　5,000,000 + 36,000 = 5,036,000

借入金　　5,000,000 ／ 当座預金　5,036,000
支払利息　　 36,000 ／

## 12. 証ひょう　請求書

**ステップ1** デスクセットを購入したので「備品」が増えます。備品は資産（ホームポジション左）なので、増えるときは左に書きます。付随費用である配送料と据付費は、取得原価に含めます。

3,000,000 + 50,000 + 100,000 = 3,150,000

備品　3,150,000 ／

**ステップ2** 代金は後日支払うので「未払金」が増えます。未払金は負債（ホー

257

ムポジション右）なので、増えるときは右に書きます。

備品　3,150,000　／　未払金　3,150,000

## 13. 当座借越

**ステップ1** 「口座ごとの勘定を設定」と指示があるので「当座預金C銀行」という勘定科目を使います。当座借越の状況は、当座預金の残高がマイナスとなっているので、残高が貸方（右側）にあります。当座預金を振り替えるので、左に当座預金C銀行と書きます。

当座預金C銀行　40,000　／

**ステップ2** 「当座借越勘定を用いていない」と指示があるので「借入金」を使います。借入金は負債（ホームポジション右）なので、増えるときは右に書きます。

当座預金C銀行　40,000　／　借入金　40,000

## 14. 繰越利益剰余金の配当と処分

**ステップ1** 株主総会で配当金の支払いが確定したが、まだ支払っていないので「未払配当金」が増えます。未払配当金は負債（ホームポジション右）なので、増えるときは右に書きます。

　　　　　　　／　未払配当金　56,000

**ステップ2** 配当金の支払いが確定した場合、会社法で「利益準備金」を積み立てることが定められています。利益準備金は純資産（ホームポジション右）なので、増えるときは右に書きます。

　　　　　　　／　未払配当金　56,000
　　　　　　　／　利益準備金　　5,600

**ステップ3** 繰越利益剰余金を取り崩すので「繰越利益剰余金」が減ります。繰越利益剰余金は純資産（ホームポジション右）なので、減るときは左に書きます。

　　56,000 + 5,600 = 61,600

繰越利益剰余金　61,600　／　未払配当金　56,000
　　　　　　　　　　　　　／　利益準備金　　5,600

## 15. 証ひょう　売上の納品書兼請求書（控）

**ステップ1** 商品を売り上げたので「売上」が増えます。売上は収益（ホームポジション右）なので、増えるときは右に書きます。

14,400 + 9,600 + 12,000 = 36,000

／ 売上　36,000

**ステップ2** 消費税を受け取ったので「仮受消費税」が増えます。仮受消費税は負債（ホームポジション右）なので、増えるときは右に書きます。

／ 売上　　　　36,000
／ 仮受消費税　3,600

**ステップ3** 代金は掛けなので「売掛金」が増えます。売掛金は資産（ホームポジション左）なので、増えるときは左に書きます。

売掛金　39,600 ／ 売上　　　　36,000
　　　　　　　　　 仮受消費税　3,600

## 第2問
### 問1 補助簿の選択問題 <目標時間> 6分

**ステップ1** まず仕訳を書きます。

| 2日 | 仕 入 | 240,000 | 支 払 手 形<br>買 掛 金 | 120,000<br>120,000 |
|---|---|---|---|---|
| 9日 | 普 通 預 金 | 320,000 | 受 取 手 形 | 320,000 |
| 14日 | 買 掛 金 | 180,000 | 当 座 預 金 | 180,000 |
| 19日 | 売 上 | 390,000 | 売 掛 金 | 390,000 |
| 23日 | 車 両 運 搬 具 | 2,000,000 | 当 座 預 金 | 2,000,000 |

**ステップ2** 次に仕訳を見ながら補助簿の欄に○を使います。

## 問 2　固定資産台帳と勘定記入＜目標時間＞9分

　固定資産台帳の問題です。備品 B の期首減価償却累計額を各自計算する必要はありますが、その他の金額は固定資産台帳に記入されています。固定資産台帳の金額をどのように勘定に記入するのか、慣れておきましょう。

**ステップ1** 固定資産台帳の備品 B の期首減価償却累計額を計算します。備品 B は前期の X6 年 11 月 1 日に取得していますので、減価償却は前期末の決算のみ行われています。このため、前期末の決算整理仕訳を書くことで、当期の期首備品減価償却累計額が 300,000 ということがわかります。

備品 B の期首減価償却累計額
　1 年あたりの減価償却費　3,600,000 ÷ 5 年 = 720,000
　前期の減価償却費　720,000 × 5 か月 ÷ 12 か月 = 300,000
減価償却費 300,000 ／ 備品減価償却累計額 300,000 ● ──→ 備品 B の期首
　　　　　　　　　　　　　　　　　　　　　　　　　　　減価償却累計額

**ステップ2** 固定資産台帳を使って、備品勘定を記入します。備品は資産の勘定科目なので、前期繰越と次期繰越が出てきます。

### 固 定 資 産 台 帳

|  | 取得日 | 耐用年数 | 期首（期中取得）取得原価 | 期首減価償却累計額 | 当期減価償却費 |
|---|---|---|---|---|---|
| 備品 A | X4 年 4 月 1 日 | 8 年 | 4,000,000 | 1,500,000 | 500,000 |
| 備品 B | X6 年 11 月 1 日 | 5 年 | 3,600,000 | 300,000 | 720,000 |
| 備品 C | X7 年 10 月 1 日 | 6 年 | 4,800,000 | 0 | 400,000 |

### 備　品

| （　4/1）［前 期 繰 越］〈 7,600,000〉 | （　3/31）［次 期 繰 越］〈 12,400,000〉 |
|---|---|
| （　10/1）［普 通 預 金］〈 4,800,000〉 | （　　　　）［　　　　　　］〈　　　　　　〉 |
| 〈　　　　　　〉 | 〈　　　　　　〉 |

## 備品の前期繰越

❶備品は資産の勘定科目でホームポジションは借方（左側）です。備品の残高を前期から繰り越した場合、備品の残高が増えますので、ホームポジショ

261

ンと同じ借方（左側）に「4/1前期繰越」と書きます。

❷備品の前期繰越の金額を計算します。前期以前に取得したのは備品Aと備品Bです。これらの固定資産台帳の期首（期中取得）取得原価を合計すると備品の前期繰越の金額になります。

$$4,000,000 + 3,600,000 = 7,600,000$$

## 備品の当期取得（普通預金）

❶備品Cは当期の10月1日に取得しており、問題文に「備品に関する入出金はすべて普通預金口座で行っている」と指示がありますので、仕訳は次のようになります。

10月1日　備品4,800,000 ／ 普通預金4,800,000

❷上記の仕訳を備品勘定に書き写すので、備品勘定の借方（左側）に「10/1 普通預金4,800,000」と書きます。

## 備品の次期繰越

❶備品は資産の勘定科目でホームポジションは借方（左側）です。備品の残高を次期に繰り越す場合、備品勘定の貸方（右側）に「3/31次期繰越」と書きます。

❷備品の次期繰越の金額を計算します。当期末に取得済みなのは備品Aと備品Bと備品Cです。これらの固定資産台帳の期首（期中取得）取得原価を合計すると備品の次期繰越の金額になります。なお、備品勘定の借方（左側）の合計を計算して、次期繰越を計算することもできます。

$$4,000,000 + 3,600,000 + 4,800,000 = 12,400,000$$

**ステップ3** 固定資産台帳を使って、備品減価償却累計額勘定を記入します。備品減価償却累計額は資産のマイナスの勘定科目なので、前期繰越と次期繰越が出てきます。

固 定 資 産 台 帳

| | 取得日 | 耐用年数 | 期首（期中取得）取得原価 | 期首減価償却累計額 | 当期減価償却費 |
|---|---|---|---|---|---|
| 備品Ａ | X4年4月1日 | 8年 | 4,000,000 | 1,500,000 | 500,000 |
| 備品Ｂ | X6年11月1日 | 5年 | 3,600,000 | 300,000 | 720,000 |
| 備品Ｃ | X7年10月1日 | 6年 | 4,800,000 | 0 | 400,000 |

備品減価償却累計額

| | | | | | | | | |
|---|---|---|---|---|---|---|---|---|
| （ 3/31) | [ 次 期 繰 越 ] | 〈 3,420,000〉 | （ 4/1) | [ 前 期 繰 越 ] | 〈 1,800,000〉 |
| （ ) | [ ] | 〈 〉 | （ 3/31) | [ 減 価 償 却 費 ] | 〈 1,620,000〉 |
| | | 〈 〉 | | | 〈 〉 |

## 備品減価償却累計額の前期繰越

❶備品減価償却累計額は資産のマイナスの勘定科目でホームポジションは貸方（右側）です。備品減価償却累計額の残高を前期から繰り越した場合、備品減価償却累計額の残高が増えますので、ホームポジションと同じ貸方（右側）に「4/1前期繰越」と書きます（答案用紙に記入済み）。

❷備品減価償却累計額の前期繰越の金額を計算します。前期以前に取得したのは備品Ａと備品Ｂです。これらの固定資産台帳の期首減価償却累計額を合計すると備品減価償却累計額の前期繰越の金額になります。

　　1,500,000 + 300,000 = 1,800,000

## 備品減価償却累計額の当期の計上額（当期の減価償却）

❶備品は当期の決算のタイミングで、減価償却の決算整理仕訳を書きます。金額は固定資産台帳の当期減価償却費に書いてありますので、この金額を使います。

　　500,000 + 720,000 + 400,000 = 1,620,000

3月31日　減価償却費1,620,000 ／ 備品減価償却累計額1,620,000

❷上記の仕訳を備品減価償却累計額勘定に書き写すので、備品減価償却累計額勘定の右側に「3/31 減価償却費 1,620,000」と書きます。

## 備品減価償却累計額の次期繰越

❶備品減価償却累計額は資産のマイナスの勘定科目でホームポジションは貸

方（右側）です。備品減価償却累計額の残高を次期に繰り越す場合、備品減価償却累計額勘定の借方（左側）に「3/31 次期繰越」と書きます。

❷備品減価償却累計額の次期繰越の金額を計算します。固定資産台帳に「当期末減価償却累計額」の欄がないため、固定資産台帳から計算できません。次期繰越は、備品減価償却累計額勘定の貸方（右側）の合計から計算します。

$$1,800,000 + 1,620,000 = 3,420,000$$

ステップ4 固定資産台帳を使って、減価償却費勘定を記入します。減価償却費は費用の勘定科目なので、前期繰越や次期繰越は出てきません。そして、費用の勘定科目の場合、損益振替を行う必要があります。

固 定 資 産 台 帳

| | 取得日 | 耐用年数 | 期首（期中取得）取得原価 | 期首減価償却累計額 | 当期減価償却費 |
|---|---|---|---|---|---|
| 備品A | X4年4月1日 | 8年 | 4,000,000 | 1,500,000 | 500,000 |
| 備品B | X6年11月1日 | 5年 | 3,600,000 | 300,000 | 720,000 |
| 備品C | X7年10月1日 | 6年 | 4,800,000 | 0 | 400,000 |

減価償却費

( 3/31 )［ 備品減価償却累計額 ]〈 1,620,000〉( 3/31 )［ 損 益 ]〈 1,620,000〉

## 減価償却費の当期の計上額

❶備品は当期の決算のタイミングで、減価償却の決算整理仕訳を書きます。金額は固定資産台帳の当期減価償却費に書いてありますので、この金額を使います。

$$500,000 + 720,000 + 400,000 = 1,620,000$$

3月31日　減価償却費1,620,000 ／ 備品減価償却累計額1,620,000

❷上記の仕訳を減価償却費勘定に書き写すので、減価償却費勘定の借方（左側）に「3/31 備品減価償却累計額 1,620,000」と書きます。

## 減価償却費の損益振替

❶減価償却費は費用の勘定科目なので、決算の最後に損益振替の仕訳を書きます。減価償却費を損益に振り替えるので、減価償却費を減らします。貸方（右側）に減価償却費と書きます。反対側に損益と書きます。

3月31日　損益1,620,000 ／ 減価償却費1,620,000

❷上記の仕訳を減価償却費勘定に書き写すので、減価償却費勘定の貸方（右

側）に「3/31 損益 1,620,000」と書きます。

**ステップ5** 備品勘定と備品減価償却累計額勘定の合計を記入します。

### 第3問　損益計算書と貸借対照表 ＜目標時間＞30分

　損益計算書と貸借対照表の作成問題です。答案用紙に記入する箇所が多いですが、解き方は今まで学習した内容と同じです。ケアレスミスに気を付けながら、時間内に正確に解答する練習をしましょう。

**ステップ1** 下書きに仕訳を書きます。

[Ⅱ]

1. 消耗品費　8,000　｜ 小口現金　22,000
　　通信費　　14,000　｜

2. 当座預金　100,000　｜ 売掛金　100,000

3. 土地の半分　2,800,000 ÷ 2 = 1,400,000
　　仮受金　1,500,000 ｜ 土地　　　1,400,000
　　　　　　　　　　　｜ 土地売却益 100,000

[Ⅲ]

1. 帳簿価額 1,180,000 $\xrightarrow[]{\overset{差額}{\triangle 20,000}}$ 実際有高 1,160,000

　　雑損　20,000 ｜ 現金　20,000

2. 受取手形　1,300,000 × 1% = 13,000 ⎫ 28,000
　　売掛金　(1,600,000 △ 100,000) × 1% = 15,000 ⎭

　　　　　　　　　　　　　　　[Ⅱ]2の仕訳を反映させる

　　貸引 20,000 $\xrightarrow{+8,000}$ 28,000

　　貸倒引当金繰入 8,000 ｜ 貸倒引当金 8,000

3. 仕入 740,000 / 繰越商品 740,000
   繰越商品 840,000 / 仕入 840,000

4. 当期の減価償却費 3,250,000÷5年＝650,000
   減価償却費 650,000 / 備品減価償却累計額 650,000

5. 仮受消費税 2,720,000 / 仮払消費税 2,000,000
                        / 未払消費税 720,000

6.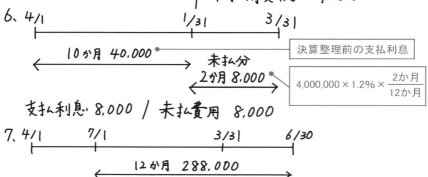

支払利息 8,000 / 未払費用 8,000

7. 4/1      7/1              3/31    6/30
   ├────┼──────────────┼──────┤
       12か月 288,000
                      3か月 72,000 ●── 288,000 × 3か月/12か月

前払費用 72,000 / 保険料 72,000

**ステップ2** 総勘定元帳の金額を貸借対照表と損益計算書の横に写します（黒字部分）。

**ステップ3** 下書きの仕訳の金額を貸借対照表と損益計算書の横に写します（赤字部分）。

**ステップ4** 上から順にうめます。損益計算書で当期純損失を求めます。

収益合計34,160,000 − 費用合計34,246,000 ＝ △86,000

マイナスなので、当期純損失86,000が貸方（右側）に記入されます。また、貸借対照表の繰越利益剰余金からマイナスします。

貸 借 対 照 表

X05年3月31日　　　　　　（単位：円）

| | | | |
|---|---|---|---|
| 1,180,000<br>△20,000 | 現　　　　金　　（　　） | 支 払 手 形　　（　　） | 800,000 |
| 100,000<br>△22,000 | 小 口 現 金　　（　　） | 買 　掛　 金　　（　　） | 1,200,000 |
| 7,540,000<br>+100,000 | 当 座 預 金　　（　　） | 借 　入　 金　　（　　） | 4,000,000 |
| 1,300,000 | 受 取 手 形 （　　） | 未 払 消 費 税　（　　） | +720,000 |
| ※13,000 | 貸倒引当金（△　）（　　） | 未 払 費 用　　（　　） | +8,000 |
| 1,600,000<br>△100,000 | 売 　掛　 金 （　　） | 資 　本　 金　　（　　） | 6,400,000 |
| ※15,000 | 貸倒引当金（△　）（　　） | 繰越利益剰余金　（　　） | 2,870,000<br>△86,000 |
| 740,000<br>△740,000<br>+840,000 | 商　　　　品　　（　　） | | |
| +72,000 | 前 払 費 用　　（　　） | | |
| 3,250,000 | 備　　　　品 （　　） | | |
| 650,000<br>+650,000 | 減価償却累計額（△　）（　　） | | |
| 2,800,000<br>△1,400,000 | 土 　　　　地　　（　　） | | |
| | 　　　　　　　　　（　　） | 　　　　　　　　（　　） | |

当期純損失

## 損 益 計 算 書
### X04年4月1日からX05年3月31日まで　　（単位：円）

| | | | | | | |
|---|---|---|---|---|---|---|
| 25,000,000 +940,000 △840,000 | 売 上 原 価 | （　　　　） | 売 上 高 | （　　　　） | 34,000,000 |
| 5,600,000 | 給 料 | （　　　　） | 受 取 手 数 料 | （　　　　） | 60,000 |
| +8,000 | 貸倒引当金繰入 | （　　　　） | 土 地 売 却（益） | （　　　　） | +100,000 |
| +650,000 | （減価償却費） | （　　　　） | 当 期 純（損失） | （　　　　） | 86,000 |
| 1,800,000 | 支 払 家 賃 | （　　　　） | | | |
| 580,000 | 水 道 光 熱 費 | （　　　　） | | | |
| 348,000 △72,000 | 保 険 料 | （　　　　） | | | |
| 39,000 +8,000 | 消 耗 品 費 | （　　　　） | | | |
| 303,000 +14,000 | 通 信 費 | （　　　　） | | | |
| 40,000 +8,000 | 支 払 利 息 | （　　　　） | | | |
| +20,000 | 雑 損 | （　　　　） | | | |
| | | （　　　　） | | （　　　　） | |

※貸倒引当金は下書きで計算したとおり受取手形1,300,000×1%
＝13,000、売掛金1,500,000×1%＝15,000となります。貸倒
引当金の合計13,000＋15,000＝28,000は「決算整理前の総勘
定元帳の貸倒引当金20,000と決算整理仕訳の貸倒引当金8,000
の合計28,000」と一致します。

**ステップ5** 最後に借方合計、貸方合計を計算します。不一致の場合、どこかで
ミスが起きているということです。

268

**Chapter 9**

# 模擬問題 第3回

答案用紙 P25 ／ 解答 P276 ／ 制限時間 全問60分

## 第1問（45点）

下記の各取引について仕訳しなさい。ただし、勘定科目は、設問ごとに最も適当と思われるものを選び、答案用紙の（　）内に記号で解答すること。なお、消費税は指示された問題のみ考慮すること。

1．株式会社広島物産は増資を行うことになり、1株あたり¥9,000で株式を新たに200株発行し、出資者より当社の当座預金口座に払込金が振り込まれた。発行価額の全額を資本金とする。
　ア．資本金　イ．売買目的有価証券　ウ．当座預金　エ．利益準備金

2．営業活動で利用する電車およびバスの料金支払用ICカードに現金¥20,000を入金し、領収証の発行を受けた。なお、入金時に全額費用に計上する方法を用いている。
　ア．仮受金　イ．現金　ウ．仮払金　エ．旅費交通費

3．当社の従業員に対して、年利率2.4%の条件で現金¥200,000を貸し付けた。利息の計算は月割計算をしており、元金と利息の返済は翌月以降の給料から差し引くこととする。
　ア．従業員貸付金　イ．従業員借入金　ウ．受取利息　エ．支払利息
　オ．現金　カ．当座預金　キ．支払手数料

4．販売目的の中古自動車を¥1,600,000で購入し、代金は後日支払うこととした。また、その引取運送費として¥20,000を現金で支払った。なお、当社は自動車販売業を営んでいる。
　ア．現金　イ．車両運搬具　ウ．売上　エ．仕入
　オ．売掛金　カ．買掛金　キ．支払手数料　ク．未払金

5．営業に用いている建物の改良・修繕を行い、代金¥4,000,000を、小切手を振り出して支払った。支払額のうち¥2,900,000は建物の価値を高める資本的支出であり、残額は機能維持のための収益的支出である。
　ア．現金　イ．当座預金　ウ．支払手数料　エ．仕入
　オ．修繕費　カ．貯蔵品　キ．建物　ク．売上

269

6．当期に得意先が倒産し、そのさいに売掛金¥65,000を貸倒損失に計上していたが、本日、得意先の清算にともない¥13,000の分配を受け、同額が普通預金口座へ振り込まれた。

　　ア．貸倒損失　イ．現金　ウ．貸倒引当金　エ．普通預金
　　オ．売掛金　カ．当座預金　キ．受取手形　ク．償却債権取立益

7．オフィスとしてビルの1部屋を1か月の家賃¥170,000で賃借する契約を結び、1か月分の家賃、敷金（家賃2か月分）および不動産会社への仲介手数料（家賃1か月分）を現金で支払った。

　　ア．支払家賃　イ．受取家賃　ウ．貸付金　エ．支払手数料
　　オ．現金　カ．借入金　キ．差入保証金　ク．未払金

8．銀行で当座預金口座を開設し、¥800,000を普通預金口座からの振り替えにより当座預金口座に入金した。また、小切手帳の交付を受け、手数料として¥1,000を現金で支払った。

　　ア．当座預金　イ．支払手数料　ウ．普通預金　エ．雑損
　　オ．雑益　カ．貯蔵品　キ．現金　ク．受取手数料

9．株式会社東北商事に対する売掛金¥370,000について、同社の承諾後、取引銀行を通じて電子記録債権の発生記録を行った。

　　ア．電子記録債権　イ．電子記録債務　ウ．売掛金　エ．受取手形

10．当社が保有している、信販会社が発行した商品券¥70,000をすべて精算し、同額の現金を受け取った。

　　ア．受取手形　イ．受取商品券　ウ．現金　エ．売掛金

11．従業員が出張から帰社し、旅費の精算を行ったところ、あらかじめ概算額で仮払いしていた¥60,000では足りず、不足額¥12,000を従業員が立替払いしていた。なお、この不足額は次の給料支払い時に従業員へ支払うため、未払金として計上した。

　　ア．旅費交通費　イ．未払金　ウ．仮払金　エ．立替金

12. 以下の納付書にもとづき、当社の普通預金口座から消費税を振り込んだ。
なお、消費税は税抜方式で記帳している。

| 領　収　証　書 | | | | |
|---|---|---|---|---|
| 科目 消費税及び地方消費税 | 本　　　税 | 1,745,000 | 納期等 の区分 | R030401 R040331 |
| | 重　加　算　税 | | 中間 申告 | 確定 申告 |
| | 加　算　税 | | | |
| 住所 東京都港区○○ | 利子税 | | | |
| | 延滞税 | | 出納印 R04.5.25 関東銀行 | |
| 氏名 株式会社パブロフ商事 | 合計額 | ¥1,745,000 | | |

ア．現金　イ．当座預金　ウ．未払法人税等　エ．未払消費税
オ．仮払消費税　カ．租税公課　キ．普通預金

13. X27年2月1日に取得した備品（取得原価：¥480,000、残存価額：ゼロ、
耐用年数：8年、定額法により償却、間接法により記帳）が不要になっ
たので、X30年8月31日に¥200,000で売却し、代金については翌月
末に受け取ることにした。なお、決算日は3月31日とし、減価償却費
は月割りで計算すること。
ア．建物　イ．備品　ウ．備品減価償却累計額　エ．固定資産売却益
オ．未払金　カ．未収入金　キ．減価償却費　ク．固定資産売却損

14. 現金過不足の貸方残高¥18,000について原因を調査したところ、先月
の水道光熱費を二重計上していたことが原因と判明した。
ア．現金　イ．現金過不足　ウ．水道光熱費　エ．雑損
オ．雑益　カ．仮受金　キ．仮払金

15. 月次決算処理のひとつとして、備品（取得原価¥1,200,000）について、
残存価額をゼロ、耐用年数を5年とする定額法で減価償却を行い、減価
償却費を月割で計上した。
ア．貯蔵品　イ．備品減価償却累計額　ウ．減価償却費　エ．未払金

**第2問**（20点）

問1　次の5月におけるA商品に関する［資料］にもとづいて、（1）と（2）に答えなさい。なお、払出単価の決定方法として、移動平均法を用いるものとする。


［資料］

| 5月 | 1日 | 前月繰越 | 60個 | @¥2,000 |
| | 9日 | 仕　　入 | 240個 | @¥1,980 |
| | 14日 | 売　　上 | 250個 | @¥3,600 |
| | 20日 | 仕　　入 | 350個 | @¥1,920 |
| | 26日 | 売　　上 | 320個 | @¥3,500 |


（1）答案用紙の商品有高帳（A商品）を作成しなさい。なお、商品有高帳は締め切らなくてよい。

（2）5月のA商品の売上総利益を答えなさい。

問2　X3年4月1日に設立された沖縄株式会社の次の［資料］にもとづいて、（1）と（2）に答えなさい。

［資料］

第1期（X3年4月1日からX4年3月31日まで）

・決算において、当期純利益￥3,000,000を計上した。

・第1期には配当を行っていない。

第2期（X4年4月1日からX5年3月31日まで）

・6月25日に開催された株主総会において、繰越利益剰余金残高から次のように処分することが決議された。

　　　株主配当金￥200,000

　　　配当にともなう（　①　）の積み立て￥20,000

・6月29日に、株主配当金￥200,000を普通預金口座から支払った。

・決算において、当期純損失￥100,000を計上した。

（1）第2期の決算において、損益勘定で算定された当期純損失￥100,000を繰越利益剰余金勘定に振り替える仕訳を答えなさい。勘定科目については、［語群］の中から選択すること。

（2）第2期における繰越利益剰余金勘定の空欄①〜④に入る適切な語句または金額を答えなさい。①と②については、［語群］の中から選択すること。

繰越利益剰余金

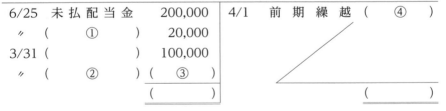

［語群］

| 普　通　預　金 | 損　　　　　益 | 利益準備金 | 資　　本　　金 | 次　期　繰　越 | 繰越利益剰余金 |
|---|---|---|---|---|---|

**第3問**（35点）

　次の資料（1）決算整理前残高試算表と資料（2）決算整理事項にもとづいて、問1、問2に答えなさい。なお、消費税は商品売買取引からのみ発生するものとする。

資料（1）決算整理前残高試算表

残 高 試 算 表

X12年3月31日

| 借　　　方 | 勘 定 科 目 | 貸　　　方 |
|---:|:---|---:|
| 96,200 | 現　　　　　金 | |
| | 現 金 過 不 足 | 4,000 |
| 878,000 | 当 座 預 金 | |
| 420,000 | 売　掛　　金 | |
| 276,000 | 繰 越 商 品 | |
| 30,000 | 仮　払　　金 | |
| 1,026,600 | 仮 払 消 費 税 | |
| 360,000 | 備　　　　　品 | |
| 2,500,000 | 土　　　　　地 | |
| | 買　掛　　金 | 166,000 |
| | 仮 受 消 費 税 | 1,516,000 |
| | 貸 倒 引 当 金 | 2,600 |
| | 備品減価償却累計額 | 138,000 |
| | 資　本　　金 | 3,000,000 |
| | 繰越利益剰余金 | 479,200 |
| | 売　　　　　上 | 15,160,000 |
| 10,666,000 | 仕　　　　　入 | |
| 2,432,000 | 給　　　　　料 | |
| 650,000 | 支 払 家 賃 | |
| 258,000 | 水 道 光 熱 費 | |
| 186,000 | 消 耗 品 費 | |
| 137,000 | 通　信　　費 | |
| 484,000 | 広 告 宣 伝 費 | |
| 66,000 | 減 価 償 却 費 | |
| 20,465,800 | | 20,465,800 |

資料（2）決算整理事項

1. 商品¥150,000（本体価格）を仕入れ、消費税8%（軽減税率）を含めた金額を掛けとしたが、未処理であった。

2. 仮払金はすべて消耗品の概算払いによるものであり、従業員はすでに消耗品¥26,000を購入し、残額を受け取っていたが未処理であった。なお、精算時の残額の受け取り額は現金過不足の金額と一致しており、消耗品の購入額は費用処理すること。

3. 未使用の郵便切手¥16,800を適切な勘定に振り替える。

4. 売掛金の期末残高に対して、2%の貸倒引当金を差額補充法により設定する。

5. 期末商品棚卸高は¥320,000であった。なお、上記1.の仕入の未処理分は含まれている。

6. 当社は備品について、毎月末に1か月分の減価償却費を計上している。決算において、当月分の減価償却費を計上する。備品は残存価額ゼロ、耐用年数5年で定額法によって減価償却を行っている。

7. 消費税（税抜方式）を処理する。

8. 当社は看板の広告掲載を契約しており、毎月¥44,000の広告掲載料を翌月末に支払っている。3月分の広告掲載料について、未払い計上する。

9. 2月末に向こう2か月分（3月と4月）の家賃¥100,000を支払っているが、適切に処理する。

10. 法人税等が¥48,000と計算されたので、未払法人税等を計上する。なお、当期中に中間納付は行っていない。

問1　答案用紙の決算整理後残高試算表を完成しなさい。
問2　当期純利益または当期純損失の金額を答えなさい。

## 解答 第3回

**第1問**（45点）　　　　　　　　　　　　　仕訳1組につき3点×15か所

| | 仕 | | 訳 | | |
|---|---|---|---|---|---|
| | 借　方 | | | 貸　方 | |
| | 記　　号 | 金　　額 | | 記　　号 | 金　　額 |
| 1 | ウ | 1,800,000 | ア | | 1,800,000 |
| 2 | エ | 20,000 | イ | | 20,000 |
| 3 | ア | 200,000 | オ | | 200,000 |
| 4 | エ | 1,620,000 | カ<br>ア | | 1,600,000<br>20,000 |
| 5 | キ<br>オ | 2,900,000<br>1,100,000 | イ | | 4,000,000 |
| 6 | エ | 13,000 | ア | | 13,000 |
| 7 | ア<br>キ<br>エ | 170,000<br>340,000<br>170,000 | オ | | 680,000 |
| 8 | ア<br>イ | 800,000<br>1,000 | ウ<br>キ | | 800,000<br>1,000 |
| 9 | ア | 370,000 | ウ | | 370,000 |
| 10 | ウ | 70,000 | イ | | 70,000 |
| 11 | ア | 72,000 | ウ<br>イ | | 60,000<br>12,000 |
| 12 | エ | 1,745,000 | キ | | 1,745,000 |
| 13 | ウ<br>キ<br>カ<br>ク | 190,000<br>25,000<br>200,000<br>65,000 | イ | | 480,000 |
| 14 | イ | 18,000 | ウ | | 18,000 |
| 15 | ウ | 20,000 | イ | | 20,000 |

## 第2問（20点）

問1  1つにつき各2点×5か所

（1）

商 品 有 高 帳
A 商 品

| X7年 | | 摘　要 | 受　入 | | | 払　出 | | | 残　高 | | |
|---|---|---|---|---|---|---|---|---|---|---|---|
| | | | 数量 | 単価 | 金額 | 数量 | 単価 | 金額 | 数量 | 単価 | 金額 |
| 5 | 1 | 前 月 繰 越 | 60 | 2,000 | 120,000 | | | | 60 | 2,000 | 120,000 |
| | 9 | 仕　　入 | 240 | 1,980 | 475,200 | | | | 300 | 1,984 | 595,200 |
| | 14 | 売　　上 | | | | 250 | 1,984 | 496,000 | 50 | 1,984 | 99,200 |
| | 20 | 仕　　入 | 350 | 1,920 | 672,000 | | | | 400 | 1,928 | 771,200 |
| | 26 | 売　　上 | | | | 320 | 1,928 | 616,960 | 80 | 1,928 | 154,240 |

（2）　売上総利益　¥　　907,040

問2  (1) 仕訳1組につき2点×1か所
(2) 各2点×4か所

（1）

| 借　方　科　目 | 金　額 | 貸　方　科　目 | 金　額 |
|---|---|---|---|
| 繰 越 利 益 剰 余 金 | 100,000 | 損　　　　　益 | 100,000 |

（2）

| ① | ② | ③ | ④ |
|---|---|---|---|
| 利益準備金 | 次期繰越 | 2,680,000 | 3,000,000 |

## 第3問（35点）

問1

勘定科目と金額、両方合って正解

1つにつき各3点×10か所

1つにつき各1点×5か所

### 決算整理後残高試算表

| 借　　方 | 勘　定　科　目 | 貸　　方 |
|---:|:---|---:|
| 96,200 | 現　　　　　金 | |
| 878,000 | 当　座　預　金 | |
| 420,000 | 売　　掛　　金 | |
| 320,000 | 繰　越　商　品 | |
| 16,800 | 貯　　蔵　　品 | |
| 50,000 | （　前　払　）　家　賃 | |
| 360,000 | 備　　　　　品 | |
| 2,500,000 | 土　　　　　地 | |
| | 買　　掛　　金 | 328,000 |
| | （未払）広告宣伝費 | 44,000 |
| | 未　払　消　費　税 | 477,400 |
| | 未　払　法　人　税　等 | 48,000 |
| | 貸　倒　引　当　金 | 8,400 |
| | 備品減価償却累計額 | 144,000 |
| | 資　　本　　金 | 3,000,000 |
| | 繰　越　利　益　剰　余　金 | 479,200 |
| | 売　　　　　上 | 15,160,000 |
| 10,772,000 | 仕　　　　　入 | |
| 2,432,000 | 給　　　　　料 | |
| 600,000 | 支　払　家　賃 | |
| 258,000 | 水　道　光　熱　費 | |
| 212,000 | 消　耗　品　費 | |
| 120,200 | 通　　信　　費 | |
| 528,000 | 広　告　宣　伝　費 | |
| 72,000 | 減　価　償　却　費 | |
| 5,800 | 貸　倒　引　当　金　繰　入 | |
| 48,000 | 法　人　税　等 | |
| 19,689,000 | | 19,689,000 |

問2　当期純（**利益**）　¥　112,000

278

 解説 第3回

**模擬問題 第3回について**

　今回は第2問に時間がかかりますが、第3問は解きやすい問題を出題しています。第2問はさまざまな問題が出題されますので、模擬問題だけを解くのではなく、Chapter2〜6の問題を目標時間内に解けるように練習することが大切です。第3問では精算表と財務諸表（損益計算書と貸借対照表）だけでなく、決算整理後残高試算表も出題されますので、解けるように練習しておきましょう。

**〈目標点数・目標時間〉**

　第2問は難しくないのですが、答案用紙の記入に少し時間がかかる問題です。第3問に使える時間が短くなってしまいますが、焦らずに落ち着いて第3問を解くことが大切です。

| | 出題 | 配点 | 目標点 | 目標時間 |
|---|---|---|---|---|
| 第1問 | 仕訳問題 | 45点 | 36点 | 15分 |
| 第2問 | 問1　商品有高帳 | 10点 | 6点 | 10分 |
| | 問2　繰越利益剰余金の勘定記入 | 10点 | 6点 | 8分 |
| 第3問 | 決算整理後残高試算表 | 35点 | 26点 | 27分 |

**〈解く順番〉**

　解く順番：第1問→第3問→第2問

**第1問　仕訳問題**＜目標時間＞15分

**1．増資**

**ステップ1**　増資により新しい株式を発行したので「資本金」が増えます。資本金は純資産（ホームポジション右）なので、増えるときは右に書きます。

　　　　9,000 × 200株 = 1,800,000

　　　　　　　／ 資本金　1,800,000

**ステップ2**　当座預金口座に振り込まれたので「当座預金」が増えます。当座預

1 仕訳
2 取引要素の結びつきを理解しよう
3 勘定の記入
4 補助簿
5 伝票会計
6 理論問題
7 試算表と精算表
8 損益計算書と貸借対照表
9 模擬問題【第3回】

金は資産（ホームポジション左）なので、増えるときは左に書きます。

当座預金　1,800,000 ／ 資本金　1,800,000

## 2．旅費交通費

**ステップ1** 料金支払用ICカードに現金を入金したので「現金」が減ります。

　　　　　／ 現金　20,000

**ステップ2** 「入金時に全額費用に計上する方法」と指示があるので「旅費交通費」が増えます。旅費交通費は費用（ホームポジション左）なので、増えるときは左に書きます。

旅費交通費　20,000 ／ 現金　20,000

> **⟨▶ ワンポイント⟩**
>
> 電車・バスの料金支払用ICカードは、次の2つの方法で仕訳を行うことが多いです。問題文にどのように仕訳をするのか指示がありますので、問題文の指示に従って解答することが大切です。
> ・入金時に全額費用に計上する方法
> ・月末に使用した金額を費用に計上する方法

## 3．従業員貸付金

**ステップ1** 従業員に現金を貸し付けたので「従業員貸付金」が増えます。従業員貸付金は資産（ホームポジション左）なので、増えるときは左に書きます。利息は元金とともに翌月の給料から差し引くので、貸し付けたときに利息は計上しません。

従業員貸付金　200,000 ／

**ステップ2** 現金を貸し付けたので「現金」が減ります。現金は資産（ホームポジション左）なので、減るときは右に書きます。

従業員貸付金　200,000 ／ 現金　200,000

## 4．主たる営業取引と仕入の諸掛

**ステップ1** 「当社は自動車販売業を営んでいる」ため「販売目的の中古自動車」を購入した場合「仕入」を使います。仕入の金額は次のように計算します。引取運送費も仕入に含める点に注意しましょう。

　　　1,600,000 + 20,000 = 1,620,000

仕入 1,620,000 ／

**ステップ2** 代金は後日支払うので「買掛金」が増えます。右に書きます。また、引取運送費は現金で支払ったので「現金」が減ります。右に書きます。

仕入 1,620,000 ／ 買掛金 1,600,000
　　　　　　　　　現金　　　20,000

**◀▶ ワンポイント**

本問で「未払金」ではなく「買掛金」を使うのは、本問では販売目的の中古自動車の購入が、会社の「本来の営業取引」だからです。買掛金と未払金の違いは次のとおりです。

| 勘定科目 | 買掛金 | 未払金 |
|---|---|---|
| よくある仕訳 | 仕入／買掛金 | 備品／未払金 |
| どんなときに使うか | 会社の「本来の営業取引」でものを後払いで買ったとき。例：スーパーが野菜を後払いで買った。 | 会社の「本来の営業取引」以外のものを後払いで買ったとき。例：スーパーが備品を後払いで買った。 |

## 5. 建物の修繕（資本的支出と収益的支出）

**ステップ1** 「建物の価値を高める資本的支出」なので「建物」が増えます。建物は資産（ホームポジション左）なので、増えるときは左に書きます。

建物　2,900,000 ／

**ステップ2** 「残額は機能維持のための収益的支出」なので「修繕費」が増えます。修繕費は費用（ホームポジション左）なので、増えるときは左に書きます。

　4,000,000 − 2,900,000 = 1,100,000

建物　　2,900,000 ／
修繕費　1,100,000 ／

**ステップ3** 小切手を振り出して支払ったので「当座預金」が減ります。当座預金は資産（ホームポジション左）なので、減るときは右に書きます。

建物　　2,900,000 ／ 当座預金 4,000,000
修繕費　1,100,000 ／

## 6. 当期の貸倒れの一部回収

**ステップ1** 当期に売掛金が貸倒れたとき、借方（左側）に貸倒損失を計上して

281

いました。当期中に一部回収できたので、その分「貸倒損失」を取り消します。貸倒損失は費用（ホームポジション左）なので、減るときは右に書きます。

／ 貸倒損失　13,000

**ステップ2** 普通預金口座へ振り込まれたので「普通預金」が増えます。普通預金は資産（ホームポジション左）なので、増えるときは左に書きます。

普通預金　13,000 ／ 貸倒損失　13,000

> **《▶ ワンポイント》**
>
> 得意先が倒産したとき、当社は得意先への売掛金を「もう返ってこないもの」として扱い、売掛金を減らし、貸倒損失を計上する仕訳をします。
> 貸倒損失　65,000 ／ 売掛金　65,000
> その後、得意先が清算を行い、所有していた土地などの財産の処分をして少しお金ができることがあります。その場合、当社のように以前、債権を持っていた会社に対して一部お金を返してくれることがあります。当社は貸倒れのうち一部回収した分について、貸倒損失を取り消しています。
> 普通預金　13,000 ／ 貸倒損失　13,000

## ７．不動産の賃借

**ステップ1** 家賃を支払うので「支払家賃」が増えます。敷金を支払うので「差入保証金」が増えます。仲介手数料を支払うので「支払手数料」が増えます。支払家賃と支払手数料は費用（ホームポジション左）なので、増えるときは左に書きます。差入保証金は資産（ホームポジション左）なので、増えるときは左に書きます。

差入保証金　170,000 × 2 か月 = 340,000

支払家賃　　170,000 ＼
差入保証金　340,000 ／
支払手数料　170,000 ／

**ステップ2** 現金で支払ったので「現金」が減ります。右に書きます。

支払家賃　　170,000 ／ 現金　680,000
差入保証金　340,000 ／
支払手数料　170,000 ／

## ８．口座の開設

**ステップ1** 普通預金口座から当座預金口座に振り替えたので「普通預金」が減

282

り「当座預金」が増えます。

当座預金 800,000 ／ 普通預金 800,000

**ステップ2** 手数料を支払ったので「支払手数料」が増えます。現金で支払ったので「現金」が減ります。

支払手数料 1,000 ／ 現金 1,000

## 9．電子記録債権の発生

**ステップ** 売掛金の回収を電子記録債権で行ったので「売掛金」が減り「電子記録債権」が増えます。

電子記録債権 370,000 ／ 売掛金 370,000

## 10．商品券の精算

**ステップ1** 現金を受け取ったので「現金」が増えます。左に書きます。

現金 70,000 ／

**ステップ2** 商品券を精算するので「受取商品券」を減らします。受取商品券は資産（ホームポジション左）なので、減るときは右に書きます。商品券の精算とは、商品券を交換所へ持って行きお金に替えてもらうことです。

現金 70,000 ／ 受取商品券 70,000

## 11．旅費交通費の精算

**ステップ1** 旅費の金額が確定したので「仮払金」を取り崩します。仮払金は資産（ホームポジション左）なので、減るときは右に書きます。

／ 仮払金 60,000

**ステップ2** 不足額については「未払金として計上」と指示があるので「未払金」を増やします。未払金は負債（ホームポジション右）なので、増えるときは右に書きます。

／ 仮払金 60,000
／ 未払金 12,000

**ステップ3** 旅費が発生したので「旅費交通費」が増えます。旅費交通費は費用（ホームポジション左）なので、増えるときは左に書きます。

60,000 ＋ 12,000 ＝ 72,000

① 仕訳
② 現実資産と帳簿の類別 試びよう
③ 勘定の記入
④ 補助簿
⑤ 伝票会計
⑥ 理論問題
⑦ 試算表と精算表
⑧ 損益計算書と貸借対照表
⑨ 模擬問題【第3回】

旅費交通費　72,000　／　仮払金　60,000
　　　　　　　　　　　　／　未払金　12,000

## 12. 証ひょう　消費税の確定納付

**ステップ1** 消費税の領収証書（納付書）は次の赤く囲った部分に注目しましょう。❶消費税の❷本税1,745,000を❸確定申告していますので、消費税の確定納付ということがわかります。

| 科目 | 領　収　証　書 | | 納期等 | R030401 |
|---|---|---|---|---|
| ❶ 消費税及び地方消費税 | ❷ 本　　　税 | 1,745,000 | の区分 | R040331 |
| | 重　加　算　税 | | ❸ 中間申告 | 確定申告 |
| 住所　東京都港区〇〇 | 加　算　税 | | | |
| | 利　子　税 | | | 出納印 |
| | 延　滞　税 | | | R04.5.25 |
| 氏名　株式会社パブロフ商事 | 合　計　額 | ￥1,745,000 | | 関東銀行 |

**ステップ2** 前期に確定申告した消費税を納付したので「未払消費税」が減ります。未払消費税は負債（ホームポジション右）なので、減るときは左に書きます。

未払消費税 1,745,000 ／

**ステップ3** 普通預金口座から振り込んだので「普通預金」が減ります。普通預金は資産（ホームポジション左）なので、減るときは右に書きます。

未払消費税 1,745,000 ／ 普通預金 1,745,000

## 13. 固定資産の売却

**ステップ1** 備品を売却したので「備品」がなくなります。備品を全額減らします。

／ 備品　480,000

**ステップ2** 下書きを書き、期首の備品減価償却累計額と当期の減価償却費を計算します。「備品減価償却累計額」を全額減らし、当期の「減価償却費」を増やします。左に書きます。

1年あたりの減価償却費　（480,000 − 0）÷ 8年 ＝ 60,000

①当期首までの期間（当期首の減価償却累計額を計算する月数）

X27年2月1日〜 X27年3月31日　→　　2か月 ┐

X27年4月1日〜 X28年3月31日　→　　12か月 │

X28年4月1日〜 X29年3月31日　→　　12か月 ├─ 38か月

X29年4月1日〜 X30年3月31日　→　　12か月 ┘

　当期首の減価償却累計額　60,000 ÷ 12か月 × 38か月 = 190,000

②当期の期間（当期の減価償却費を計算する月数）

X30年4月1日〜 X30年8月31日　→　　5か月

　当期の減価償却費　60,000 ÷ 12か月 × 5か月 = 25,000

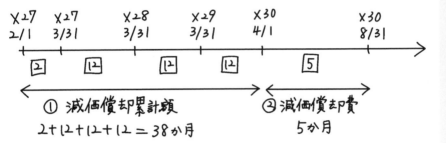

備品減価償却累計額　190,000 ／ 備品　480,000

減価償却費　　　　　 25,000 ／

**ステップ3** 代金200,000は「翌月末に受け取る」ので「未収入金」が増えます。
未収入金は資産（ホームポジション左）なので、増えるときは左に
書きます。

備品減価償却累計額　190,000 ／ 備品　480,000
減価償却費　　　　　　 25,000
未収入金　　　　　　　200,000 ／

ステップ4 差額が左側ということは、費用（損）が発生している状況なので「固定資産売却損」と書きます。

　　480,000 − 190,000 − 25,000 − 200,000 = 65,000

備品減価償却累計額　190,000 ／ 備品　480,000
減価償却費　　　　　　 25,000
未収入金　　　　　　　200,000
固定資産売却損　　　　 65,000 ／

## 14. 現金過不足

ステップ1 現金過不足の原因が判明したので、現金過不足の貸方残高（右側）を取り消します。借方（左側）に「現金過不足」と書きます。

現金過不足　18,000 ／

ステップ2 水道光熱費を二重計上していたので「水道光熱費」を減らします。水道光熱費は費用（ホームポジション左）なので、減らすときは右に書きます。

現金過不足　18,000 ／ 水道光熱費　18,000

## 15. 月次決算の減価償却

ステップ 月次決算の場合、1か月分の減価償却を行います。

　　1年分の減価償却費　（1,200,000 − 0）÷ 5年 = 240,000
　　1か月分の減価償却費　240,000 ÷ 12か月 = 20,000

減価償却費　20,000 ／ 備品減価償却累計額　20,000

## 第2問
### 問1　商品有高帳＜目標時間＞10分

ステップ1 （1）について、次のように記入します。

商 品 有 高 帳
A 商 品

| X7年 | | 摘 要 | 受 入 | | | 払 出 | | | 残 高 | | |
|---|---|---|---|---|---|---|---|---|---|---|---|
| | | | 数量 | 単価 | 金額 | 数量 | 単価 | 金額 | 数量 | 単価 | 金額 |
| 5 | 1 | 前 月 繰 越 | 60 | 2,000 | 120,000 | | | | 60 | 2,000 | 120,000 |
| | 9 | 仕　　入 | 240 | 1,980 | 475,200 | | | | ❶300 | 1,984 | 595,200 |
| | 14 | 売　　上 | | | | 250 | 1,984 | 496,000 | 50 | 1,984 | 99,200 |
| | 20 | 仕　　入 | 350 | 1,920 | 672,000 | | | | ❷400 | 1,928 | 771,200 |
| | 26 | 売　　上 | | | | 320 | 1,928 | 616,960 | 80 | 1,928 | 154,240 |

❶前月から残っている商品が60個で合計120,000円、9日に仕入れた商品が240個で合計475,200円なので、移動平均法で残高を計算すると次のようになります。

数量　60個 + 240個 = 300個

単価　$\dfrac{120,000円 + 475,200円}{60個 + 240個}$ = 1,984円

金額　120,000円 + 475,200円 = 595,200円

❷20日の取引前に残っている商品が50個で合計99,200円、20日に仕入れた商品が350個、合計672,000円なので、移動平均法で残高を計算すると次のようになります。

数量　50個 + 350個 = 400個

単価　$\dfrac{99,200円 + 672,000円}{50個 + 350個}$ = 1,928円

金額　99,200円 + 672,000円 = 771,200円

ステップ2 (2)について、売上高を計算し、売上原価を差し引き、売上総利益を求めます。売上原価は商品有高帳の払出の金額を合計して計算します。

$\underset{14日売上高}{@3,600 \times 250} + \underset{26日売上高}{@3,500 \times 320} - \underset{14日売上原価}{496,000} - \underset{26日売上原価}{616,960}$

= 907,040

## 問2　繰越利益剰余金の勘定記入 <目標時間> 8分

ステップ1 第1期と第2期の仕訳を下書きに書きます。繰越利益剰余金は〇を付けておくと（2）を記入するときにわかりやすいです。

第1期　損益　3,000,000／ 繰越利益剰余金 3,000,000

第2期　繰越利益剰余金 220,000 ／ 未払配当金　200,000
　　　　　　　　　　　　　　　　利益準備金　 20,000

　　　　未払配当金 200,000／普通預金 200,000

　　　　繰越利益剰余金 100,000 ／ 損益 100,000 ←（1）

**ステップ2** 下書きを見ながら繰越利益剰余金勘定を記入し、①〜④を答えます。
総勘定元帳の記入が苦手な人はChapter3を復習しておきましょう。
①繰越利益剰余金の配当を行う場合、利益準備金を積み立てます。
②③次期繰越を記入します。金額は借方と貸方の差額で計算します。
3,000,000 − 200,000 − 20,000 − 100,000 = 2,680,000
④前期繰越の金額は、第1期の繰越利益剰余金3,000,000を記入
します。

繰越利益剰余金

| 6/25　未払配当金 | 200,000 | 4/1　前期繰越 | （④3,000,000） |
|---|---|---|---|
| 〃　（①利益準備金） | 20,000 | | |
| 3/31（　損　益　） | 100,000 | | |
| 〃　（②次期繰越） | （③2,680,000） | | |
| | （3,000,000） | | （3,000,000） |

## 第3問　決算整理後残高試算表 ＜目標時間＞ 27分

決算整理後残高試算表を作成する問題です。

**ステップ1** 下書きに仕訳を書きます。

1. 仕入　150,000　　 ／ 買掛金　162,000
   仮払消費税 12,000 ／

2. 消耗品費 26,000 ／ 仮払金　30,000
   現金過不足 4,000 ／

3. 貯蔵品 16,800 ／ 通信費　16,800

4、売掛金 420,000 × 2% = 8,400

貸倒引当金 2,600 $\xrightarrow{+5,800}$ 8,400

貸倒引当金繰入 5,800 / 貸倒引当金 5,800

5、仕入 276,000 / 繰越商品 276,000

繰越商品 320,000 / 仕入 320,000

6、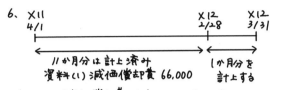

資料(い)減価償却費 66,000

1年あたりの減価償却費 (360,000 - 0) ÷ 5年 = 72,000

1か月あたりの減価償却費 72,000 ÷ 12か月 = 6,000

減価償却費 6,000 / 備品減価償却累計額 6,000

7、仮払消費税 1,026,600 + 12,000 = 1,038,600

仮受消費税 1,516,000 / 仮払消費税 1,038,600
　　　　　　　　　　/ 未払消費税 477,400

8、広告宣伝費 44,000 / 未払広告宣伝費 44,000

9、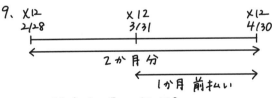

100,000 ÷ 2か月 = 50,000

前払家賃 50,000 / 支払家賃 50,000

10、法人税等 48,000 / 未払法人税等 48,000

---

**1.** 掛け仕入れが未処理だったので、仕訳を書きます。本問では「軽減税率8％」と指示があるので、消費税は8％で計算します。消費税率は10％が基本ですが、飲食料品などについては軽減税率8％が適用されます。消費税率は問題文の指示に従って解きましょう。

289

**2.** 仮払金の精算の応用問題です。現金過不足が出てくるため、少し難しいです。仮払金を取り崩すので「仮払金」を減らします。右に書きます。消耗品費が増えるので左に「消耗品費」と書きます。最後に、残額は現金過不足と一致しているので「現金過不足」を使います。左に書きます。消耗品の概算払いの流れを整理すると次のようになります。

①消耗品の概算払いをしたとき

　　仮払金　　　30,000 ／ 現金　　　　30,000

②現金実査をしたとき

　　現金　　　　4,000 ／ 現金過不足　4,000

③仮払金の精算をしたとき

　　消耗品費　 26,000 ／ 仮払金　　　30,000
　　現金過不足　4,000 ／

**3.** 未使用の郵便切手は通信費から貯蔵品に振り替えます。

**6.** 備品の減価償却費は毎月末に計上しているので、毎月末に次の仕訳を書きます。

減価償却費　6,000 ／ 備品減価償却累計額　6,000

4月から2月末までの11か月分の仕訳が計上されていますので、合計すると次のようになります。これは資料（1）の減価償却費66,000と一致します。

減価償却費 66,000 ／ 備品減価償却累計額 66,000

決算で3月分を計上するので、1か月分の減価償却費の仕訳を書くことになります。

**7.** 仮払消費税について、資料（2）1．の仕訳が影響する点に注意が必要です。

**8.** 広告掲載料は、広告宣伝費を使います。3月分の広告宣伝費は翌月末に支払うので、広告宣伝費と未払広告宣伝費を計上します。

**9.** 2月末に2か月分（3月と4月）の家賃を支払っていますが、4月は翌期分なので、前払家賃です。4月分の支払家賃を減らし、前払家賃を増やします。

**10.** 法人税等の中間納付は行っていないので、当期の法人税等の全額を未払法人税等に計上します。

ステップ2 問1　残高試算表の金額を決算整理後残高試算表の横に写します（黒字部分）。

**ステップ3** 下書きの仕訳の金額を決算整理後残高試算表の横に写します（赤字部分）。

### 決算整理後残高試算表

| 借　　方 | 勘　定　科　目 | 貸　　方 |
|---|---|---|
| 96,200 | 現　　　　　金 | |
| 878,000 | 当　座　預　金 | |
| 420,000 | 売　　掛　　金 | |
| 276,000 △276,000 +320,000 | 繰　越　商　品 | |
| +16,800 | 貯　蔵　品 | |
| +50,000 | （前払）家賃 | |
| 360,000 | 備　　　　　品 | |
| 2,500,000 | 土　　　　　地 | |
| | 買　　掛　　金 | 166,000 +162,000 |
| | （未払）広告宣伝費 | +44,000 |
| | 未　払　消　費　税 | +477,400 |
| | 未　払　法　人　税　等 | +48,000 |
| | 貸　倒　引　当　金 | 2,600 +5,800 |
| | 備品減価償却累計額 | 138,000 +6,000 |
| | 資　　本　　金 | 3,000,000 |
| | 繰　越　利　益　剰　余　金 | 479,200 |
| | 売　　　　　上 | 15,160,000 |
| 10,666,000 +150,000 +276,000 △320,000 | 仕　　　　　入 | |
| 2,432,000 | 給　　　　　料 | |
| 650,000 △50,000 | 支　払　家　賃 | |
| 258,000 | 水　道　光　熱　費 | |
| 186,000 +26,000 | 消　耗　品　費 | |
| 137,000 △16,800 | 通　　信　　費 | |
| 484,000 +44,000 | 広　告　宣　伝　費 | |
| 66,000 +6,000 | 減　価　償　却　費 | |
| +5,800 | 貸　倒　引　当　金　繰　入 | |
| +48,000 | 法　人　税　等 | |

**ステップ4** 最後に借方合計、貸方合計を計算します。不一致の場合、どこかでミスが起きているということです。

**ステップ5** 決算整理後残高試算表を使って、問2を計算します。

収益　15,160,000

費用　10,772,000 + 2,432,000 + 600,000 + 258,000 + 212,000
　　　+ 120,200 + 528,000 + 72,000 + 5,800 + 48,000
　　　= 15,048,000

当期純利益　15,160,000 − 15,048,000 = 112,000

収益の金額が費用の金額より大きいので、差額は当期純利益となります。

**豆知識** 貸借対照表の評価勘定

　貸倒引当金と減価償却累計額は、評価勘定といわれます。評価勘定は資産のマイナス勘定なので、貸借対照表では特別な表示方法になります。

　ここでは貸倒引当金を例にとって見ていきます。例題1のパターン、例題2のパターンのどちらも出題されます。答案用紙の形式を見て判断しましょう。

**例題1**：受取手形と売掛金の期末残高に対して、2%の貸倒引当金を差額補充法により設定する。

貸借対照表（一部）

| | | |
|---|---|---|
| 受取手形 | 100,000 | |
| 売掛金 | 200,000 | |
| 　貸倒引当金 | △　6,000 | 294,000 |

$100,000 + 200,000 - 6,000 = 294,000$

下線があるときは右に小計を書く（簿記のルール）

**例題2**：受取手形および売掛金の期末残高に対して、それぞれ2%の貸倒引当金を差額補充法により設定する。

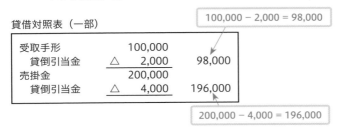

貸借対照表（一部）

| | | |
|---|---|---|
| 受取手形 | 100,000 | |
| 　貸倒引当金 | △　2,000 | 98,000 |
| 売掛金 | 200,000 | |
| 　貸倒引当金 | △　4,000 | 196,000 |

$100,000 - 2,000 = 98,000$

$200,000 - 4,000 = 196,000$

# この本が終わったら、何をすればいいの？

## ●【購入特典】ネット試験の予想模試を受けてみる

「パブロフ簿記」ホームページで、ネット試験の情報やネット試験の予想模試（2回分）を掲載しています。ネット試験を受験される方はぜひご覧ください。

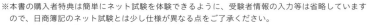

https://pboki.com/net/s3net2024.html

**3級総仕上げ問題集専用パスワード：c7ab**

※本書の購入者特典は簡単にネット試験を体験できるように、受験者情報の入力等は省略していますので、日商簿記のネット試験とは少し仕様が異なる点をご了承ください。
また、本書の購入特典であるネット試験の体験ページの提供期間は2025年3月末までとなります。

## ●苦手分野の克服

本書が終わっても、すべての問題を完璧に解くことができる人はほとんどいないと思います。そこで、苦手な分野を克服する必要があります。苦手分野は、次のように行うと効率的に学習できます。

①苦手分野について、テキストに戻り十分に内容を理解しているか確認する。

②本書の中で苦手分野の問題を見つけ、解いてみる。

③解けない場合は、解説をよく読み内容を理解する。さらに、解説にある解く手順をマネして書きながら、もう一度問題を解いてみる。簿記は「理解しているのに問題が解けない」ということがよく起こるが、それを克服するには、どのような手順で問題を解けばいいのかを知ることが重要。

## ●解き直し

本書の問題を解き直す場合は、次のサイトから答案用紙のダウンロードができます。特にChapter9模擬問題は、必ず時間を計って60分以内に解き終わるように、何度も練習しましょう。

https://www.shoeisha.co.jp/book/download/9784798183787

## ●パブロフ簿記のブログ

著者のブログでは以下の最新情報などを発信しています。「パブロフ流シリーズ」についての質問も受け付けています。

●解き方動画　●本試験の出題予想　など

https://pboki.com/

## 本書内容に関するお問い合わせについて

このたびは翔泳社の書籍をお買い上げいただき、誠にありがとうございます。弊社では、読者の皆様からのお問い合わせに適切に対応させていただくため、以下のガイドラインへのご協力をお願い致しております。下記項目をお読みいただき、手順に従ってお問い合わせください。

### ●ご質問される前に

弊社Webサイトの「正誤表」をご参照ください。これまでに判明した正誤や追加情報を掲載しています。

正誤表　https://www.shoeisha.co.jp/book/errata/

### ●ご質問方法

弊社Webサイトの「書籍に関するお問い合わせ」をご利用ください。

書籍に関するお問い合わせ　https://www.shoeisha.co.jp/book/qa/

インターネットをご利用でない場合は、FAX または郵便にて、下記"翔泳社 愛読者サービスセンター"までお問い合わせください。
電話でのご質問は、お受けしておりません。

### ●回答について

回答は、ご質問いただいた手段によってご返事申し上げます。ご質問の内容によっては、回答に数日ないしはそれ以上の期間を要する場合があります。

### ●ご質問に際してのご注意

本書の対象を超えるもの、記述個所を特定されないもの、また読者固有の環境に起因するご質問等にはお答えできませんので、予めご了承ください。

### ●郵便物送付先およびFAX番号

| | |
|---|---|
| 送付先住所 | 〒160-0006　東京都新宿区舟町5 |
| FAX番号 | 03-5362-3818 |
| 宛先 | （株）翔泳社 愛読者サービスセンター |

## 著者紹介

**よせだあつこ**

willsi 株式会社取締役。公認会計士。

監査法人トーマツを経て willsi 株式会社を設立。著書『パブロフ流でみんな合格 日商簿記3級』は Amazon 簿記検定部門で売り上げ1位を獲得、簿記学習アプリ「パブロフ簿記」は累計100万ダウンロードの大ヒット、簿記ブログ「パブロフ簿記」は月間140万ページビューを超すなど、簿記受験生から絶大な支持を得ている。

簿記講師や監査法人での実務経験から、わかりやすい解説・合格できる解法を受験生へ伝えている。プログラミング・イラスト・漫画などなんでもこなすレアな会計士。

▶ブログ
　著者のブログに、試験前の過ごし方や当日の持ち物などの情報を掲載。
　こちらで質問も受付け。
　https://pboki.com/

▶簿記アプリ
　「パブロフ簿記3級」好評発売中！
　Android、iPhone のアプリマーケットで「パブロフ」と検索。

| | |
|---|---|
| 表紙・本文デザイン | 大下賢一郎 |
| DTP | 株式会社 インフォルム |

# 簿記教科書 パブロフ流でみんな合格
# 日商簿記3級 総仕上げ問題集 2024年度版

2024年 2月22日　初版第1刷発行
2024年 6月 5日　初版第2刷発行

| | | |
|---|---|---|
| 著　　　者 | よせだあつこ |
| 発　行　人 | 佐々木 幹夫 |
| 発　行　所 | 株式会社 翔泳社　(https://www.shoeisha.co.jp) |
| 印刷・製本 | 日経印刷 株式会社 |

ISBN978-4-7981-8378-7　　　　　　　　　　　　　　　　　　Printed in Japan

# 別冊答案用紙

この色紙を残したまま抜き取り、留め金をはずして使ってね。
ダウンロードやコピーをすれば、何度でも解けるよ。

| | 仕 | | | 訳 | | |
|---|---|---|---|---|---|---|
| | 借　方 | | | 貸　方 | | |
| | 記　号 | 金　額 | | 記　号 | 金　額 | |
| 1 | （　）（　） | | （　）（　） | | | |
| 2 | （　）（　） | | （　）（　） | | | |
| 3 | （　）（　） | | （　）（　） | | | |
| 4 | （　）（　） | | （　）（　） | | | |
| 5 | （　）（　） | | （　）（　） | | | |
| 6 | （　）（　） | | （　）（　） | | | |

| | 仕 訳 | | | | | | | |
|---|---|---|---|---|---|---|---|---|
| | 借 方 | | | | 貸 方 | | | |
| | 記 号 | | 金 額 | | 記 号 | | 金 額 | |
| 1 | ( ) ( ) | | | | ( ) ( ) | | | |
| | ( ) ( ) | | | | ( ) ( ) | | | |
| 2 | ( ) ( ) | | | | ( ) ( ) | | | |
| | ( ) ( ) | | | | ( ) ( ) | | | |
| 3 | ( ) ( ) | | | | ( ) ( ) | | | |
| | ( ) ( ) | | | | ( ) ( ) | | | |
| 4 | ( ) ( ) | | | | ( ) ( ) | | | |
| | ( ) ( ) | | | | ( ) ( ) | | | |
| 5 | ( ) ( ) | | | | ( ) ( ) | | | |
| | ( ) ( ) | | | | ( ) ( ) | | | |
| 6 | ( ) ( ) | | | | ( ) ( ) | | | |
| | ( ) ( ) | | | | ( ) ( ) | | | |

| | 仕 | | 訳 | |
|---|---|---|---|---|
| | 借　方 | | 貸　方 | |
| | 記　号 | 金　額 | 記　号 | 金　額 |
| 1 | （　）（　） | | （　）（　） | |
| 2 | （　）（　） | | （　）（　） | |
| 3 | （　）（　） | | （　）（　） | |
| 4 | （　）（　） | | （　）（　） | |
| 5 | （　）（　） | | （　）（　） | |
| 6 | （　）（　） | | （　）（　） | |

| | 仕　訳 | | | | | | |
|---|---|---|---|---|---|---|---|
| | 借　方 | | | 貸　方 | | | |
| | 記　号 | 金　額 | | 記　号 | 金　額 | | |
| 1 | (　　) (　　) | | | (　　) (　　) | | | |
| 2 | (　　) (　　) | | | (　　) (　　) | | | |
| 3 | (　　) (　　) | | | (　　) (　　) | | | |
| 4 | (　　) (　　) | | | (　　) (　　) | | | |
| 5 | (　　) (　　) | | | (　　) (　　) | | | |
| 6 | (　　) (　　) | | | (　　) (　　) | | | |

| | 借 方 | | 貸 方 | |
|---|---|---|---|---|
| | 記 号 | 金 額 | 記 号 | 金 額 |
| 1 | ( ) ( ) | | ( ) ( ) | |
| 2 | ( ) ( ) | | ( ) ( ) | |
| 3 | ( ) ( ) | | ( ) ( ) | |

仕　訳

## 支 払 地 代

| 日付 | 摘要 | 仕丁 | 借方 | 日付 | 摘要 | 仕丁 | 貸方 |
|---|---|---|---|---|---|---|---|
| | | 省略 | | | | 省略 | |

## 前 払 地 代

| 日付 | 摘要 | 仕丁 | 借方 | 日付 | 摘要 | 仕丁 | 貸方 |
|---|---|---|---|---|---|---|---|
| | | 省略 | | | | 省略 | |

## 支 払 利 息

| ( ) | ( ) | ( ) |
|---|---|---|
| ( ) | ( ) | ( ) |
| ( ) | ( ) | ( ) |
| ( ) | ( ) | ( ) |

建　　　物

建物減価償却累計額

資　　本　　金

仮払法人税等

| | | | ( | ) | ( | ) |
|---|---|---|---|---|---|---|
| ( | ) | ( | ) | ( | ) | |
| ( | ) | ( | ) | ( | ) | |
| ( | ) | | | | | |

未払法人税等

| | | | ( | ) | ( | ) |
|---|---|---|---|---|---|---|
| ( | ) | ( | ) | ( | ) | |
| ( | ) | ( | ) | ( | ) | |
| ( | ) | | | | | |

法　人　税　等

| | | | ( | ) | ( | ) |
|---|---|---|---|---|---|---|
| ( | ) | ( | ) | ( | ) | |
| ( | ) | ( | ) | ( | ) | |
| ( | ) | | | | | |

損　　益

| | | | | |
|---|---|---|---|---|
| X5/3/31 | 仕　　　　　入 | 1,620,000 | X5/3/31 | 売　　上 | 2,260,000 |
| X5/3/31 | 貸倒引当金繰入 | 4,500 | ( | ) | ( ) |
| X5/3/31 | 減 価 償 却 費 | 90,000 | ( | ) | ( ) |

(1)

| 帳簿 日付 | 現金出納帳 | 当座預金出納帳 | 商品有高帳 | 売掛金元帳（得意先元帳） | 買掛金元帳（仕入先元帳） | 仕入帳 | 売上帳 | 受取手形記入帳 | 支払手形記入帳 | 固定資産台帳 | 該当なし |
|---|---|---|---|---|---|---|---|---|---|---|---|
| 9 2 | | | | | | | | | | | |
| 6 | | | | | | | | | | | |
| 10 | | | | | | | | | | | |
| 16 | | | | | | | | | | | |
| 22 | | | | | | | | | | | |
| 30 | | | | | | | | | | | |

(2)

| 補助簿 番号 | 現金出納帳 | 当座預金出納帳 | 商品有高帳 | 売掛金元帳（得意先元帳） | 買掛金元帳（仕入先元帳） | 仕入帳 | 売上帳 | 固定資産台帳 |
|---|---|---|---|---|---|---|---|---|
| ① | | | | | | | | |
| ② | | | | | | | | |
| ③ | | | | | | | | |

(1)

商 品 有 高 帳
D 商 品

| X1年 | | 摘 要 | 受 入 | | | | 払 出 | | | | 残 高 | | |
|---|---|---|---|---|---|---|---|---|---|---|---|---|---|
| | | | 数量 | 単価 | 金額 | | 数量 | 単価 | 金額 | | 数量 | 単価 | 金額 |
| 10 | 1 | 前 月 繰 越 | | | | | | | | | | | |
| | | | | | | | | | | | | | |
| | | | | | | | | | | | | | |
| | | | | | | | | | | | | | |
| | | | | | | | | | | | | | |
| | | | | | | | | | | | | | |
| | 31 | 次 月 繰 越 | | | | | | | | | | | |
| | | | | | | | | | | | | | |

(2) 純売上高　　　　　　　¥

売上総利益　　　　　　¥

問1

| ア | イ | ウ |
|---|---|---|

問2

| Y | ( 売却益・売却損 ) |
|---|---|

（　　）内の「売却益」または「売却損」を○で囲むこと

備　品

| | | | |
|---|---|---|---|
| X7/4/1 | 前期繰越 | （　　） | （　　） |
| | | （　　） | （　　） |
| | | （　　） | （　　） |
| | | （　　） | （　　） |

備品減価償却累計額

| | | | |
|---|---|---|---|
| （　　） | （　　） | （　　） | （　　） |
| （　　） | （　　） | （　　） | （　　） |

1.

出 金 伝 票

| 科 目 | 金 額 |
|---|---|
|  |  |

振 替 伝 票

| 借 方 科 目 | 金 額 | 貸 方 科 目 | 金 額 |
|---|---|---|---|
|  |  |  |  |

2.

入 金 伝 票

| 科 目 | 金 額 |
|---|---|
|  |  |

振 替 伝 票

| 借 方 科 目 | 金 額 | 貸 方 科 目 | 金 額 |
|---|---|---|---|
|  |  |  |  |

| ① | ② | ③ | ④ | ⑤ |
|---|---|---|---|---|
|  |  |  |  |  |

問1

| (A) | (B) | (C) | (D) | (E) |
|---|---|---|---|---|
|  |  |  |  |  |

問2

| 1 | 2 | 3 | 4 |
|---|---|---|---|
|  |  |  |  |

| (ア) | (イ) | (ウ) | (エ) | (オ) | (カ) | (キ) |
|---|---|---|---|---|---|---|
|  |  |  |  |  |  |  |

問1

問1

決算整理後残高試算表
X8年3月31日

| 借　方 | 勘　定　科　目 | 貸　方 |
|---|---|---|
| | 現　　　　　金 | |
| 2,308,000 | 当　座　預　金 | |
| 9,462,000 | 売　　掛　　金 | |
| | 繰　越　商　品 | |
| | 貯　蔵　品 | |
| | （　　　）家　賃 | |
| 4,500,000 | 備　　品 | |
| | 買　　掛　　金 | |
| | （　　）消　費　税 | |
| | 未　払　法　人　税　等 | |
| | 貸　倒　引　当　金 | |
| | 備品減価償却累計額 | 4,457,000 |
| | 資 | 5,000,000 |

精 算 表

| 勘 定 科 目 | 残高試算表 | | 整 理 記 入 | | 損 益 計 算 書 | | 貸 借 対 照 表 | |
|---|---|---|---|---|---|---|---|---|
| | 借 方 | 貸 方 | 借 方 | 貸 方 | 借 方 | 貸 方 | 借 方 | 貸 方 |
| 現　　　　　　金 | 108,540 | | | | | | | |
| 現 金 過 不 足 | 1,500 | | | | | | | |
| 当 座 預 金 | 374,680 | | | | | | | |
| 受 取 手 形 | 97,000 | | | | | | | |
| 売 掛 金 | 205,000 | | | | | | | |
| 繰 越 商 品 | 21,000 | | | | | | | |
| 建 物 | 750,000 | | | | | | | |
| 備 品 | 200,000 | | | | | | | |
| 支 払 手 形 | | 75,000 | | | | | | |
| 買 掛 金 | | 158,000 | | | | | | |
| 借 入 金 | | 275,000 | | | | | | |
| 仮 受 金 | | 30,000 | | | | | | |
| 貸 倒 引 当 金 | | 2,600 | | | | | | |
| 建物減価償却累計額 | | 90,000 | | | | | | |

精 算 表

| 勘 定 科 目 | 残 高 試 算 表 | | 整 理 記 入 | | 損 益 計 算 書 | | 貸 借 対 照 表 | |
|---|---|---|---|---|---|---|---|---|
| | 借 方 | 貸 方 | 借 方 | 貸 方 | 借 方 | 貸 方 | 借 方 | 貸 方 |
| 現 金 | 472,000 | | | | | | | |
| 当 座 預 金 | | 41,000 | | | | | | |
| 受 取 手 形 | 260,000 | | | | | | | |
| 売 掛 金 | 225,000 | | | | | | | |
| 仮 払 金 | 50,000 | | | | | | | |
| 繰 越 商 品 | 55,000 | | | | | | | |
| 貸 付 金 | 480,000 | | | | | | | |
| 建 物 | 950,000 | | | | | | | |
| 備 品 | 200,000 | | | | | | | |
| 買 掛 金 | | 64,000 | | | | | | |
| 未 払 金 | | 10,000 | | | | | | |
| 貸 倒 引 当 金 | | 2,000 | | | | | | |
| 建物減価償却累計額 | | 513,000 | | | | | | |
| 備品減価償却累計額 | | 108,000 | | | | | | |
| 資 本 金 | | 800,000 | | | | | | |

貸 借 対 照 表

X31年3月31日

（単位：円）

| 借方 | | 貸方 | |
|---|---|---|---|
| 現　　　金 | （　　　　　） | 支 払 手 形 | 247,000 |
| 当 座 預 金 | （　　　　　） | 買 掛 金 | 293,000 |
| 受 取 手 形 | （　　　　　） | 借 入 金 | 300,000 |
| 売 掛 金 | （　　　　　） | 未 払 費 用 | （　　　　　） |
| （　　　　　） | △（　　　　　） | 未払法人税等 | （　　　　　） |
| 商　　　品 | （　　　　　） | 資 本 金 | 4,000,000 |
| 貯 蔵 品 | （　　　　　） | 繰越利益剰余金 | （　　　　　） |
| （　　　　　） | （　　　　　） | | （　　　　　） |
| 前 払 費 用 | （　　　　　） | | |
| 未 収 収 益 | （　　　　　） | | |
| 建　　　物 | 2,000,000 | | |
| （　　　　　） | △（　　　　　）（　　　　　） | | |
| 備　　　品 | （　　　　　） | | |
| （　　　　　） | △（　　　　　）（　　　　　） | | |
| 土　　　地 | （　　　　　） | | |
| | 4,320,000（　　　　　） | | （　　　　　） |

貸 借 対 照 表

20X2年3月31日

(単位：円)

| | | | | |
|---|---|---|---|---|
| 現　　　金 | | （　　　） | 買　掛　金 | （　　　） |
| 普 通 預 金 | | （　　　） | 社会保険料預り金 | （　　　） |
| 売　掛　金 | （　　　）△（　　　） | | 借　入　金 | （　　　） |
| 電子記録債権 | （　　　）△（　　　） | | 未 払 費 用 | （　　　） |
| （　　　） | | | 未払消費税 | （　　　） |
| 商　　　品 | | （　　　） | 未払法人税等 | （　　　） |
| 未 収 入 金 | | （　　　） | 資　本　金 | 225,000 |
| （　）収益 | | （　　　） | 繰越利益剰余金 | （　　　） |
| 建　　　物 | （　　　） | | | |
| 減価償却累計額 | △（　　　） | （　　　） | | |
| | | （　　　） | | （　　　） |

損 益 計 算 書

20X1年4月1日から20X2年3月31日まで

(単位：円)

| | | | |
|---|---|---|---|
| 売 上 原 価 | （　　　） | 売　上　高 | （　　　） |
| 給　　料 | 120,000 | 受取手数料 | （　　　） |

# 第1問（45点）

| | 仕 | | | 訳 | | |
|---|---|---|---|---|---|---|
| | 借 方 | | | 貸 方 | | |
| | 記 号 | 金 額 | | 記 号 | | 金 額 |
| 1 | （ ） | | | （ ） | | |
| | （ ） | | | （ ） | | |
| | （ ） | | | （ ） | | |
| 2 | （ ） | | | （ ） | | |
| | （ ） | | | （ ） | | |
| | （ ） | | | （ ） | | |
| 3 | （ ） | | | （ ） | | |
| | （ ） | | | （ ） | | |
| | （ ） | | | （ ） | | |
| 4 | （ ） | | | （ ） | | |
| | （ ） | | | （ ） | | |
| | （ ） | | | （ ） | | |
| 5 | （ ） | | | （ ） | | |
| | （ ） | | | （ ） | | |
| | （ ） | | | （ ） | | |
| 6 | （ ） | | | （ ） | | |
| | （ ） | | | （ ） | | |

# 第2問 (20点)

## 問1

支 払 利 息

（　）利 息

## 問2

### (1)

| 4日 | | 15日 | | 21日 | |
|---|---|---|---|---|---|
| （　　　）| | （　　　）| | （　　　）| |

### (2)

① 当座預金の残高　¥ ＿＿＿＿＿＿＿

② 借方残高・貸方残高

精算表

| 勘定科目 | 残高試算表 借方 | 残高試算表 貸方 | 修正記入 借方 | 修正記入 貸方 | 損益計算書 借方 | 損益計算書 貸方 | 貸借対照表 借方 | 貸借対照表 貸方 |
|---|---|---|---|---|---|---|---|---|
| 現 金 預 金 | 96,200 | | | | | | | |
| 当 座 預 金 | | 527,000 | | | | | | |
| 売 掛 金 | 980,000 | | | | | | | |
| 仮 払 金 | 510,000 | | | | | | | |
| 仮 払 消 費 税 | 594,000 | | | | | | | |
| 繰 越 商 品 | 630,000 | | | | | | | |
| 建 物 | 4,500,000 | | | | | | | |
| 備 品 | 600,000 | | | | | | | |
| 土 地 | 5,000,000 | | | | | | | |
| 買 掛 金 | | 845,000 | | | | | | |
| 仮 受 消 費 税 | | 974,000 | | | | | | |
| 借 入 金 | | 3,500,000 | | | | | | |
| 貸 倒 引 当 金 | 12,000 | | | | | | | |
| 建物減価償却累計額 | | 900,000 | | | | | | |
| 備品減価償却累計額 | | 240,000 | | | | | | |
| 資 本 金 | | 3,000,000 | | | | | | |
| 繰 越 利 益 剰 余 金 | | 2,054,300 | | | | | | |

# 第1問 （45点）

| | 仕 訳 | | | | | | |
|---|---|---|---|---|---|---|---|
| | 借 方 | | | 貸 方 | | | |
| | 記 号 | | 金 額 | 記 号 | | 金 額 | |
| 1 | ( ) ( ) ( ) | | | ( ) ( ) ( ) | | | |
| 2 | ( ) ( ) ( ) | | | ( ) ( ) ( ) | | | |
| 3 | ( ) ( ) ( ) | | | ( ) ( ) ( ) | | | |
| 4 | ( ) ( ) ( ) | | | ( ) ( ) ( ) | | | |
| 5 | ( ) ( ) ( ) | | | ( ) ( ) ( ) | | | |
| 6 | ( ) ( ) ( ) | | | ( ) ( ) ( ) | | | |

**第 2 問** (20 点)

問 1

| 帳簿＼日付 | 当座預金出納帳 | 商品有高帳 | 売掛金元帳（得意先元帳） | 買掛金元帳（仕入先元帳） | 受取手形記入帳 | 支払手形記入帳 | 仕入帳 | 売上帳 | 固定資産台帳 |
|---|---|---|---|---|---|---|---|---|---|
| 2 | | | | | | | | | |
| 9 | | | | | | | | | |
| 14 | | | | | | | | | |
| 19 | | | | | | | | | |
| 23 | | | | | | | | | |

問 2

備　品

| （　）〔　　　〕 | （　）〔　　　〕 | （　）〔　　　〕 |
|---|---|---|
| （　）〔　　　〕 | （　）〔　　　〕 | （　）〔　　　〕 |
| （　）〔　　　〕 | （　）〔　　　〕 | （　）〔　　　〕 |

備品減価償却累計額

| （　）〔　　　〕 | （ 4/1 ）〔前　　期　　繰　　越〕 | （　）〔　　　〕 |
|---|---|---|
| （　）〔　　　〕 | （　）〔　　　〕 | （　）〔　　　〕 |

貸 借 対 照 表

X05 年 3 月 31 日

（単位：円）

| | | | |
|---|---|---|---|
| 現　　　　　　金 | （　　　　） | 支 払 手 形 | （　　　　） |
| 小 口 現 金 | （　　　　） | 買 掛 金 | （　　　　） |
| 当 座 預 金 | （　　　　） | 借 入 金 | （　　　　） |
| 受 取 手 形 （　　　　） | | 未 払 消 費 税 | （　　　　） |
| 貸 倒 引 当 金 （△　　　） | （　　　　） | 未 払 費 用 | （　　　　） |
| 売 掛 金 （　　　　） | | 資 本 金 | （　　　　） |
| 貸 倒 引 当 金 （△　　　） | （　　　　） | 繰越利益剰余金 | （　　　　） |
| 商　　　　　　品 | （　　　　） | | |
| 前 払 費 用 | （　　　　） | | |
| 備　　　　　　品 （　　　　） | | | |
| 減価償却累計額 （△　　　） | （　　　　） | | |
| 土　　　　　　地 | （　　　　） | | |
| | （　　　　） | | （　　　　） |

損 益 計 算 書

X04 年 4 月 1 日から X05 年 3 月 31 日まで

（単位：円）

| | | | |
|---|---|---|---|
| 売 上 原 価 | （　　　　） | 売 上 高 | （　　　　） |

## 第1問 (45点)

| | 仕 訳 | | | | |
|---|---|---|---|---|---|
| | 借 方 | | 貸 方 | | |
| | 記 号 | 金 額 | 記 号 | 金 額 | |
| 1 | ( ) ( ) | | ( ) ( ) | | |
| 2 | ( ) ( ) | | ( ) ( ) | | |
| 3 | ( ) ( ) | | ( ) ( ) | | |
| 4 | ( ) ( ) | | ( ) ( ) | | |
| 5 | ( ) ( ) | | ( ) ( ) | | |
| 6 | ( ) ( ) | | ( ) ( ) | | |

問1

(1)

商 品 有 高 帳
A 商 品

| X7年 | | 摘　要 | 受　　　入 | | | 払　　　出 | | | 残　　　高 | | |
|---|---|---|---|---|---|---|---|---|---|---|---|
| 月 | 日 | | 数量 | 単価 | 金額 | 数量 | 単価 | 金額 | 数量 | 単価 | 金額 |
| 5 | 1 | 前繰越 | 60 | 2,000 | 120,000 | | | | 60 | 2,000 | 120,000 |
| | 9 | | | | | | | | | | |
| | 14 | | | | | | | | | | |
| | 20 | | | | | | | | | | |
| | 26 | | | | | | | | | | |

(2)　売上総利益　　¥ _____

問2

(1)

| 借　方　科　目 | 金　　額 | 貸　方　科　目 | 金　　額 |
|---|---|---|---|
| | | | |

(2)

| ① | ② | ③ | ④ |
|---|---|---|---|
| | | | |

決算整理後残高試算表

| 借　方 | 勘　定　科　目 | 貸　方 |
|---|---|---|
| | 現　　　　金 | |
| | 当　座　預　金 | |
| | 売　　掛　　金 | |
| | 繰　越　商　品 | |
| | 貯　　蔵　　品 | |
| | （　　　）家　賃 | |
| | 備　　　　品 | |
| | 土　　　　地 | |
| | 買　　掛　　金 | |
| | （　）広告宣伝費 | |
| | 未　払　消　費　税 | |
| | 未払法人税等 | |
| | 貸倒引当金 | |
| | 備品減価償却累計額 | |
| | 資　　本　　金 | |
| | 繰越利益剰余金 | |
| | 売　　　　上 | |

— MEMO —

水道光熱費

消耗品費

通信費

広告宣伝費

減価償却費

貸倒引当金繰入

法人税等

問2　当期純（　　　　　）　　　　￥_____

| | | | | | |
|---|---|---|---|---|---|
| 8 | （　）（　）（　） | | （　）（　）（　） | | |
| 9 | （　）（　） | | （　）（　） | | |
| 10 | （　）（　）（　） | | （　）（　）（　） | | |
| 11 | （　）（　）（　） | | （　）（　）（　） | | |
| 12 | （　）（　）（　） | | （　）（　）（　） | | |
| 13 | （　）（　）（　）（　） | | （　）（　）（　）（　） | | |
| 14 | （　）（　） | | （　）（　）（　） | | |
| 15 | （　）（　） | | （　）（　）（　） | | |

水道光熱費　（　　　）

保険料　（　　　）

消耗品費　（　　　）

通信費　（　　　）

支払利息　（　　　）

雑損　（　　　）

（　　　）　（　　　）

| | | | | |
|---|---|---|---|---|
| 8 | （　）（　）（　） | （　）（　）（　） | | |
| 9 | （　）（　）（　） | （　）（　）（　） | | |
| 10 | （　）（　） | （　）（　） | | |
| 11 | （　）（　） | （　）（　） | | |
| 12 | （　）（　） | （　）（　） | | |
| 13 | （　）（　） | （　）（　） | | |
| 14 | （　）（　） | （　）（　） | | |
| 15 | （　）（　）（　） | （　）（　）（　） | | |

| 租　税　公　課 | 41,000 | | | | | |
| 支　払　利　息 | 50,000 | | | | | |
| 当　座　借　越 | 21,792,300 | 21,792,300 | | | | |
| 貸倒引当金繰入 | | | | | | |
| 減　価　償　却　費 | | | | | | |
| 未　払　消　費　税 | | | | | | |
| （　　）利　息 | | | | | | |
| （　　　　） | | | | | | |
| 未　払　法　人　税　等 | | | | | | |
| 法　人　税　等 | | | | | | |
| 当　期　純（　　） | | | | | | |

問2　¥（　　　　）

| 8 | ( ) ( ) ( ) | | ( ) ( ) ( ) | |
|---|---|---|---|---|
| 9 | ( ) ( ) ( ) | | ( ) ( ) ( ) | |
| 10 | ( ) ( ) ( ) | | ( ) ( ) ( ) | |
| 11 | ( ) ( ) ( ) | | ( ) ( ) ( ) | |
| 12 | ( ) ( ) ( ) | | ( ) ( ) ( ) | |
| 13 | ( ) ( ) ( ) | | ( ) ( ) ( ) | |
| 14 | ( ) ( ) ( ) | | ( ) ( ) ( ) | |
| 15 | ( ) ( ) ( ) | | ( ) ( ) ( ) | |

貸倒引当金繰入　（　　　）

減 価 償 却 費　（　　　）

雑　（　　　）　（　　　）

法 人 税 等　28,500

当 期 純 （　　　）　（　　　）

| 科目 | 金額 | 科目 | 金額 |
|---|---|---|---|
| 貸倒引当金繰入 | ( ) | 受取地代 | ( ) |
| 水道光熱費 | ( ) | | |
| 保険料 | ( ) | | |
| 租税公課 | ( ) | | |
| 支払利息 | ( ) | | |
| 固定資産売却( ) | 191,000 | | |
| 法人税等 | ( ) | | |
| 当期純( ) | ( ) | | ( ) |

| 勘定科目 | | | | | |
|---|---|---|---|---|---|
| 仕　　　入 | 3,371,500 | | | | |
| 給　　　料 | 440,000 | | | | |
| 通　信　費 | 46,000 | | | | |
| 保　険　料 | 48,000 | | | | |
| | 6,597,500 | 6,597,500 | | | |
| 貸倒引当金繰入 | | | | | |
| 減価償却費 | | | | | |
| （　　）利　息 | | | | | |
| （　　）保険料 | | | | | |
| 貯　蔵　品 | | | | | |
| （　　）家　賃 | | | | | |
| 当期純（　　） | | | | | |

| 勘定科目 | | |
|---|---|---|
| 受取手数料 | | 5,200 |
| 仕入 | 578,800 | |
| 給料 | 89,600 | |
| 支払保険料 | 1,800 | |
| 広告料 | 4,300 | |
| 通信費 | 5,480 | |
| 支払利息 | 2,300 | |
| | 2,440,000 | 2,440,000 |
| 雑（　） | | |
| 貸倒引当金（　） | | |
| （　） | | |
| 減価償却費 | | |
| （　）保険料 | | |
| （　）利息 | | |
| 当期純（　） | | |

| 仕 入 | |
| 支 払 家 賃 | |
| 租 税 公 課 | |
| 減 価 償 却 費 | |
| 貸 倒 引 当 金 繰 入 | |
| 雑 （ ） | |
| 法 人 税 等 | |
| そ の 他 の 費 用 | |
| | 17,425,000 |

問2 （ ）円

13

(1)

## 仕 訳 日 計 表
### X01年5月2日

| 借 方 | 勘 定 科 目 | 貸 方 |
|---|---|---|
| | 現　　　　金 | |
| | 売　　掛　　金 | |
| | 買　　掛　　金 | |
| | 売　　　　上 | |
| | 受 取 手 数 料 | |
| | 仕　　　　入 | |
| | | |

(2) 出金伝票No.202および振替伝票No.301で記録された取引において仕入れた商品の金額

¥（　　　　　　　　）

| ① | ② | ③ |
| --- | --- | --- |
| ④ | ⑤ | ⑥ |

(1)

(移動平均法)

商 品 有 高 帳
商 品 C

（単位：円）

| X1年 | | 摘　要 | 受　入 | | | 払　出 | | | 残　高 | | |
|---|---|---|---|---|---|---|---|---|---|---|---|
| | | | 数量 | 単価 | 金額 | 数量 | 単価 | 金額 | 数量 | 単価 | 金額 |
| 7 | 1 | 前 月 繰 越 | | | | | | | | | |
| | | | | | | | | | | | |
| | | | | | | | | | | | |
| | | | | | | | | | | | |
| | | | | | | | | | | | |
| | | | | | | | | | | | |

(2) 売上総利益 ￥＿＿＿＿＿

次月繰越高 ￥＿＿＿＿＿

日商簿記3級（2024年度版）

| 補助簿 番号 | 現金出納帳 | 当座預金出納帳 | 商品有高帳 | 売掛金元帳（得意先元帳） | 買掛金元帳（仕入先元帳） | 仕入帳 | 売上帳 | 固定資産台帳 | 該当なし |
|---|---|---|---|---|---|---|---|---|---|
| ① | | | | | | | | | |
| ② | | | | | | | | | |
| ③ | | | | | | | | | |
| ④ | | | | | | | | | |

## 繰越利益剰余金

| | | | | |
|---|---|---|---|---|
| （　　　　） | （　　　　） | （　　　　） | （　　　　） | （　　　　） |
| （　　　　） | （　　　　） | （　　　　） | （　　　　） | （　　　　） |

## 損　益

| | | | | |
|---|---|---|---|---|
| X3/3/31 | 仕　　　入 | 2,970,000 | X3/3/31 売　上 | 6,780,000 |
| X3/3/31 | 減 価 償 却 費 | 690,000 | （　　　）（　　　） | |
| X3/3/31 | 給　　　料 | 2,755,000 | | |
| （　　　）（　　　） | | | （　　　）（　　　） | |

X9/4/1

**Chapter 3** 問題 03

受取利息

未収利息

| 日付 | 借方科目 | 金額 | 貸方科目 | 金額 |
|---|---|---|---|---|
| 9/21 | (　　　) | (　　　) | | |
| | (　　　) | (　　　) | (　　　) | (　　　) |
| 9/22 | (　　　) | (　　　) | (　　　) | (　　　) |
| | (　　　) | (　　　) | (　　　) | (　　　) |
| | (　　　) | (　　　) | (　　　) | (　　　) |
| 9/23 | (　　　) | (　　　) | (　　　) | (　　　) |
| | (　　　) | (　　　) | (　　　) | (　　　) |
| 9/24 | (　　　) | (　　　) | (　　　) | (　　　) |
| | (　　　) | (　　　) | (　　　) | (　　　) |
| | (　　　) | (　　　) | (　　　) | (　　　) |

| | （ ） | | （ ） | |
|---|---|---|---|---|
| 8 | | | | |
| 9 | （ ） | | （ ） | |
| 10 | （ ） | | （ ） | |
| 11 | （ ） | | （ ） | |
| 12 | （ ） | | （ ） | |
| 13 | （ ） | | （ ） | |
| 14 | （ ） | | （ ） | |
| 15 | （ ） | | （ ） | |

| | ( )( )( ) | | ( )( )( ) | |
|---|---|---|---|---|
| 8 | | | | |
| 9 | | | | |
| 10 | | | | |
| 11 | | | | |
| 12 | | | | |
| 13 | | | | |
| 14 | | | | |
| 15 | | | | |

| | 借方 | | 貸方 | |
|---|---|---|---|---|
| 8 | ( ) | ( ) | ( ) | ( ) |
| 9 | ( ) | ( ) | ( ) | ( ) |
| 10 | ( ) | ( ) | ( ) | ( ) |
| 11 | ( ) | ( ) | ( ) | ( ) |
| 12 | ( ) | ( ) | ( ) | ( ) |
| 13 | ( ) | ( ) | ( ) | ( ) |
| 14 | ( ) | ( ) | ( ) | ( ) |
| 15 | ( ) | ( ) | ( ) | ( ) |

| | | | | | |
|---|---|---|---|---|---|
| 8 | ( ) | ( ) | | ( ) | ( ) |
| 9 | ( ) | ( ) | | ( ) | ( ) |
| 10 | ( ) | ( ) | | ( ) | ( ) |
| 11 | ( ) | ( ) | | ( ) | ( ) |
| 12 | ( ) | ( ) | | ( ) | ( ) |
| 13 | ( ) | ( ) | | ( ) | ( ) |
| 14 | ( ) | ( ) | | ( ) | ( ) |
| 15 | ( ) | ( ) | | ( ) | ( ) |

1